Helga Jockenhövel-Schiecke

Soziale Reproduktion in den Zeiten von AIDS

D1734440

ETHNOLOGIE

Band 34

LIT

Helga Jockenhövel-Schiecke

Soziale Reproduktion in den Zeiten von AIDS

Waisen und ihre Familien im ländlichen Tansania

LIT

Bibliografische Information der Deutschen Nationalbibliothek
Die Deutsche Nationalbibliothek verzeichnet diese Publikation in der
Deutschen Nationalbibliografie; detaillierte bibliografische Daten sind
im Internet über http://dnb.d-nb.de abrufbar.

ISBN 978-3-8258-1623-0

© LIT VERLAG Dr. W. Hopf Berlin 2008
Verlagskontakt:
Fresnostr. 2 D-48159 Münster
Tel. +49 (0) 2 51/620 32 - 22 Fax +49 (0) 2 51/922 60 99
e-Mail: lit@lit-verlag.de http://www.lit-verlag.de

Auslieferung:
Deutschland/Schweiz: LIT Verlag Fresnostr. 2, D-48159 Münster
Tel. +49 (0) 2 51/620 32 - 22, Fax +49 (0) 2 51/922 60 99, e-Mail: vertrieb@lit-verlag.de

Österreich: Medienlogistik Pichler-ÖBZ GmbH & Co KG
IZ-NÖ, Süd, Straße 1, Objekt 34, A-2355 Wiener Neudorf
Tel. +43 (0) 2236/63 535-290, +43 (0) 2236/63 535 - 243, mlo@medien-logistik.at

Inhaltsverzeichnis

Karten und Tabellen

Vorwort

Die Zahl elternloser Kinder im subsaharischen Afrika ist in den letzten Jahren rapide angestiegen: Im Jahr 2006 lebten in der Region nach Schätzungen von UNAIDS 12 Millionen Kinder, die ihre Eltern aufgrund von HIV/AIDS verloren hatten. Die steigende Anzahl von Kindern, die ohne ihre leiblichen Eltern aufwachsen, stellt erhebliche Anforderungen an staatliche und nicht-staatliche Organisationen, die in den vergangenen Jahren Programme zur Unterbringung verwaister Kinder implementiert haben. Insbesondere wird sie aber zu einer elementaren Herausforderung für die Familien der betreffenden Kinder, die im Kontext von HIV/AIDS mit der Fürsorge für kranke und sterbende Angehörige zunehmend an die Grenzen ihrer Leistungsfähigkeit geraten und die durch die Versorgung hinterbliebener Angehöriger weiter belastet werden.

Helga Jockenhövel-Schieckes Arbeit stellt vor diesem Hintergrund einen wichtigen Beitrag zum wachsenden Korpus ethnologischer Forschungen über HIV/AIDS in Afrika dar, indem sie die gesellschaftliche und familiäre Versorgung von Waisen – und die Frage, wie verwaiste Kinder mit Erfahrungen von Trauer und dem Tod ihrer Eltern umgehen – in den Mittelpunkt ihrer Untersuchung stellt. Ein besonderer Aspekt der Arbeit ist dabei, dass sie – im Gegensatz zu anderen vorwiegend praxis-orientierter Studien über „AIDS-Waisen in Afrika" – die Perspektive der Kinder selbst ins Zentrum ihrer Analyse stellt. Auf diese Weise gibt die Autorin zum einen Ansätzen aus der ethnologisch-sozialwissenschaftlichen Kinderforschung Raum, die verstärkt die Sichtweisen von Kindern in ihre Untersuchung mit einbeziehen und die den Kindern damit den Status handelnder Subjekte zuerkennen. Zum anderen verbindet sie diesen Ansatz mit einer Analyse des politisch-ökonomischen Kontexts in Tansania, der – trotz der Bemühungen der tansanischen Regierung, in Kooperation mit der Weltbank und anderen Geberorganisationen Maßnahmen zur Armutsminderung und zur Bildungsförderung zu implementieren – die Handlungsoptionen von Kindern und ihren Familien nachhaltig einschränkt.

Während der erste Teil der Arbeit (Kapitel 2 bis 5) ein komplexes Bild der sozialen, ökonomischen und politischen Kontexte entwirft, in denen sich das Leben von Waisenkindern und ihren Pflegefamilien in Tansania vollzieht, beleuchtet der zweite Teil der Arbeit (Kapitel 6 und 7) die Versorgung von

Waisenkindern in ihren *extended families*, die wiederum in ein umfassendes System der Fürsorge für Kinder (Swahili: *ulezi*) eingebettet ist. Die Erhebungen der Autorin zeigen dabei zum einen, dass zum Zeitpunkt ihrer Forschung rund 13% der dort unterrichteten Schüler entweder Halb- oder Vollwaisen waren und die Versorgung dieser Kinder in der Regel – obwohl die Abstammung bei den Swahili kognatisch, d.h. über die väterliche *und* mütterliche Gruppe geregelt ist – vorwiegend von Verwandten aus der mütterlichen Verwandtschaft, und hier wiederum vor allem durch Großmütter, Tanten und Onkel, übernommen wird. Zum anderen ist die Versorgung von Waisen in die Zirkulation von Kindern innerhalb der *extended families* eingebunden, die auch unabhängig vom Tod der Eltern besteht und in deren Rahmen Kinder zeitweise oder auch dauerhaft bei anderen Verwandten leben, um diese im Haushalt zu unterstützen, um über Kinderlosigkeit der Pflegeeltern hinwegzuhelfen, oder um ,ganz einfach' die verwandtschaftlichen Beziehungen zu pflegen.

Im dritten Teil (Kapitel 8 bis 10) beleuchtet die Autorin die Lebenswelten von Waisenkindern und ihren Pflegefamilien sowie von HIV-infizierten verwitweten Frauen und deren Kindern. Sie zeigt dabei, dass sich Probleme in der verwandtschaftlichen Versorgung von Kindern insbesondere dann ergeben, wenn die Pflegefamilie ökonomisch schlecht gestellt ist und wenn die Kinder entweder einen erheblichen Teil zu den anfallenden Hausarbeiten oder durch kleinere Erwerbstätigkeiten zum Einkommen des Haushalts beitragen müssen. Ein wichtiges Ergebnis der Studie ist weiterhin, dass die Kinder – trotz der schmerzhaften Erfahrung des Todes ihrer Eltern – ihre Zukunft insgesamt positiv bewerten und auch dem Schulbesuch eine außerordentlich hohe Bedeutung zumessen. Kapitel 10 schließlich beschreibt die Biographien und Lebenswelten von fünf HIV-infizierten, verwitweten Frauen, die in ebenfalls prekären ökonomischen Verhältnissen leben und die vielfältige Strategien entwickelt haben, um ihren eigenen und den Lebensalltag ihrer Kinder zu sichern. Der Umgang der Frauen mit ihrer HIV-Infektion ist dabei vor allem vom Schweigen über die Krankheit und von Bemühungen zur Geheimhaltung ihres HIV-positiven Status gekennzeichnet – ein Aspekt, der sich dann auch in den (eher impliziten) Strategien der Frauen zur zukünftigen Absicherung ihrer Kinder niederschlägt: Sowohl die befragten Frauen – als auch die befragten Kinder – vertrauten bei ihrer Zukunftsplanung vor allem auf das Netz der *extended families*, das sich in bisherigen Notlagen als funktionsfähig erwiesen und damit auch die zusätzlichen Belastungen der HIV/AIDS-Epidemie aufgefangen hat.

Helga Jockenhövel-Schiecke zeichnet mit ihrer Arbeit ein eindrückliches Bild der Solidarbeziehungen und sozialer Dynamiken innerhalb von Verwandtschaftsverbänden in Tansania, die sich im Kontext von Arbeitsmigration, wachsender Belastungen der Bürger durch die Implementierung von Strukturanpassungsmaßnahmen, und den mit der HIV/AIDS-Epidemie verbundenen Belastungen als weiterhin stabil und funktionsfähig erweisen. Damit leistet die Untersuchung einen wesentlichen Beitrag zur Erforschung sozialer und reproduktiver Beziehungen in Ostafrika in den Zeiten der HIV/AIDS-Epidemie, denen in der ethnologischen Forschung bisher auffallend wenig Beachtung zugekommen ist.

Hansjörg Dilger, im Juli 2008

Dank

Grundlage dieser Arbeit ist die dreimonatige Feldforschung, die ich von Juli bis Oktober 2003 in Pangani, Tansania durchgeführt habe. In Pangani schulde ich vielen Menschen tiefen Dank. Ganz besonders danke ich den Waisenkindern, den verwitweten Müttern, den Pflegemüttern und Pflegevätern für ihre Bereitschaft und Offenheit von ihrer schwierigen Lebenssituation zu berichten und für die Zeit und Geduld, die sie bei meinen Besuchen, Gesprächen und Interviews hatten. So konnte ich miterleben, wie Kinder und Erwachsene mit den zerstörerischen Kräften von Armut und AIDS und den alltäglichen Belastungen pragmatisch und mit fast unerschöpflichem Optimismus umgingen. Alle im Text für sie verwendeten Personennamen sind Pseudonyme.

Zahlreiche Mitarbeiter der örtlichen Einrichtungen haben mit Informationen über ihre Arbeit zur Forschung beigetragen, von denen die meisten anonym bleiben wollten. Besonders möchte ich Ärzten und Pflegern des Distrikt Krankenhauses, Mitarbeitern der NGOs TAWG und AFRIWAG und den beiden interviewten Heilern danken. An den drei Schulen im Ort gilt mein Dank den Schulleitern, Schulassistenten und Klassenlehrern, die die Erhebung über Waisen und die Interviews mit den Kindern ermöglicht haben.

Iddi Hamisi und Paulo Chabai danke ich herzlich für ihre unermüdliche Assistenz bei der Feldforschung, insbesondere bei den Interviews mit Waisen und während der Besuche in den Familien und Pflegefamilien.

Professor Dr. Ute Luig und Professor Dr. Hansjörg Dilger, Institut für Ethnologie an der Freien Universität Berlin gilt mein großer Dank für konstruktive Kritik und fachliche Anregungen, mit denen sie meine Forschung in Tansania und bei Seminaren in Berlin unterstützt haben. Dr. Katrin Bromber, Zentrum Moderner Orient, Berlin steuerte für den Text einige sprachliche Korrekturen der Angaben in *Kiswahili* bei, wofür ich ihr sehr danke.

Dr. Mariana Jockenhövel-Barttfeld und Dr. Tobias Jockenhövel danke ich für ihre emotionale Unterstützung während des Schreibprozesses und für technische Hilfen in den verschiedenen Phasen der Textproduktion.

Dieses Buch widme ich den Kindern Anna Caroline und Daniel, der nächsten Generation in meiner Familie.

Helga Jockenhövel-Schiecke
Berlin, im September 2008

1 Einleitung

Diese Arbeit ist eine lokale Studie zu einem der großen sozialen Probleme in sub-Sahara Afrika, der Versorgung der Waisen, die in Pangani, einem kleinen Hafenstädtchen am Indischen Ozean im ländlichen Tansania untersucht wird. Eine zunächst lokal durchgeführte Erhebung ergab, dass unter den Schülern des Ortes 2% Waisen und 11% Halbwaisen waren und dass sie alle als Pflegekinder in ihrer erweiterten, kognatischen bzw. bilateralen Familie (*ukoo*, Pl. *koo*) versorgt wurden[1]. Die traditionelle *ulezi*-Institution der Pflegschaft bildet den Rahmen hierfür, in der Kinder aus unterschiedlichen Gründen unter Verwandten vorübergehend oder dauerhaft in Pflege gegeben und genommen werden, auch wenn sie keine Waisen sind. *Ulezi*-Pflegschaften sind ein zentraler Bereich der familiären Reproduktion der Swahili Küstenbevölkerung und zugleich des intergenerationalen sozialen Sicherungsnetzes der erweiterten Familie, das gerade während der AIDS-Epidemie von großer Bedeutung ist und in dem die Versorgung der Waisenkinder in beeindruckender Weise sichergestellt wird.

HIV/AIDS ist die folgenreichste Epidemie, die die Menschen in sub-Sahara Afrika je erlebt haben. Hier leben mehr als zwei Drittel der weltweit an dem Virus Leidenden. Ihre Zahl wurde 2007 auf 22,5 Mio. (20,9 – 24,3) geschätzt, von denen in Tansania 1,87 Mio. Infizierte leben (UNAIDS, 2006; 2007; URT, 2008). Diese Zahlen vermitteln einen Eindruck von dem millionenfachen Leiden und Sterben infizierter Menschen. Aber HIV/AIDS ist in den Ländern sub-Sahara Afrikas zugleich auch eine Familienseuche, deren Auswirkungen sich über mehrere Generationen erstrecken. Die mittlere Generation der Eltern hat die meisten Infizierten, die Generation der Kinder kann bei Geburt selbst in-

---

[1] Zu den verwendeten Schlüsselbegriffen: <u>Kinder</u> sind junge Menschen bis zu ihrem 18. Lebensjahr, entsprechend der gesetzlichen Volljährigkeit nach tansanischem Recht, sowie der UN Kinderrechtskonvention und der Afrikanischen Charta der Rechte und das Wohl des Kindes, die beide von Tansania ratifiziert worden sind. <u>Waisen</u> sind nach offizieller tansanischer Definition Kinder unter 18 Jahren, deren Eltern, oder deren Mutter oder Vater gestorben sind. Die <u>erweiterte</u> bzw. <u>kognatische</u> oder <u>bilaterale Familie</u> schließt die Angehörigen der mütterlichen und der väterlichen Linie ein, wie es im mittleren Küstengebiet Tansanias üblich ist und erstreckt sich über drei bis vier Generationen, von den Großeltern bis zu den Großenkeln.
Für eine bessere Lesbarkeit des Textes wird die männliche Substativform verwendet, wenn sich die Aussage auf die Akteure im allgemeinen bezieht und wenn weibliche und männliche Beteiligte zusammen genannt werden. Die weibliche Form bezeichnet ausschließlich weibliche Akteure, bspw. Heilerin, Lehrerin, Schülerin.

fiziert oder später Waisen werden, die Generation der Großeltern muss häufig die Pflege der Kranken und die Versorgung der Waisenkinder übernehmen. Die gravierenden Folgen der Epidemie wirken sich auf die erweiterte Familie aus und verändern die Generationsbeziehungen.

Die Zahl elternloser Kinder ist in den letzten Jahren in sub-Sahara Afrika aufgrund der AIDS-Epidemie erheblich angestiegen, sie steigt weiter und droht in einigen Regionen die traditionelle Versorgungsweise in den Familien zu überfordern. Zum Ende des Jahres 2005 wurden 48.3 Waisen und Halbwaisen zwischen 0 und 17 Jahren für sub-Sahara Afrika geschätzt, deren Eltern oder Elternteile *„from all causes"* gestorben sind, unter ihnen – nach einer neu eingeführten Definition - 12 Mio. *orphans and vulnerable childre*n aufgrund von AIDS (UNICEF et al, 2006: 3). In Tansania wird der Schätzung jetzt ebenfalls diese erweiterte Definition zugrunde gelegt und für 2007 werden 946,614 „Waisen und gefährdete Kinder" angegeben (URT, 2008: 7, 29). Statistische Angaben im Kontext von HIV/AIDS haben sich jedoch in der Vergangenheit als problematisch erwiesen, so auch die Zahlen über Waisen, seit 2005 sind aber Verbesserungen bei den Schätzungen erreicht worden (hierzu Abschnitt 2.4.1).

Kinder sind die Zukunft jeder Gesellschaft und die Garantie für die familiäre Reproduktion. Sind Kinder Waisen und werden sie von Verwandten in Pflege genommen, sind sie die gut versorgten Waisenkinder, obwohl ihre Pflegeeltern meist selbst arm sind und erhebliche Schwierigkeiten haben, die vergrößerte Familie zu ernähren. Mit der steigenden Zahl der Waisen und der AIDS- Toten unter den Verwandten, sind Waisenkinder vor allem in den Städten zunehmend auf sich allein gestellt und leben in prekären Verhältnissen, denn für alternative Unterbringungen gibt es kaum Kinderheime in sub-Sahara Afrika (vgl. Lugalla, Kibassa, 2002; 2003).

1.1 Forschungsfragen und Feldforschung

Das zentrale Forschungsthema der Arbeit ist die Versorgung von Waisen und Halbwaisen, die die nachhaltigste soziale Folge für Kinder nach dem Tod beider Eltern oder eines Elternteils ist. Ein Anliegen der Forschung war es dabei, Waisenkinder selbst zu hören, ihnen eine Stimme zu geben, damit sie aus eigener Perspektive und als soziale Akteure ihr Leben nach dem Tod der Mutter, des Vaters oder beider Eltern schildern und erzählen, wie sie das Erlebte bewältigen und wie zufrieden oder unzufrieden sie mit ihrer Lebenssituation als Pflegekinder bei Verwandten in ihrer erweiterten Familie sind.

Die Forschung wurde in Pangani auf zwei weitere Akteursgruppen ausgeweitet, die eine ideale Ergänzung für das Themas Waisenversorgung sind, auf verwandte Pflegefamilien, die eine oder mehrere Vollwaisen aufgenommen hatten und auf HIV-infizierte Witwen und alleinerziehende Mütter mit ihren Kindern, die Halb- bzw. Vaterwaisen waren. Die Untersuchung schloß nun auch Familien, die klassischen Produktionsstätten des Sozialen, in zwei spezifischen Handlungskontexten mit ein und erstreckte sich über drei Generationen. Dies führte zu der umfassenden Forschungsfrage nach der sozialen Reproduktion in den Zeiten von AIDS, die definiert wird als Herstellung und Erhalt der sozialen Ressourcen und Sicherheiten im Netz der erweiterten Familie, insbesondere die Versorgung der Waisen (vgl. Abschnitt 11.1).

Bei ersten Gesprächen in Pangani zeigte sich, dass das Thema „AIDS" in Verbindung mit der Waisenversorgung bei meinem Forschungsvorhaben auf Schwierigkeiten in der lokalen Gesellschaft stieß. Mir wurde nachdrücklich erklärt, dass über AIDS in Pangani Schweigen herrscht und es unmöglich wäre, in Interviews mit Waisen nach AIDS als Todesursache der Eltern zu fragen. Ich habe dann mit allen Waisen den Grund für das Sterben der Eltern im Interview angesprochen. War AIDS die wahrscheinliche Todesursache, wurde das von den Waisen entsprechend der kulturellen Leitvorstellung nicht offen benannt, sondern war nur an verschlüsselten Äußerungen der Kinder zu erkennen; vergleichbar war der Umgang mit der Seuche bei den infizierten Müttern und in den Pflegefamilien.

Mein Vorhaben Kinder zu interviewen, stieß bei den Vorgesprächen auf großes Erstaunen. Immer wieder wurde ich gefragt, warum ich denn Kinder interviewen wolle und im örtlichen Klatsch entstand das Gerücht, ich recherchiere wohl für ein Waisenhilfsprojekt. Immer wieder habe ich mein Vorhaben erläutert, bis es allgemein akzeptiert wurde. Dieser Prozess lässt erkennen, dass in der ländlichen Gesellschaft Tansanias Kinder nicht als vollwertige soziale Personen gelten und deshalb keine ernsthaften Partner für Interviews sein können.

Das Verhältnis zwischen Erwachsenen und Kindern ist von *heshima* bestimmt, von der Autorität der Erwachsenen und dem Respekt und Gehorsam, den Kinder ihnen schulden[2], d.h. kulturell und sozial wird eine Differenz zwischen Kindern und Erwachsenen konstruiert und betont. Als verantwortliche soziale Akteure werden junge Menschen erst angesehen, wenn sie heiraten und sich an der Reproduktion beteiligen, was früher nach der Initiation bzw. nach der Menarche der Fall war, heute aber erst nach Beendigung der Schule und mit der Volljährigkeit üblich ist[3]. Erst danach verfügt der junge Mensch über genügend soziale Intelligenz *(akali)*, die ihn zu einem vollkommenen Menschen, zu einem Erwachsenen *(mtu mzima)* macht, der verantwortungsbewusst handeln kann.

Diese Einstellung habe ich auch in den Familien erlebt, wo bei den Interviews und Gesprächen immer mehrere Kinder anwesend waren und zuhörten, sich aber nie am Gespräch beteiligten und auch nicht eingebunden wurden. Kamen sensible Themen zur Sprache, die auch die Kinder betreffen konnten, wurden diese unüberhörbar vor der Kinderschar erörtert, gerade so, als ob sie den Gesprächsinhalt nicht verstehen könnten.

Bei diesen Erfahrungen hätten Zweifel aufkommen können, ob der Forschungsansatz Waisen über ihr Leben aus kindlicher Perspektive sprechen zu lassen, überhaupt umsetzbar ist. Ganz anders habe ich dann die Waisen bei den Interviews erlebt. Die Kinder waren - bis auf wenige Ausnahmen - beeindruckend in ihrer Offenheit und der Einschätzung der eigenen Lebenssituation. Sie zeigten sich als kompetente Akteure in ihrer Lebenswelt, deren Interaktionen und Handlungen gegenüber Erwachsenen jedoch kulturell eingegrenzt sind, weil sie Kinder sind und *heshima* schulden.

1.2 Theoretische und methodische Grundlagen

Bei der Vorbereitung der Forschung erwies sich die Literatur zu Waisenkindern in sub-Sahara Afrika inhaltlich als wenig ergiebig. Ethnologische Studien zu den sozialen Folgen der AIDS-Epidemie für Kinder und Waisen fehlten völlig und fehlen bis heute. Die Literatur war bestimmt von den hohen Zahlenschätzungen

---

[2] Kinder drücken ihren Respekt auch mit der Begrüßungsformel „*shikamoo*" gegenüber Älteren und Höherstehenden aus, wörtlich „ich ergreife deine Füße", die z.B. Lehrern gegenüber verwendet wird, für die Eltern heute aber nicht mehr üblich ist.
[3] In Tansania ist im *Marriage Act* von 1971 das Heiratsalter auf 18 Jahre festgelegt, die Genehmigung von Ausnahmen ist aber möglich, wovon Eltern vor allem für Mädchen Gebrauch machen.
Im *Kiswahili* und im emischen Verständnis unterscheidet man zwischen Kind/Kindern = *mtoto/watoto*, Jugendlichen = *kijana/vijana* (was in der Regel Sekundarschüler bezeichnet) und Erwachsenen = *mtu mzima/watu wazima*.

zu AIDS-Waisen (z.B. Hunter, Williamson, 2000) und es überwogen Beschreibungen tragischer Kinderleben und problematischer Versorgungen (z.B. Guest, 2001). Aus einigen ostafrikanischen Ländern lagen lokale Erhebungen zur Aufnahme von „AIDS-Waisen" bei Verwandten vor, so in Simbabwe (Foster, et al., 1995), Uganda (Kamali, et al., 1996; Ntozi, 1997) und NW-Tansania (Urassa, et al., 1997). Neuere Literatur zu Waisen in sub-Sahara Afrika wird bei der Diskussion der Feldforschungsergebnisse herangezogen (u.a. Madhaven, 2004; Atwine et al, 2005).

Kindern ist bislang in der ethnologischen Literatur keine große Aufmerksamkeit gewidmet worden, eine Tatsache, die unlängst mit der Titelfrage charakterisiert wurde *„why don`t anthropologists like children?"* (Hirschfeld, 2002). Studien über Kinder interessierten zunächst als Theorietests, wie z.B. die Forschung von Mead auf Samoa (1928). Später galt die Aufmerksamkeit vor allem den Themen Sozialisation und Initiation, letztere fast ausschließlich bei Jungen. Kinder waren bei diesen Forschungen unmündige Studienobjekte, es wurden Informationen über sie gesammelt, selten von ihnen (vgl. Drackle, 1996; Erny, 2004). Erste Veränderungen in der ethnologischen Forschung begannen Anfang der 90er Jahre. Das alltägliche Leben von Kindern fand das Interesse von Ethnografen und Kinder wurden nun als dialogfähige Subjekte gesehen, sie und ihre Aussagen in die Feldforschung einbezogen (z.B. van de Loo, Reinhart, 1993; Reynolds, 1995; Weiss, 1995).

Zur gleichen Zeit ist die Kinderforschung in den Ländern des Nordens von der dominierenden Beschäftigung mit der Sozialisation abgerückt, in der Kinder als Werdende galten. Kinder sind in der Forschung jetzt So-Seiende, besondere Mitglieder der Gesellschaft, nicht nur zukünftige Erwachsene. Im Mittelpunkt des Interesses stehen Alltag und Kultur der Kinder und „Kind-Sein" als gesellschaftliche Lebensform, in der Kinder als Akteure ihr eigenes Leben handelnd gestalten oder zumindest mitgestalten, auch im Prozess der Modernisierung von Kindheit (James, Prout, 1990; Corsaro, 1997; James, et al., 1998; Honig, et al 1999).

Der theoretische Rahmen bzgl. der Waisenkinder in dieser Arbeit greift zurück auf den aktuellen Diskurs der Kinderforschung. In diesem Kontexte wird auch auf Kinder als Gruppe eingegangen bei der Darstellung der wirtschaftlichen und sozialen Situation in Tansania - so bzgl. der Armut, ihrer Stadt-Land Migration und der lokalen Moderne.

Grundorientierung der Arbeit ist ein handlungstheoretischer Ansatz (Luckmann, 1992), in dem die soziale Wirklichkeit eine von den Akteuren geschaffene und interpretierte ist und von ihnen nur als subjektive Wirklichkeit beschreibbar und verstehbar ist. Dieser Ansatz wird bei allen drei Akteursgruppen verfolgt. Bei den Waisen ist das ein neues Paradigma in der ethnologischen Forschung. Die Erfahrungen des Kindes und seine Kompetenz für das eigene Handeln werden ernstgenommen. Kindsein wird erforscht und Kindsein zeigt sich in der Beschreibung der alltäglichen Lebenswelt aus der Perspektive des Kindes. Die Forschung fragt, wie Kinder ihre soziale Lebenswelt in Interaktionen und Aushandlungen mit Erwachsenen konstruieren und interpretativ aus eigener Perspektive rekonstruieren (James, Prout, 1990; Wilk, Bacher, 1994; Honig, et al, 1999; Heinzel, 2000).

Dieses Paradigma der Kindheitsforschung hat Parallelen zum ethnologischen Diskurs, in beiden geht es „um einen reflektierten Umgang mit Differenz und Fremdheit" (Honig et al, 1999: 27). Die Beschreibung der alltäglichen Lebenswelt, vor allem die „kleinen sozialen Lebenswelten" (Luckmann, 1978), d.h. Teilbereichen oder Teilkulturen der Lebenswelt, begrenzt auf bestimmte thematische Relevanzbereiche, entspricht der ethnologischen Theorietradition, insbesondere der „dichten Beschreibung" (Geertz, 1987). Schlüsselszenen werden für das Ganze untersucht, um so Einblicke in fremde Lebenswelten zu erhalten.

Bei der Feldforschung gehören qualitative Methoden der Annäherung an die Forschungsfragen zum ethnografischen Handwerkszeug – Interviews, Gespräche, Besuche und teilnehmende Beobachtung. Um die Stimmen der drei Akteursgruppen deutlich hörbar zu machen, wurden Interviews in unterschiedlicher Methodik durchgeführt. Bei den Waisen waren es Leitfadeninterviews, die für Kinder die am besten geeignete Interviewtechnik sind. Sie geben einen überschaubaren Zeitrahmen vor, der Kindern ausreichende Möglichkeiten gibt, sich zu äußern, ohne sie zu überfordern (Heinzel, 2003).

Biographische bzw. narrative Interviews erwiesen sich bei den infizierten Müttern als sinnvoll, in ihnen konnten die Frauen in autobiografischen Steggreiferzählungen über lebensgeschichtliche Ereignisse und Erfahrungen berichten (Schütze, 1983). Mit den Pflegeeltern wurden semi-strukturelle Interviews geführt. Die im Prozess der Feldforschung so wichtige teilnehmende Beobachtung hat sich bei mir mit der Thematik Waisen, Armut und AIDS während der Interviews und besonders bei den wiederholten Besuchen in den Familien zu einer intensiven Teilnahme verwandelt (Spittler, 2001).

1.3 Aufbau der Arbeit

Die Arbeit besteht aus drei Teilen. In den Kapiteln 2 bis 5 werden Kontext und Hintergründe der lokalen Lebenswelten dargestellt, in denen die Akteure sich bewegen und handeln, die ihre Erwartungen und Erfahrungen mitprägen. Ein Überblick zu Armut, AIDS und der Geschlechterungleichheit in Tansania und die Beschreibung des Forschungsortes Pangani an der historischen Swahili-Küste geben Einblicke in die komplexe wirtschaftliche und soziale Situation der Bewohner. Die örtliche Koexistenz von Biomedizin und traditioneller Heilung, deren Nutzung durch Kranke, der lokale Umgang mit HIV/AIDS und die schulische Situation stehen in unmittelbarer Verbindung mit dem Leben der Waisenkinder, der Pflegefamilien und der infizierten Mütter.

Die Kapitel 6 und 7 stellen die lokalen Zahlen der Waisen und Halbwaisen als Ergebnis einer Erhebung vor und die Versorgung der Kinder in der erweiterten Familie. Beschrieben wird der kulturelle Kontext der Institution der *ulezi*-Pflegschaften im mittleren Küstengebiet, in der Kinder, Waisen und Halbwaisen in der kognatischen Familie in Pflege genommen werden und in der gegenwärtig bei der AIDS-Epidemie das Aufwachsen der Waisenkinder gesichert wird. Dabei sind matrifokale Tendenzen erkennbar: vornehmlich weibliche Verwandten der mütterlichen Familie in der ländlichen Herkunftsregion nehmen Pflegekinder auf und zunehmend auch Großmütter, die selbst ohne die reziproke Unterstützung ihrer eigenen – verstorbenen – Kinder auskommen müssen. Damit verändert sich die Generationenbeziehung in den Familien.

Die dichte Beschreibung der alltäglichen Lebenswelten aus der Perspektive und mit den Stimmen der Waisenkinder, der Pflegemütter, Pflegeväter und der infizierten Mütter folgt in den Kapiteln 8, 9 und 10. Sie alle sind Akteure bei der familiären und sozialen Reproduktion und befinden sich in einer vergleichbarer Lebenssituation aufgrund einer lebensgeschichtlich dramatischen Veränderung – des Todes eines nahen Verwandten - meist als Folge der AIDS-Epidemie.

Waisen und Halbwaisen schildern aus ihrer Perspektive ihre Trauer über den Tod der Eltern und beschreiben ihre Lebenswelt in der verwandten Pflegefamilie bzw. in der Familie ihrer verwitweten Mutter oder des verwitweten Vaters. Sie zeigen ihr Wissen über ihre alltägliche Lebenswelt und erweisen sich als kompetent Handelnde in ihrer Pflegefamilie, in der Schule und bei Überlegungen zur Zukunft. Auch die anderen Akteure bei der Waisenversorgung kommen ausführlich zu Wort. Pflegemütter, Pflegeväter und verwitwete, HIV-infizierte Mütter stellen ihre Lebenssituation dar, beschreiben die Sorge für ihre Kinder und Pflegekinder, ihre vielfältigen Strategien zur Lebens- und Zukunftssicherung und ihren Umgang mit Krankheit und Tod. Über das neue Unglück AIDS, das ihr Leben so dramatisch verändert, schweigen sie fast alle, wie es nach den kulturellen Leitvorstellungen geboten ist. So entsteht ein Bild vom Leben im ländlichen Tansania und von den familiären Solidarbeziehungen während der AIDS-Krise.

Im 11. Kapitel erfolgt eine Zusammenschau der lokalen Reproduktion des Sozialen in den Zeiten von AIDS. Pflegschaften als zentraler Teil des traditionellen Sicherungsnetzes der erweiterten Familie, integrierte Reziprozitätsformen und das verwandtschaftlich-moralische Handeln werden im Zusammenhang mit der theoretischen Literatur zu diesen Themen diskutiert. Transformationsprozesse in der örtlichen Moderne als Folge von Armut, AIDS, Migrationen und der Arbeit von NGOs werden in den Kontext des ethnologischen Diskurs zur Moderne gestellt und ergänzt durch Ergebnisse der Forschung zur regionalen Moderne der Swahili an der ostafrikanischen Küste. Abschließend erfolgt ein Überblick über die lokale Moderne der Kinder, die von der Institution der Schule geprägt ist, und über die normative Moderne der beiden Kinderkonventionen, die Tansania ratifiziert hat, die aber lokal unbekannt waren.

2 Armut, Geschlechterverhältnis und AIDS in Tansania

Tansania ist eines der ärmsten Länder der Welt. Schon bei der Unabhängigkeit 1961 bezeichnete Präsident Nyerere Armut, Unwissenheit und Krankheit als die Erzfeinde des Landes. Jahrzehnte später ist die Armut zu einer Dauerarmut geworden, denn trotz großer Anstrengungen in der Entwicklungszusammenarbeit und erheblicher Kredite internationaler Geber, die mehr als die Hälfte des Staatshaushaltes bilden, hat sich nur wenig geändert: Tansania hat im Human Development Index (HDI) Rang 162 von weltweit 177 Ländern[4]. Die Bevölkerung hat sich seit 1975 auf fast 40 Mio. mehr als verdoppelt. Sechzig Prozent der Tansanier gelten als arm, sie haben statistisch weniger als 2 US$ am Tag zur Verfügung und von ihnen leben zwanzig Prozent in extremer Armut mit weniger als 1 US$. In Pangani sind 22% der Menschen extrem arm und sie verfügen nur über 0,79 US$ am Tag für ihren Lebensunterhalt, wie für Tansania errechnet wurde. Die Lebenserwartung für Frauen ist 49, für Männer 47 Jahre, nur 57% der Frauen und 79% der Männer sind alphabetisiert (URT, 2005b; HDR, 2006). Neben diesen statistischen Angaben wird „Armut" im 21.Jhdt. in vier Schlüsselbereichen definiert, als fehlende *opportunity*, *security*, *empowerment* und *capability* (Worldbank, 2002a: 2).

Armut steht in Tansania in Bezug zur Ungleichheit der Geschlechter und sie ist bei Frauen besonders groß. Etwa die knappe Hälfte der Haushalte im Land, in denen Kinder leben, werden von Frauen geführt (UNICEF, 2006:38). Viele Mütter sind verwitwet, geschieden oder unverheiratet und haben oft große Mühe, ihre Kinder zu versorgen, wie auch am Forschungsort zu beobachten war. Das Verhältnis der Geschlechter ist asymmetrisch und von der Machthierarchie zwischen Männern und Frauen bestimmt, die auch die kulturell konstruierten Vorstellungen über männliche und weibliche Sexualität prägt. Das ist von großer Tragweite bei der AIDS-Epidemie, denn Frauen haben sozial und kulturell oft nicht die Kontrolle über ihre Sexualität, weil sie ökonomisch in einem Abhängigkeitsverhältnis zu ihrem Partner stehen, wie auch in der offiziellen AIDS-Politik Tansanias festgestellt wird (Burja, 2000; URT, 2001:8).

---

[4] Der Human Development Index (HDI) ist zusammengesetzt aus vier Variablen: Lebenserwartung bei Geburt, Erwachsenenanteil bei der Alphabetisierung, Einschulungsrate und pro-Kopf-Anteil des Bruttoinlandsproduktes.

Karte 1: Tansania

2.1   Kinderarmut

In Tansania sind etwa 12 Mio. Kinder unter den sechzig Prozent der Armen, denn das Land hat eine junge Bevölkerung, in der mehr als die Hälfte Kinder unter 18 Jahren sind. Kinderarmut wird jedoch in keiner Statistik ausgewiesen. Kinderarmut definiert sich aus der Diskrepanz zwischen den Grundbedürfnissen von Kindern und den mangelnden Ressourcen zu deren Befriedigung. In Pangani zeigte sich Armut bei Kindern in mangelhafter Ernährung, schlechter Gesundheitsversorgung, eine auf die Primarschule begrenzte Bildung und oft in familiären Belastungen durch Krankheit und Tod. Die Folgen kindlicher Armutserfahrung sind wenig erforscht (vgl. Butterwegge, et al, 2004). Bei der Feldforschung war ein schlecht entwickeltes Selbstwertgefühl armer Kinder zu beobachten und eine beginnende soziale Exklusion aufgrund ihres beschränkten Zugangs zu formaler Bildung, dem modernen kulturellen Kapital im Sinne Bourdieus (1983). Mit der Armut eng verbunden ist Kinderarbeit, mit deren Lohn Kinder zum Überleben ihrer Familie beitragen. In Tansania sind 36,6% der Kinder zwischen 5 und 17 Jahren ökonomisch aktiv und 21,3% arbeiten täglich mehr als vier Stunden (URT, 2004: 6). Vergleichbare Angaben haben interviewte Waisen in Pangani gemacht (Absatz 8. 3).

Kinderarmut findet in der Entwicklungspolitik seit kurzem eine zunehmende Beachtung. So beziehen sich drei der UN-Milleniumsziele für 2015 auf Kinder, zwei weitere schließen sie mit ein; eingeschlossen sind Kinder bei dem Ziel den Anteil der extrem Armen zu halbieren und bei dem Ziel die Ausbreitung von HIV/AIDS zum Stillstand zu bringen. Direkte und vordringliche Ziele für Kinder sind die Sterblichkeit der unter 5 Jährigen um zwei Drittel zu senken und allen Kindern den Abschluß der Primarschule und den Zugang zu weiteren Bildungsebenen zu ermöglichen. In Tansania ist es ein erster Erfolg dieser Agenda, dass seit dem Jahr 2000 insgesamt 1,8 Mio. mehr Kinder die Schule besuchen als zuvor, weil Eltern keine Primarschulgebühr mehr zahlen müssen; der Anstieg der Schülerzahl zeigte sich auch in Pangani.

2.2   Reduzierung von Armut und Geschlechterungleichkeit

Für das UN-Millenniumsziel der Armutshalbierung bis zum Jahr 2015 durchlief Tansania von 2000 bis 2004 den ersten Zyklus der *Poverty Reduction Strategy* (PRSP), in dem das Land eigenverantwortlich die Reduzierung der Armut und seinen Entwicklungsprozess festlegt, in Abstimmung mit dem Internationalen Währungsfond (IWF) und der Weltbank (WB). Seit 2005 befindet sich Tansania bis zum Jahr 2010 in seinem zweiten PRSP-Zyklus, an dessen Zielen sich weitere internationale Geberorganisationen beteiligen (URT, 2000; 2004; 2005a). Mit dieser Strategie der Armutsreduzierung (PRSP) sind die HIPC-Schuldenerlasse[5] verknüpft mit der Vorgabe, die aus den Zinszahlungen freiwerdenden Mittel ebenfalls zum Abbau der Armut zu verwenden.

Mehrere Studien zu „*gender*", die die Weltbank Ende der 90er Jahre in Auftrag gab, kamen zu dem Ergebnis, dass die Ungleichheit der Geschlechter die Entwicklung behindert und abgebaut werden muss. „Geschlechtergleichheit" wird in diesem Kontext definiert als „rechtliche Gleichheit, gleicher Zugang zu Ressourcen und gleiche Mitsprache für Frauen und Männer" (Worldbank, 2001: 31-106)[6]. In die PRSP-Leitlinien wurde deshalb ein *gender mainstreaming* eingebaut, mit der die Gleichstellung der Geschlechter und eine geschlechtsdifferenzierte Reduzierung der Armut in ihren vier Schlüsselbereichen *opportunity*, *security*, *empowerment* und *capability* erreicht werden soll (Worldbank, 2002b: 333-374).

Tansanias Prioritäten im PRSP sind wirtschaftliches Wachstum, nachhaltige Förderung der Bildung, Gesundheitsversorgung und Landwirtschaft. Im ersten Zyklus gab es eine Reihe von Erfolgen: das wirtschaftliche Wachstum betrug um die 6%, Frauen können jetzt aufgrund einer Rechtsreform Land besitzen, im Jahr 2000 wurden die Gebühr für die Primarschule abgeschafft und 15.000 Lehrer zusätzlich eingestellt, woraufhin der Primarschulbesuch landesweit auf 88,5% der Kinder anstieg. *Gender*-Gleichheit unter Primarschülern ist erreicht, die *Gender*rate in Sekundarschulen hat sich auf 1:0,93 erhöht. Der Ausbau der Sekundarschulen ist ein Schwerpunkt im laufenden 2. Zyklus der Armutsbekämpfung. In Pangani waren die positiven Entwicklungen im Schulbereich erkennbar, u.a. war eine neue Sekundarschule im Bau, mit einem kleinen Internat für Mädchen aus den weiter entfernten Dörfern.

Trotz der neuen Strategie der Armutsreduzierung seit dem Jahr 2000, eines guten Wirtschaftswachstums und der HIPC-Schuldenerlasse sind die Ergebnisse der PRSP in Tansania - mit Ausnahme der schulischen Bildung – jedoch er-

---

[5] HIPC sind "Heavily Indepted Poor Countries", für die die G-7 Staaten 1999 eine erste Teil-Entschuldung veranlasst hatten; 2005 wurde von den G-8 Staaten für 18 HIPC-Länder ein vollständiger und sofortiger Schuldenerlass beschlossen, darunter auch für Tansania.
[6] Hierzu auch: Worldbank, 1999 und Narayan, 1997.

nüchternd: die Armut und die Geschlechterungleichheit sind unverändert groß, insbesondere auf dem Land, wo 87% der Armen leben und die ökonomische Teilhabe der Frauen beschränkt sich weiterhin auf Feldbau und Kleinsthandel (URT, 2005). Das UN-Milleniumsziel der Armutshalbierung bis 2015 gilt nun für Tansania als unrealistisch. Das landeseigene Ziel ist die Armutshalbierung bis zum Jahr 2025 (URT, 2004: 6f), allerdings ohne dabei die ökonomischen und sozialen Folgen der AIDS-Epidemie einplanen zu können, denn Armut, AIDS und Entwicklung bilden einen Teufelskreis, den UNAIDS unlängst mit der Formulierung „Entwicklungshindernis HIV/ AIDS" verdeutlichte (2006).

2.3 HIV/AIDS in Tansania im Kontext sub-Sahara Afrikas

HIV/AIDS ist 1981 erstmals in San Francisco diagnostiziert worden und in Tansania sind 1983 in der Region Kagera im Nordwesten des Landes die ersten drei Infizierungen festgestellt worden. HIV/AIDS wird in *Kiswahili* als *ukimwi* bezeichnet, dem Akronym für „Mangel an Schutz im Körper"[7]. 25 Jahre später geht man davon aus, dass weltweit bislang 25 Mio. AIDS-Kranke starben und dass gegenwärtig etwa 33,2 Mio. Menschen (30,6 - 36,1) infiziert sind, 22,5 Mio. (20,9 – 24,3) von ihnen in sub-Sahara Afrika. Und die Epidemie verbreitet sich weiter, 2007 schätzte man 1,7 Mio. (1,4 - 2,4) Neuinfizierungen in sub-Sahara Afrika, wobei es in den einzelnen Ländern und Regionen Schwankungen der Infektionsrate gibt, so auch in Tansania (UNAIDS, 2007: 15f).

In Tansania trugen 2007 etwa 1,87 Mio. Menschen in der Bevölkerung von fast 40 Mio. den Virus in sich ((URT, 2008: 25). Gleichwohl hat sich landesweit – aufgrund verbesserter Erhebungsmethoden und genauerer Modelrechnungen - die geschätzte Infektionsrate im Jahr 2007 auf 6,2 % (5,8-6,65) verringert und sie wird als „stabil" bezeichnet (URT, 2008:5). Zum Vergleich: 2002 wurde die Infektionsrate landesweit mit 11% angegeben (UNAIDS, 2003), im gleichen Jahr aber regional im Distrikt Pangani mit 4,4% (URT, 2002a) und mit 6,35% im Nachbardistrikt Muheza (URT, 2002b). Auf das Zustandekommen der örtlichen HIV-Statistik wird noch eingegangen (Abschnitt 4.3.2)

Die HIV-Infizierung ist eine Immunschwäche und AIDS ein progressives Syndrom, eine „langsame Krankheit" (Sontag, 1989: 92), das über Körpersäfte (Sperma, Blut) übertragbar ist. In sub-Sahara Afrika erfolgt die Übertragung des Virus vor allem durch heterosexuellen Geschlechtsverkehr und bei etwa der

---

[7] *Ukimwi* lautet im Volltext: *ukosefu wa kinga mwilini*.

Hälfte der Neugeborenen infizierter Mütter pränatal oder postpartum über die Muttermilch. Symptome treten erst nach Jahren schubweise mit Fieber, Gewichtsverlust und Pilzerkrankungen auf und verdichten sich mit opportunistischen Infektionen (TB, Lungenentzündung). Die Erkrankung geht in ein furchtbares Leiden über (Durchfälle, Demenz), der Kranke wird hinfällig und stirbt qualvoll, wie bei der Feldforschung mitzuerleben war (Abschnitte10.1.1 und 10.1.2).

Während HIV/AIDS in westlichen Ländern jetzt mit antiretroviralen Medikamenten als chronische Krankheit behandelbar ist, leiden Infizierte in sub-Sahara Afrika in entsetzlicher Weise bis zu ihrem sicheren Tod. Suchen AIDS-Kranke im akuten Stadium ein Krankenhaus auf, werden sie in aller Regel zum Sterben nach Hause geschickt, weil keine antiretroviralen Medikamente zur Verfügung stehen. Die Kosten von 15 - 30.000 Euro pro Jahr für die Therapie eines Infizierten können in sub-Sahara Afrika nicht aufgebracht werden. Profitinteressen internationaler Pharmakonzerne verhinderten bislang sowohl die Produktion von Generika als auch substantielle Preissenkungen der Medikamente.

Seit 2003 stellt die WHO über das Programm „3 by 5" in einigen subsaharischen Ländern antiretrovirale Medikamente für eine begrenzte Zahl von Infizierten im fortgeschrittenen Stadium zur Verfügung. Tansania erhielt 2007 für 373.584 Patienten antiretrovirale Medikamente, bei einer geschätzten Zahl von 1,87 Mio. infizierten Kindern und Erwachsenen. Das bedeutet, dass nur etwa jeder fünfte Patient die notwendigen Medikamente erhält, die er benötigt, unter ihnen etwa 11.000 Kinder (URT, 2008: 25).

Nach Angaben der WHO erhielten 2008 insgesamt 2,25 Mio. Menschen in sub-Sahara Afrika antiretrovirale Medikamente. Jedoch sind in Anbetracht der 22,5 Mio. dort Infizierten weitaus größere Anstrengungen der internationalen Gemeinschaft notwendig, die Erkrankten medikamentös zu versorgen, und zwar lebenslang, um das frühe Sterben von Millionen Afrikanern abzuwenden und die Folgen für die Familien und die Kinder zu mindern. Die ökonomischen und sozialen Folgen der AIDS-Epidemie sind für die betroffenen Familien und für die Länder jetzt schon gravierend und können für die Zukunft nicht realistisch vorhergesagt werden (Fredland, 1998).

Besonders folgenschwer ist es, dass HIV/AIDS in subsaharischen Ländern bei Frauen und Männern insbesondere bei den sexuell aktiven und wirtschaftlich produktiven 15 bis 49 Jährigen quer durch alle sozialen Schichten verbreitet ist.

28

Bei Frauen stiegen die Neuinfizierungen in den letzten Jahren überproportional auf 61% an (UNAIDS, 2007), weil Frauen aufgrund ökonomischer Abhängigkeiten, weiblichen Lebenszusammenhänge und ihres Körperbaus einer Infizierung eher ausgeliefert sind. Zudem sind in subsaharischen Ländern *gender* – Beziehungen und das sexuelle Leben von Männern und Frauen und damit auch HIV-Infizierungen nachhaltig von politischen Prozessen und strukturellen Zwängen - und der Armut als deren Folge – mitbestimmt, wie ethnologische Studien gezeigt haben, bspw. im früheren Zaire (Schoepf, 1992) und in Tansania (Haram, 1995; Baylies, 2000; Burja, 2000; Dilger, 2003)[8].

2.4 Auswirkungen der Epidemie auf Kinder

Millionen Kinder werden aufgrund der Epidemie Waisen und Halbwaisen, weil ihre Eltern an AIDS sterben. Kinder sind außerdem in vielfacher Weise indirekt und direkt von den Folgen der Seuche betroffen. Sie leiden physisch, psychisch und emotional unter ihren Auswirkungen und an den wirtschaftlichen Rückwirkungen, denn sie erleben in ihren von HIV/AIDS betroffenen Familien, sei es durch Infizierung, akute Erkrankung oder durch Waisenpflegschaften, eine Potenzierung der meist schon großen Armut. Auch indirekt spüren Kinder die Folgen überall in der Gesellschaft, wenn Lehrer, Ärzte und Krankenschwestern erkranken und sterben und sich damit die schulische Erziehung und gesundheitliche Versorgung verschlechtert.

Kinder können auch direkt an HIV/AIDS leiden, wenn sie von ihrer infizierten Mutter bei der Geburt oder postpartum über die Muttermilch infiziert worden sind (Abschnitt 4.4.1). Bei mehr als der Hälfte der infizierten Babies und Kleinkinder beträgt die Lebenserwartung nur wenige Jahre. Kinder können mit AIDS-kranken Eltern oder mit einem kranken Elternteil zusammenleben, sie müssen dann oft die Krankenpflege und die Haushaltsversorgung übernehmen und vernachlässigen ihre Schulbildung oder gehen gar nicht mehr zur Schule, weil die Familie das Geld für den Kauf einer Schuluniform und der Lernmaterialien nicht hat. Kinder können auch stigmatisiert werden, wenn trotz der Strategie des Schweigens über AIDS in der Nachbarschaft bekannt wird, dass sie zu einer Familie mit AIDS-Kranken gehören.

---

[8] Im Zusammenhang mit HIV/AIDS hat sich in der Ethnologie ein kontroverser Diskurs über „afrikanische Sexualität" entwickelt (u.a. Heald, 1995; Arnfred, 2004); hierüber gibt Dilger (2008) eine Zusammenfassung.

2.4.1 Anmerkungen zu statistischen Angaben

Statistiken und Zahlen bzgl. HIV/AIDS sind Schätzungen, in die Daten fließen, die auf unsicherer Basis über eine gesellschaftlich verschwiegene Erkrankung gewonnen wurden und anschließend oft mit manipulativen Kräften und Eigeninteressen von Regierungen und NGOs aufbereitet sind (vgl. Fiala,1998; Gronemeyer, 2002:54 ff, Chin, 2007). Insbesondere Zahlenangaben zu Toten und zu Waisen als Folge der Epidemie können nur grobe Einschätzungen sein, denn es zeigte sich bei der Feldforschung, dass AIDS als Todesursache meist weder dem Verstorbenen, noch seinen Verwandten oder den Ärzten im Krankenhaus bekannt war (Abschnitt 4.3). In Pangani wurde im Krankenhaus nur selten ein Totenschein ausgestellt, der AIDS als Todesursache nannte und noch seltener liessen die hinterbliebenen Verwandten diesen anschließend bei der Verwaltung registrieren, denn das wäre mit einer Gebühr von 3000 TSh (etwa 3 Euro) verbunden gewesen, die die Familie nicht hat oder für diesen Zweck nicht aufwenden will. Aus diesen Gründen lagen in der Ortsverwaltung keine statistischen Angaben über Todesfälle oder gar über deren Ursachen vor[9].

Seit 2005 wurden aufgrund der zunehmenden Kritik an den hohen Zahlen und ihrer oft unprofessionellen Gewinnung lokal verbesserte Erhebungen eingeführt und genauere Berechnungsmodelle entwickelt, sowie weltweit eine Überprüfung aller Daten zu HIV/AIDS vorgenommen (vgl. UNAIDS, 2006; 2007). Ergebnis ist, dass praktisch alle statistischen Angaben der vergangenen Jahre nach unten korrigiert werden mussten. Dies hat zur Folge, dass die Angaben über die Verbreitung der Seuche und die Zahl der Infizierten derzeit niedriger sind, als in den Jahren zuvor. Eine Eindämmung der Epidemie zeichnet sich gleichwohl nicht ab.

Die Revisionen erstrecken sich auch auf die Definition und die Zahl der Waisen[10], für deren Berechnung neue, genauere Kalkulationsformeln entwickelt wurden (Grassly, Timoeus, 2005). Mit ihrer Hilfe wird jetzt differenziert zwischen Waisen und Halbwaisen, zwischen Mutter- und Vaterwaisen, sowie zwi-

---

[9] Gleiches gilt bei der Registrierung von Geburten; hier steht Tansania mit landesweit nur 7% Registrierungen bei Geburten an vorletzter Stelle in sub-Sahara Afrika (UNICEF et al, 2006:25)

[10] Bei Zahlenangaben zu Waisen sind weitere Fehlerquellen möglich, bspw. aufgrund unterschiedlicher Definitionen von Waisen und Halbwaisen, des unterschiedlich festgesetzten Höchstalters der Waisenkinder bis 15 (z. B UNAIDS, 2002a, UNAIDS, 2002b; Monasch, Boerma, 2004) oder bis 18 Jahren, wie jetzt offiziell in sub-Sahara Afrika (UNICEF, 2006), sowie bei kumulativen Berechnungen, die nicht berücksichtigen, dass Waisen vergangener Jahre inzwischen volljährig sind (z.B. Gosh, Kalipinga, 2004).

schen Waisen und Halbwaisen bei denen AIDS der angenommene Grund des Todes zumindest eines Elternteiles war und Waisen und Halbwaisen, deren Eltern aus anderen Gründen starben.

Gleichzeitig ist 2006 die erweiterte Definition von *„orphans and vulnerable children"* von UNICEF und UNAIDS eingeführt worden (UNICEF et al, 2006). Die neue Definition schließt nun auch durch AIDS gefährdete Kinder mit ein, ohne allerdings die Kriterien festzulegen, wann Kinder als gefährdet gelten, weil hierfür aus den subsaharischen Ländern noch nicht genügend Informationen vorliegen. Derzeit gelten nur Kinder, die mit einem AIDS-kranken Elternteil zusammenleben, in hohem Masse als gefährdet und über die Auswirkungen der Gefährdung werden noch Forschungen durchgeführt (UNICEF et al, 2006: VI).

Im Jahr 2005 lebten nach den verbesserten Schätzungen 48,3 Mio. Waisen und Halbwaisen im Alter von 0 bis 17 Jahren in sub-Sahara Afrika, unter ihnen 12 Mio. Waisen und gefährdete Kinder, die einen oder beide Elternteile aufgrund von AIDS verloren haben. Insgesamt sind dieser Schätzung zufolge 12% der Kinder in sub-Sahara Afrika Waisen oder Halbwaisen oder gelten als gefährdet aufgrund der AIDS-Erkrankung ihrer Eltern (UNICEF et al, 2006: 3). In Tansania wurde im Jahr 2005 angegeben, dass 1,1 Mio (0,9 – 1,2) Kinder einen oder beide Elternteile verloren haben (URT, 2005: 3). Seither erfolgen die Schätzungen nach der neuen, erweiterten Definition *„orphans and vulnerable children"*: 2006 wurden 930.000 Waisen und gefährdete Kinder angegeben und 2007 dann 946,614 Waisen und gefährdete Kinder (UTR, 2005b:3; 2008: 7, 29).

2.5   Lokale Rezeption von HIV/AIDS in Pangani

Während aus biomedizinischer und politischer Sicht HIV-Infizierte als Opfer ihres riskanten sexuellen Verhaltens gelten, zeigt sich in sub-Sahara Afrika eine kulturelle Vielfalt bei der Wahrnehmung und Deutung der Seuche. Sie wird verbunden mit indigenen Interpretationen von Unglück wie Hexerei (Yamba, 1997; Ashforth, 2002) und Tabubrüchen (Mogensen, 1995; Wolf, 2003) und in christlichen Gemeinschaften mit dem Wirken spiritueller Kräfte erklärt (Klaits,1998; Dilger, 2005: 227-281). In lokalen Diskursen wird AIDS oft mit Metaphern benannt, z.B. als Arbeitsunfall *(ajali kazini,* Burja, 2000: 68), als *Juliana,* einem aus Uganda importierten Polyester-Stoff (Rugalema, 2004:194) oder als *Scania disease* bei LKW-Fahrern (Rakelmann, 2005:160).

In den meisten Gesellschaften sub-Sahara Afrikas ist jedoch das Schweigen charakteristisch für den Umgang mit HIV/AIDS (Meursing, 1997; Cochrane, 2000; Radstake, 2000), so auch in Tansania (Lie, 1996; Dilger, 2005: 282f). Die Gründe für das gesellschaftliche Schweigen werden vorrangig in der engen Verbindung von AIDS und Sexualität gesehen (URT, 2001a: X), über die traditionell nicht gesprochen wird (Heald, 1995), denn die Epidemie wird häufig als Folge der unmoralischen sexuellen Praxis der Moderne interpretiert, die sozial ungeregelt ist und in Beziehung zur Geldökonomie steht, vor allem bei Frauen (Weiss, 1993). Bei Infizierten kann dem (Ver)Schweigen die Vorstellung zugrunde liegen, dass es neben der biomedizinischen Diagnose noch andere Narrative für die Erkrankung gibt (Radstake, 2000:115) und auch die Angst vor einer Stigmatisierung spielt eine Rolle, denn AIDS zu haben, könnte den Verlust familiärer Hilfe nach sich ziehen (Dilger, 2005: 284f).

Auch in der Gesellschaft Panganis dominierte das Schweigen über HIV/AIDS. In den Interviews mit direkt oder indirekt Betroffenen wurde AIDS als Erkrankung oder Todesursache nie offen beim Namen genannt, mit nur zwei Ausnahmen. Der stumme oder verdeckte Umgang mit HIV/AIDS ließ aber auch erkennen, dass die Verbindung der Seuche mit (unmoralischer) Sexualität und der Angst vor Stigmatisierung nur ein Teil der Gründe für das Schweigen ist. In Pangani war das Schweigen auch in der komplexen kulturellen Haltung der Menschen begründet, mit der ein Unglück und seine Auslöser nicht im offenen Diskurs verhandelt werden. Gerade bei dem neuen Unglück AIDS können Ungewissheiten und Unwägbarkeiten nicht eingeschätzt werden (vgl. Whyte, 1997: 215f). Schweigen und das Vertrauen in Gott lassen Raum für Deutungen und bewahren die Hoffnung, sie sind die lokalen Strategien im Umgang mit HIV/AIDS.

Diese kulturelle Strategie prägt auch die Einstellung zur Prävention. So wurden die kostenlosen HIV-Tests der NGO TAWG in Pangani nur wenig in Anspruch genommen, was die Mitarbeiter mit der häufigen Äußerung in der lokalen Bevölkerung erklärten: „wenn ich an AIDS erkranke, erfahre ich das früh genug, warum soll ich mir jahrelang vorher Sorgen machen?" Auf diese Weise vermeiden die Menschen frühe Ängste und ihre Stigmatisierung als HIV- Infizierte und zukünftige AIDS-Kranke, verweigern damit aber eine Beteiligung bei der Vorbeugung gegen die Ausbreitung der Seuche.

Im Kontext des gesellschaftlichen Schweigens über AIDS hatten die von der Seuche und ihren sozialen Folgen direkt Betroffenen in den Interviews unterschiedlich differenzierte Umgangsweisen. Dabei spielt auch eine Rolle, dass es in der Küstenkultur als kulturell unangemessen gilt, über familiäre Angelegenheiten mit anderen zu sprechen, vielmehr wahrt man sein Gesicht *(mbele ya watu* - wörtlich: die Vorderseite).

Waisen, deren Eltern mutmaßlich an der Seuche gestorben sind, äußerten sich mit codierten Aussagen, die die Symptome von AIDS beschrieben, ohne AIDS zu erwähnen: sie/er war schon lange krank, sie/er hatte große Schmerzen, das Krankenhaus konnte sie/ihn nicht heilen, es kam noch Malaria, eine Lungenentzündung oder TB hinzu (Abschnitte 8.1 und 8.5).

Waren infizierte Frauen Muslime reagierten sie mit einem spirituellem Verständnis, das sie mit „*Mungu akipenda*", „es ist Gottes Wille" ausdrückten. Mit „*Mungu akipenda*" brachten Muslime in Pangani ihre Überzeugung zum Ausdruck, Gott allein bestimme das menschliche Schicksal. „*Mungu akipenda*" diente ihnen zur Erklärung dramatischer Ereignisse in der Vergangenheit und auch bei Fragen zur Zukunft, vergleichbar dem arabischen „*Inshallah*"[11]. Christliche Frauen unter den Infizierten formulierten eine ähnliche Haltung säkular mit „*maisha ndivyo yalivyo*", „so ist das Leben" (Kapitel 10).

Pflegeeltern und infizierte Frauen beschrieben nur einzelne Symptome und nannten HIV/AIDS nicht beim Namen, wenn sie über die Todesursache der Eltern ihrer Pflegekinder, die eigene Erkrankung oder die des verstorbenen Ehemannes sprachen. Direkt von der Seuche und ihren Folgen Betroffene vermieden es, die Verbindung zu HIV/AIDS herzustellen, auch mir gegenüber, obwohl ich außerhalb der lokalen Gesellschaft stand und bspw. die infizierten Frauen über die NGO TAWG kennengelernt hatte. So bleibt Raum für andere Deutungen. Nur zwei Betroffene benannten AIDS offen und beide fügten gleich den für die Infizierung Verantwortlichen hinzu: für Zanana war es der dritte Ehemann (Abschnitt 10.1.2) und Musas Onkel führte sie bei seinem verstorbenen Bruder auf dessen zweite Ehefrau zurück und fügte bedeutungsvoll hinzu „er hat in Tanga gelebt", d.h. AIDS ist eine Krankheit der Urbane, die Krankheit der Anderen (Abschnitt 9.1.3).

---

[11] Das arabische Wort *Allah* wird im *Kiswahili* nicht gebraucht; Ausnahmen sind einige zusammengesetzte Ausdrücke, wie *Bismillah*, in Gottes Namen, das am Anfang jeder Unternehmung ausgesprochen wird bzw. werden sollte (Frankl, 1990).

Aber auch mit dem Konzept der Hexerei wird HIV/AIDS im ländlichen Distrikt Pangani in Verbindung gebracht. Eine auf „witchfinding" spezialisierte mobile Heilergruppe reist über die Dörfer und verspricht, von der Seuche zu heilen. HIV/AIDS, dessen Übertragung von Mensch zu Mensch erfolgt, wird hierbei als negative, schädigende Handlung anderer Menschen interpretiert, die krank machen und den Tod bringen kann (vgl. Evans-Prichard,1937).

2.6   Die AIDS-Politik Tansanias

Das Schweigens über HIV/AIDS in der tansanischen Gesellschaft und der enge Zusammenhang der Epidemie mit der Sexualität machen es für die Regierung schwierig, eine offizielle AIDS- Politik zu formulieren und für ihre Befolgung zu werben, während sie gleichzeitig unter dem Druck internationaler Institutionen und Kreditgeber steht, die Präventionskonzepte schnell bei der Bevölkerung durchzusetzen. Tansania hat 1985 mit ersten Maßnahmen gegen HIV/AIDS begonnen und seit 2001 ist die *National Policy on HIV/AIDS* in Kraft. In seiner Einleitung hat der damalige Präsident Mpaka die Ziele vorgegeben „*We must break the silence on HIV/AIDS. We must eschew inhibiting taboos and promote open discussion in our families, in village communities and in our workplaces on how to protect others and ourselves"* (URT, 2001a: X).

Diese Worte verdeutlichen, dass die tansanische Politik bzgl. HIV/AIDS einen Normentransfer beinhaltet. Das gilt insbesondere für den Bereich der Prävention, für die Partnertreue, Enthaltsamkeit und die Benutzung von Kondomen empfohlen werden. Aufgefordert wird zu auch einem frühen HIV-Test, um die 85-90% der Bevölkerung zu schützen, die nicht infiziert sind (URT, 2001a: 8). Weitere Bausteine der AIDS-Politik sind die Festlegung der Rechte von Infizierten, ihres Anspruchs auf Beratung und medizinische Betreuung sowie die Aufklärung der Bevölkerung, vor allem der Jugend (URT, 2001a:13f).

Von den Zielen der nationalen AIDS Politik ist die Gesellschaft in Pangani weit entfernt, denn das Schweigen dominiert den Umgang mit HIV/AIDS und so werden die Angebote der TAWG (Kondome, HIV-Tests, Beratung) nur zögerlich und nur von wenigen genutzt. In Tansania findet keine offene Diskussion über die Seuche statt, wie sie insbesondere für die Prävention notwendig wäre, wie auch eine Zeitungsmeldung offenbarte: führende muslimische und christliche Geistliche hatten der Regierung ihre Unterstützung im Kampf gegen die Ausbreitung von HIV/AIDS zugesichert, den Kondomgebrauch aber strikt abgelehnt, weil er gegen die Heiligen Bücher ihrer Religion verstoße[12].

---

[12] Guardian von 19.7.2003, Seite 2.

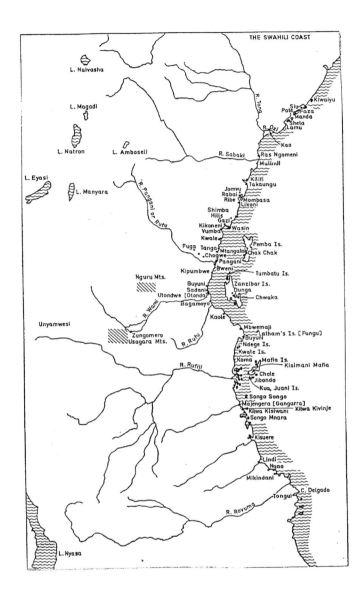

Karte 2: Historische Swahili-Küste am Indischen Ozean

3   Pangani – von der *stone-town* zum Distriktzentrum

Pangani ist ein Städtchen am Indischen Ozean, mit knapp 4000 Einwohnern[13] und einer langen Geschichte als kleine Swahili „*stone-town*" *(mji)*, in der einige Häuser am Hafen in der typischer Swahili- Bauweise aus Korallenfelsblöcken errichtet waren, die heute verfallen sind. Pangani war - neben Bagamoyo – der wichtigste Hafen des mittleren Küstenabschnittes, der historischen *Mrima* und Ausgangpunkt der beiden Handels- und Sklavenrouten zwischen der Küste und dem afrikanischen Hinterland *(bara)*. Hier wurden die Sklaven der ankommenden Karawanen von ihren Besitzern für den Verkauf „aussortiert", in *Kiswahili „panga"*, woher sich der Name „Pangani" ableiten soll (Sekebaha,1998: 5). Heute ist der Ort das Verwaltungszentrum *(boma)* des Pangani-Distriktes[14], weshalb es an Wochentagen recht lebhaft zugeht, wenn Menschen aus den Dörfern ins Krankenhaus, zur Verwaltung und zum Gericht kommen.

Der Ort liegt 250 km nördlich von Dar es Salaam an der Mündung des gleichnamigen Flusses, der am Kilimanjaro entspringt und er reiht sich ein in die Häfen der Küste Ostafrikas von Malindi und Mombasa in Kenia, über Tanga im Norden Tansanias bis Bagamoyo, Kilwa und Lindi im Süden und Sofala in Mosambik (Karte 2). Sie alle gehören zu dem 3000 km langen und 100 km breiten Küstenstreifen der Swahili, in dem sie mit arabischen und indischen Händlern über Jahrhunderte Handel über den Indischen Ozean betrieben haben. Auch die Inseln vor der Küste gehören dazu, so Pate und Lamu, das vor Pangani liegende Pemba und etwas weiter südlich Sansibar und Mafia (Lovejoy, 1983; Middleton,1992; Sekibaha,1998; Kusimba,1999; Horton, Middleton, 2000).

Der Hafen Panganis wird heute nur noch von Fischerbooten genutzt und gelegentlich für eine Überfahrt zur Insel Pemba. Pangani ist ein kleiner Verkehrs-

---

[13] Nach der Zensusschätzung von 2003 für Tansania hatte Pangani 3,853 Einwohner, 2.294 im östlichen Pangani und 1.559 im westlichen Ortsteil Myongeni (Tanzania Census 2003: 57). In der Verwaltung Panganis war die Einwohnerzahl des Ortes nicht bekannt, da es in Tansania keine durchsetzbare Meldepflicht gibt. Ein vermuteter Anstieg der Sterberate aufgrund der AIDS-Pandemie konnte deshalb vor Ort nicht überprüft werden.

[14] Der Distrikts Pangani besteht aus 33 Dörfern bzw. 94 Weilern und hat 44,107 Einwohner. Pangani ist der kleinste der sieben Distrike der Region Tanga, die anderen sind Handeni, Kilindi, Korogwe, Lushoto, Muheza und Tanga mit insgesamt 1.6 Mio. Einwohnern (Tanzania Census, 2002: 51-58).

knotenpunkt mit der Endhaltestelle der Busse und Kleinbusse *(daladala)* nach Muheza und Tanga und einer Fähre über den Fluss, die Zubringer ist für die Bewohner der Dörfer am südlichen Ufer. Tanga, die nächste größere Stadt, liegt 55 km nördlich, eine Entfernung für die der Bus mehr als zwei Stunden in rumpelnder Fahrt braucht, auf staubiger Piste voller Schlaglöcher aus der letzten Regenzeit und vielen Stops für Zusteiger aus den Dörfern unterwegs.

Pangani besteht aus zwei Ortsteilen *(mitaa)*, was typisch für Swahili-Städte ist und die soziale Zweiteilung der Bewohner widerspiegelt (Pouwels, 1987:33; Middleton, 1992), dem östlichen *Pangani Mashariki* und Myongeni, dem westlichen *Pangani Magharibi*. Das östliche Pangani entspricht in seinem Kerngebiet dem historischen Hafenstädtchen, es hat einen kleinstädtischen Charakter mit zwei Haupt- und einigen Querstrassen, mit Stein- und Betonhäusern und kleinen Lädchen. Hier leben überwiegend Swahili-Familien. An der Strasse nach Tanga schliesst sich Funguni an, ein Stadtgebiet, das sich in den letzten Jahren mit Einfamilienhäusern besser gestellter Familien gebildet hat. In Funguni liegen zwei der drei Schulen Panganis.

Der westliche Stadtteil Myongeni ist durch Zuwanderungen um 1930 und 1950/60 expandiert, als Arbeiter mit ihren Familien aus anderen Landesteilen in die drei großen – heute noch bestehenden - Sisalplantagen bei Pangani kamen. Myongeni wirkt dörflich, ist nur von Trampelpfaden durchzogen und besteht aus Häuschen in runder Lehmbauweise *(udongo)* mit Dächern aus Kokosfasern *(paa ya makuti)*, die zwei oft fensterlose Zimmer haben, in denen die Familie schläft. Gekocht und gegessen wird im umzäunten Hof hinter dem Haus *(uwanja)*, in dem der Hygiene-Bereich mit Palmzweigen abgeteilt ist. An den Abenden sitzen die Bewohner auf dem Vorplatz oder der kleinen Veranda *(baraza)* vor ihren Häuschen, reden und lachen miteinander, die Frauen machen Flechtarbeiten und die Männer spielen Karten.

Die Religionszugehörigkeit der Einwohner wird auf 70% Moslems und 30% Christen geschätzt. Der Ort ist muslimisch geprägt mit sieben Moscheen *(msikiti)* in zentraler Lage, sechs sunnitischen, der Glaubensrichtung der Swahili-Kultur und einer schiitischen[15]. Fünf christliche Gemeinschaften, Lutheraner, Anglikaner, Katholiken, Pfingstkirchler und Sieben-Tage-Adventisten haben Kirchen oder Gebetsräume am Ortsrand.

---

[15] Moscheen haben in Ostafrika keine Minarette, in Pangani sind einige von ihnen inzwischen mit leistungsstarken Lautsprechern ausgestattet, um die Gläubigen zum Gebet zu rufen.

3.1 Infrastruktur und Wirtschaft

Wasser- und Stromanschlüsse in Wohnhäusern gibt es nur im östlichen Ortsteil. Die beiden Pumpstationen des Ortes fallen zwei Drittel der Zeit aus, weshalb in jedem Haushalt gefüllte Eimer für den nächsten Wasserausfall bereit stehen. In Myongeni haben nur wenige Grundstücke einen Wasseranschluss, der von Nachbarn im weiteren Umkreis gegen Kostenbeteiligung mitgenutzt wird. Dort gibt es auch keinen Strom, er wäre zu teuer für die Bewohner und eine zu große Brandgefahr für die Dächer aus Kokosfasern. Die Müllentsorgung im Ort ist problematisch. Haushalte sollen den Müll zu einigen offenen Sammelstellen bringen, von wo er zu einer Kippe am Stadtrand gebracht wird. Müll wird aber oft auf die Wege geworfen, Hühner und Ziegen verteilen ihn dort und an den Sammelstellen bei der Futtersuche und die Verwaltung hat meist kein Benzin für den Abtransport.

Wie überall im ländlichen Tansania werden die Grundnahrungsmittel der Familie auf kleinen Feldern *(ma/shamba)* selbst angebaut. Die *mashamba* in Pangani liegen etwa 30 km im Landesinneren und sind nur mit Bus oder Fahrrad erreichbar. Zur Erntezeit sind die Dächer der aus Muheza kommenden Busse mit Feldfrüchten vollgeladen, verpackt in Bündel, Körben, Säcken und Matten. Angebaut wird Mais für den täglichen Maisbrei *(ugali),* Kassava, Süßkartoffeln, Erdnüsse und Bohnen. Das günstige Klima mit einer langen Regenzeit *(masika)* und einer kurzen *(vuli)* ermöglicht zwei Ernten im Jahr. Swahili-Familien besitzen typischerweise auch einen Kokoshain, in dem jede Palme *(mnazi)* 60 Jahre lang etwa 40 Nüsse jährlich trägt, die wirtschaftlich vielseitig Verwendung finden. Die Kokosnüsse werden am Pangani-Fluss für den Verkauf in die Städte vorbereitet. Ärmere Frauen holen sich die Kokosfasern in großen Bündeln als Flechtmaterial *(usumba)* und als Brennmittel zum Kochen; besser gestellte Haushalte haben einen Kerosinkocher.

Zum Einkommen und zur Deckung des Bargeldbedarfs tragen vielfältige Aktivitäten der Haushaltsmitglieder bei, so der Verkauf kleinerer Teile der Ernte, Klein- und Kleinsthandel, Flechtarbeiten aus Kokosfasern, vor allem Matten und Dachschindeln, die insbesondere von Frauen angefertigt werden. Männer machen Handwerksarbeiten für den lokalen Bedarf als Mechaniker, Tischler, Schneider, einige arbeiten als Bootsbauer, andere sind Fahrer von Bussen und Lastwagen. Gelegenheitsarbeiten werden über Lautsprecher von der Moschee ausgerufen, woraufhin sich zahlreiche junge Männer melden. Hotels in und um Pangani und der Tourismus bieten eine Reihe von Arbeitsplätzen. Wer eine

Ausbildung hat, kann in der Verwaltung, in den Schulen und im Krankenhaus arbeiten, aber die meisten der hier Beschäftigten sind aus anderen Landesteilen zugezogen. Wochenendpendler, ein Phänomen der Moderne, gibt es auch im Distriktzentrum Pangani. Sie bieten Hausbesitzern eine Einnahmequelle, denn Angestellte des Krankenhauses und der Verwaltung wohnen wochentags in gemieteten Zimmern im Ort und fahren am Wochenende zu ihren Familien nach Hause.

3.2 Soziale Schichtung im Ort

Die beiden Stadtteile spiegeln die soziale Zweiteilung Panganis in Besitzende und Arme (*na* und *hana*) wider, in Swahili-Familien und Migranten, sowie den Nachfahren der Sklaven. In historischer Zeit waren die Küstengesellschaften geprägt von der sozialen Dichotomie zwischen den Swahili und Sklaven aus dem afrikanischen Hinterland *(barani),* die das wichtigste Handelsgut waren und mit ihrer (Feld-)Arbeit die Wirtschaftsform der Swahili ermöglichten. Mitte des 19.Jhdt. bildeten Sklaven und deren Kinder, die *wazalia* (im Land Geborene) über die Hälfte der Küstenbewohner, sie waren in der Regel Muslime geworden und galten als unterste Gesellschaftsschicht (Horton, Middleton, 2000).

Die soziale und wirtschaftliche Zweiteilung setzte sich fort, als Migranten nach Verbot der Sklavenhaltung die Arbeiten der Sklaven übernahmen und sie dauert in Pangani bis heute an. Swahili Familien sind heute nicht mehr wohlhabend, besitzen aber etwas Land[16] und Kokoshaine, bekennen sich zum Islam und sind stolz auf ihre überlegene Swahili-Lebensweise *(uungwana)*. Eine Markierung der sozialen Differenzierung ist lokal auch die Kleidung. Swahili Männer tragen den *kanzu*, eine lange hemdähnliche weiße Oberbekleidung, zumindest am Freitag beim Gang zur Moschee und eine bestickte Kappe *(kofia)*. Swahili Frauen kleiden sich mit dem *kanga*, einem Wickelkleid, das aus zwei bunten Baumwollschals besteht, die mit einem Sinnspruch *(jina)* bedruckt sind (hierzu Beck, 2002). Jüngere Frauen aktualisieren den *kanga* modisch mit einem passend- oder kontrastfarbigen T-Shirt. Die Migranten in Pangani stammen aus zahlreichen Volksgruppen und Landesteilen, sind meist arme Arbeiter und haben nur ein kleines Feld in der Nähe ihres Häuschens in Myongeni. Typisch

---

[16] Land ist in Tansania ein öffentliches Gut und kann vom Staat Personen für einen Zeitraum bis zu 99 Jahren zuerkannt werden; für Landtitel sind Gebühren und Pacht zu zahlen und sie können vererbt werden. Es gibt offiziell keinen Markt zum Kauf und Verkauf von Landeigentum, sondern nur die Möglichkeit Anrechte zur Land-Nutzung in Form von Titeln zu erwerben bzw. abzugeben, wofür dann eine „*compensation*" zu zahlen ist.

für die mittlere Küste ist eine gewisse Werteübernahme der Migranten, insbesondere beim Heiratsverhalten, oft verbunden mit dem Übertritt zum Islam (Abschnitte 7.1 und 10.1.3).

Neben diesen beiden Bevölkerungsschichten gibt es zwei kleinere Gruppen mit hohem sozialem Ansehen, die im östlichen Pangani und in Funguni in der Nachbarschaft zu Swahili-Familien leben, sich jedoch kaum in die lokale Bevölkerung integrieren. Eine Gruppe sind die als „Araber" bezeichneten Familien, die wohl überwiegend im 19. Jhdt. unter den Omani- Herrschern zuwanderten und mit Sklavenhandel und Plantagenanbau reich wurden und heute den Benzinhandel der Region monopolisieren. Diese Familien pflegen ihre arabische Lebensweise *(ustaarabu)* und schotten sich im Ort sozial und kulturell ab. Sie haben eine eigene Moschee, die zu der konservativen sunnitischen Glaubensrichtung der *Ansar-al-Sunna* (Helfer der Sunna) gehört, die in der zweiten Hälfte des 20. Jhdts. an der mittleren Küste entstand. Sie betreiben einen eigenen Kindergarten und eine kleine private Primarschule und die kleinen Mädchen dort tragen schon das Kopftuch *(hijab)* passend zur Vorschul- bzw. Schuluniform in hellblau oder rosa.

Die zweite Gruppe verkörpert die moderne berufstätige Mittelklasse Tansanias - Lehrer, Ärzte des Krankenhauses und Verwaltungsfachkräfte - die als Regierungsangestellte mit ihren Familien nach Pangani kommen und meist hoffen, bald an einen lebhafteren Ort versetzt zu werden.

3.3 Swahili Identität und Ethnizität – kulturelle Konstrukte und ihr Gebrauch

Der Name „Swahili" war zunächst eine Fremdbezeichnung für die Küstenbevölkerung Ostafrikas, die auf das arabische Wort *sahil* - Küste, Handelshafen - zurückgeht. Im 13.Jhdt. wurden „Swahili" erstmals von arabischen Reisenden erwähnt, 1331 auch von Ibn Battuta. Die Küstenbewohner selbst bezeichneten sich über Jahrhunderte nach den Orten, in denen sie lebten. Im 19.Jhdt. griffen die Omanis bei ihren Eroberungen an der Küste Ostafrikas den Begriff wieder auf. Ein Swahili zu sein war nun wichtig für den sozialen und rechtlichen Status über den es politisch und wirtschaftlich nur die dünne Schicht der Omanis mit arabischer Lebensweise *(ustaarabu)* gab. In Reisebeschreibungen und in der ethnologischen Literatur wurde die ostafrikanische Küstenbevölkerung ab dem

19.Jhdt. als *'Swahili'*, meistens aber als *'swahili-speaking people'* bezeichnet (z.B. Prins, 1967) ausgehend von der gemeinsamen Sprache.

Die Konstruktion und Re-Konstruktion der Swahili-Identität und ihrer Ethnizität ist über einen langen Zeitraum von unterschiedlichen kulturellen Einflüssen und politischen Machtkonstellationen in dem langstreckten Küstengebiet geprägt worden. Swahili Identität wurde bspw. in Lamu und Mombasa im 18. Jhdt. anders interpretiert als in Pangani oder in Sansibar im 19.Jhdt. Gleichwohl gab es im Selbstverständnis der Swahili und in ihrer Wahrnehmung von außen Kernbereiche, die ihrer Identität zugrunde lagen: die gemeinsame Sprache und eine schriftliche Literatur, der Islam, ihre Mittlerrolle im Fernhandel zwischen dem Indischen Ozean und dem afrikanischen Hinterland, urbane Siedlungen mit Steinhäusern und ihre Sklavenwirtschaft (Horton, Middleton, 2000; Caplan, 2004).

Für die Swahili selbst war *uungwana* – ihre überlegene islamisch geprägte Lebensweise – der Ausdruck ihrer hohen Eigenwertung bei der Selbstzuschreibung ihrer Identität und Ethnizität. Swahili sind w*aungwana,* Freie - im Gegensatz zu Sklaven -, von guter Abstammung und im Besitz der moralischen Qualität *uungwana,* die auf den Werten *heshima* (Respekt), *uaminufu* (Vertrauenswürdigkeit), *uadilifu* (Ehrlichkeit) und *ari* (Ehre) begründet ist.

Seit dem Verbot des Sklavenhandels 1873 und der Sklavenhaltung - 1897 in Tanganyika und 1907 in Kenia - begann der Niedergang ihrer Wirtschaft und ein Erosionsprozess des Selbstverständnisses der Swahili setzte ein. Der Handel hat ohne Sklaven an Bedeutung verloren, zur Arbeit auf Feldern und Plantagen fehlen die Sklaven und sie mit Migranten zu ersetzen ist auf Dauer zu teuer (Horton, Middleton, 2000). Überdies erlebten die Swahili nach der Unabhängigkeit in Tansania eine starke Ablehnung wegen der früheren Sklavenjagden im Landesinneren, die sie als Zwischenhändler gefördert hatten.

Nach der Unabhängigkeit wollte Präsident Nyerere schnell eine nationale tansanische Identität *(ma/taifa.)* schaffen, die die kolonial geförderte Einteilung in ethnische Gruppen *(ma/kabila)* ersetzen sollte. In diesem Prozess sollte eine gemeinsame Sprache die prägende Rolle übernehmen und zum Symbol der Identität für ganz Tansania werden. Dies wurde 1967 in der Arusha-Erklärung festgeschrieben, in der das *Kiswahili* – bisher auch lingua franca in Ostafrika - zur ersten Landessprache erklärt wurde[17].

In der Folge hat das *Kiswahili* als gemeiname Sprache die tansanische Identitätsbildung sehr gefördert. Das Paradox war, dass es im nationalen Interesse lag, die Swahili selbst dabei weitgehend unsichtbar bleiben zu lassen (Topan, 2006). Aufgrund der nationalen Zielsetzung und wegen der starken Migration aus dem Landesinneren an die Küste, wurden die Küstenbewohner nun als *„coastal people"* bezeichnet. Später erlangte der Begriff „Swahili" eine erweiterte Bedeutung für die muslimische Identität ostafrikanischer Küstengesellschaften (Swartz, 1991: 24-98; Jerman, 1997: 270ff). Swahili Identitäten im langgestreckten Küstengebiet sind aus diesen Gründen fluide, heute noch mehr als in den vergangenen Jahrhunderten (Loimeier, Seesemann, 2006).

Regional und lokal blieb dennoch die Ethnizität als ein Kennzeichen für die Konstruktion der Selbstzuschreibung und Identität der Menschen und ihrer Abgrenzung zu anderen erhalten. Einer Swahili-Familie anzugehören ist in Pangani bedeutungsvoll für das Selbstverständnis. Kinder aus diesen Familien bezeichneten sich voller Überzeugung als „Swahili", auch wenn die Familie aus der weiteren Küstenregion - Tanga, Bagamoyo und Lindi – stammte. Die Bewohner des Umlandes, Zigua und Bondei[18], benennen sich ebenfalls nach ihrer Volksgruppe und sprechen noch ihre jeweilige Muttersprache, zumindest in der Generation der Erwachsenen, wie auch die Migranten aus anderen Landesteilen. Bei Kindern richtet sich die Zugehörigkeit zur Volksgruppe und zur Religion nach der des Vaters. In gemischten Ehen werden pragmatische Anpassungen vorgenommen, so bezeichnete sich ein Mädchen in Pangani, deren verstorbener Vater ein Migrant aus einem anderen Landesteil war und die bei ihrer Swahili-Mutter lebte, beim Interview nachdrücklich als Swahili.

3.4 Rückblick auf die Geschichte: Swahili als merkantile Mittler

Schon im *„Periplus of the Erythrean Sea"*, einem Reisebericht, der zwischen 95-130 n.Chr. anonym in griechischer Sprache verfasst worden war, sind Handelszentren an der Küste Ostafrikas erwähnt, dessen südlichstes „Rhaptoa" auf einer Karte von „Azania" war. Nach Meinung einiger Historiker war Raphta ein

---

[17] Die zweite Landessprache ist Englisch.
[18] Zur wechselvollen Identitätsgeschichte der Bondei im Nachbargebiet um Muheza unter den Einflüssen der christlichen Mission und der deutschen Kolonialverwaltung siehe Willis, 1992.

Ort an der Mündung des Pangani-Flusses, der wegen der wechselnden Wasserläufe im Flussdelta mehrmals verlegt werden musste und möglicherweise ein Vorläufer des heutigen Pangani war (Baxter, 1944; Horton, Middleton, 2000: 33-36, Map 2.1; Knappert, 2005: 120). Siedlungsruinen sind an der Küste ab dem 7.Jhdt. n.Chr. nachgewiesen, als die Verbreitung des Islam begann, der viel zur Herausbildung der Swahili-Kultur beigetragen hat (Alpers,1969:35-36; Sekebaha,1998; Horton, Middleton,2000: 47f).

Die Monsunwinde wurden jahrhundertelang im Handel über den Indischen Ozean für den Transport der Güter mit Segelschiffen *(ma/dau)* genutzt. Von November bis März weht der Monsun als *kaskazi* aus Nord-Ost, mit ihm fand die Hinfahrt aus Indien, Persien und arabischen Ländern nach Ostafrika statt; von April bis Oktober weht er als *kuzi* von Süd-Ost und wurde zur Rückfahrt genutzt. *Dau*-Fahrten entgegen der Windrichtung waren nicht möglich. Zur Handelsware aus dem Norden gehörten Waffen, Stoffe, Teppiche, Porzellan und Gewürze, zu der aus Ostafrika Elfenbein und Sklaven aus dem Landesinneren, sowie Felle, Gold und Holz, ab dem 18. Jhdt. auch Gewürznelken aus den Plantagen Sansibars (Middleton,1992:10-36; Horton, Middleton, 2000: 88-113).

In diesem Fernhandel waren die Swahili die merkantilen Mittler zwischen Afrika und Asien. Sie lebten in kleinen selbstständigen Orten entlang der Küste. Arabische Händler kamen aus dem Hadramaut, später aus dem Oman und nahmen die Bantu-Sprache *Kiswahili* an, in die zahlreiche arabische Wörter einflossen. Sie heirateten Frauen aus Familien ihrer Swahili-Handelspartner und stärkten so die wirtschaftlichen und kulturellen Beziehungen. Als das omanische Sultanat 1840 seine Hauptstadt von Muskat nach Sansibar verlegte, wurde die mittlere *Mrima*-Küste mit Pangani Teil des Sultanats von Sansibar (Middleton, 1992: 36-58: Horton, Middleton, 2000: 5-25; 115-131; Nicholls,1971: 119-162; Pouwels,1987:97-124).

3.4.1   Indische Händler

Auch indische Händler waren am Handel mit Ost-Afrika beteiligt, wie schon im *Periplus* erwähnt ist (Huntingford,1980: 24-28, Karte 1). Sie lebten über Jahrhunderte in den größeren Küstenstädten, hielten an ihren Traditionen fest und galten nicht als „Swahili", trotz einiger interkultureller Eheschließungen (Middleton,1992: 13). Der große wirtschaftliche Einfluss indischer Händler, Hindus und Muslime, begann im 19. Jhdt. als sie auf Einladung Sultans Saiyid

Said (1791-1856) nach Sansibar kamen und Ostafrika merkantil erschlossen. Indische Klein-Händler *(dukawallah)* hatten bald an den entlegensten Orten ihre Läden *(duka)*, in denen sie Stoffe, Decken, Kochtöpfe, Werkzeuge, Seife, Streichhölzer u.v.m. verkauften und der afrikanischen Bevölkerung den Zugang zur Warenwelt und dem Geldverkehr öffneten.

1887 gab es in Pangani 123 indische Läden und zwischen Mombasa und Kilwa lebten etwa 6.500 Inder (Voigt-Graf, 1998:32). In der *„ Uhindi Street"*, die heute noch vom Hafen zur Ortsmitte Panganis führt, verkauften indische Händler in ihren Läden Stoffe und *kanga*, die in Indien hergestellt waren. Als sich in den 70er Jahren des 20.Jhdts. die Politik Tansanias gegen die zugewanderten Inder wandte und in den 80er Jahren die Kaufkraft der lokalen Bevölkerung abnahm, verliessen die indischen Händler den Ort. Heute versorgt sich die Bevölkerung überwiegend mit billigen europäischen Altkleidern auf dem Second-Hand-Markt, aber in einem kleinen Laden einer Swahili-Händlerin sind neben Handys auch *kanga* im Angebot.

3.4.2   Ende des Sklavenhandels in Pangani

1873 verboten die Engländer den Sklavenhandel, über Pangani lief er aber bis Anfang des 20.Jhdts. weiter, als nächtlicher Schmuggel zur nahen Insel Pemba und von dort nach Sansibar, wo Sklaven in den Gewürznelken-Plantagen benötigt wurden, die ab 1840 von Omanis gegründet worden waren (Cooper,1977;1981). Aus dieser Zeit gibt es am Hafen noch einige Gebäude, z.B. das Sklavendepot, die zunehmend verfallen. Ihre Besitzer sind Familien arabischer Herkunft, die im Sklavenhandel zu der führenden Schicht gehörten und heute eine Restaurierung der Gebäude verweigern, weil sie kein Interesse haben, Erinnerungen an den Sklavenhandel wachzuhalten[19].

Mit dem Ende des Sklavenhandels verlor Pangani seine wirtschaftliche Bedeutung. Ab 1885 gehörte es zum Deutschen Schutzgebiet. Im gleichen Jahr begann in Pangani der Abushiri-Aufstand, der sich bis Bagamoyo ausbreitete und in dem sich die Swahili-Bevölkerung und arabische Händler gegen die Herrschaft

---

[19] Mündliche Informationen während meines Aufenthaltes, als ich mit einigen Einwohnern Panganis darüber sprach, wie interessant es wäre, Nachkommen früherer Sklaven und Sklavenhalter zu den Überlieferungen in ihren Familien zu befragen. Die Reaktion war meist stereotyp: „das ist in Pangani völlig unmöglich". In Bagamoyo, dem anderen Sklavenhafen an der mittleren Küste war es dagegen möglich, vgl. Dept. for Antiquities/Catholic Museum Bagamoyo, 2001.

der Deutschen und der Omanis auflehnten.1889 schlugen deutsche Truppen den Aufstand blutig nieder[20].

Das Land wurde deutsche Kolonie und 1920 als Mandat des Völkerbundes Teil von Britisch-Ostafrika. 1961 erlangte Tanganyika die Unabhängigkeit und schloss sich 1964 mit Sansibar und Pemba zur Vereinigten Republik Tansania zusammen, nachdem der Sultan von Sansibar entmachtet worden war (Gwassa, 1969:85-122).

---

[20] Glassman (1995) gibt eine anschauliche Beschreibung der Einzelheiten des Aufstandes.

4 Zum Kontext der lokalen Lebenswelten

Die lokalen Lebenswelten der Akteure stehen im Kontext der Gegebenheiten und Verhältnisse ihres Lebensortes und werden von ihnen mitgeprägt. Dem Thema der Arbeit entsprechend sind das insbesondere die Bereiche Krankheit, Heilung, HIV/AIDS und die schulische Bildung, die ich für Pangani in diesem und im folgenden Kapitel beschreibe.

4.1 Krankheit, Biomedizin und traditionelle Heilung

Gesundheit, Krankheit und Heilung sind sozial und kulturell in der Gesellschaft verwurzelt (Feierman,1985; Feierman, Janzen,1992). Gesundheit wurde 1948 von der Weltgesundheitsorganisation (WHO) umfassend als „Zustand des vollkommenen physischen, psychischen und sozialen Wohlbefindens" definiert, nicht nur die Abwesenheit von Krankheit. Erweitert für den Kontext in afrikanischen Gesellschaften ist *"health embedded in a set of structured relationships, rights, and practices, rooted in a worldview of values, truths, and ideals"* (Janzen, 1992:154).

Krankheiten sind sozial und kulturell konstruierte Befindlichkeitsstörungen (Kleinman, 1980). In vielen afrikanischen Gesellschaften sind sie eng mit der sozialen Umwelt verbunden, zu der die lebenden Mitglieder der Gruppe, die Ahnen und auch Geister gehören (Feierman, 1985). Die traditionelle Heilkunst ist die kulturell angepaßte Form des Umganges mit diesen Krankheitsvorstellungen. Eine Heilung setzt einen sozialen Konsens voraus und erfordert eine intensive Kommunikation zwischen Patient und Heiler vor dem gemeinsamen kulturellen Hintergrund, an der sich auch Verwandte des Kranken beteiligen. Sie bilden eine *therapy managing group,* die zwischen Patient und Heiler vermittelt, den Heilungsprozeß koordiniert und *supportive care* gibt (Janzen,1978; 1987; Feierman,1985).

Die Biomedizin ist in Diagnostik und Therapie an den Naturwissenschaften mit der Biologie als Leitwissenschaft orientiert (Hahn, Kleinman, 1983); sie diagnostiziert mit Bluttests und Röntgenaufnahmen und behandelt vorwiegend mit chirurgischen Interventionen und einer großen Auswahl an Pharmaka einschließlich Antibiotika. Bei der Therapie ist eine Kriegsmetaphorik typisch, die Krankheit wird bekämpft und besiegt (Sontag, 1989: 82f), eine zwischenmenschliche Beziehung zwischen Arzt und Patient ist bei der Behandlung nicht vorgesehen (Kleinman,1995: 31f). So war auch im Krankenhaus in Pangani eine knappe, hierarchisch strukturierte Kommunikation zwischen Arzt und Patient zu beobachten.

Dagegen ist HIV/AIDS, die neue Krankheit der Moderne, keine heilbare Befindlichkeitsstörung, weder mit traditionellen noch mit biomedizinischen Therapien. Gegen eine Infizierung gilt Prävention nach dem ABC-Konzept - Abstain, Be faithfull, or use Condoms - als bestes Mittel, wie sie auch von der tansanischen AIDS Politik empfohlen wird, die aber nur schwer vermittelbar ist[21]. Eine Infizierung zeigt zudem lange Zeit keine Symptome, sie ist als Erkrankung kaum begreifbar und erst Jahre später an opportunistischen Infektionen zu erkennen. Für die Behandlung von AIDS stehen antiretrovirale Medikamente in aller Regel nicht zur Verfügung.

Kranke haben in Pangani die Wahl zwischen biomedizinischen und traditionellen Therapien, die beide pragmatisch genutzt werden. Der Zugang zur Biomedizin ist gut, denn das Distriktkrankenhaus befindet sich im Ort. Aufgrund der Patientengebühren, die im Rahmen der Strukturanpassungen eingeführt wurden, ist aber die Zahl der dort behandelten Kranken seit Anfang der 90er Jahre erheblich zurückgegangen. Die NGO „Tanga AIDS Working Group" (TAWG) hat seit 2002 eine Zweigstelle in Pangani, ihre medizinischen Angebote sind HIV-Tests und eine home-based care für AIDS-Kranke, die beide kostenlos sind, gleichwohl nur wenig in Anspruch genommen werden.

Sechs Heiler (waganga) bieten im Ort traditionelle Behandlungen an, im Distrikt wird ihre Zahl auf etwa 200 geschätzt. Die Heiler praktizieren mehrere traditionelle Heilverfahren, darunter auch ngoma-Rituale. Die Zahl der Heiler, die Nachfrage der Patienten und zahlreiche im öffentlichen Raum abgehaltene ngoma-Rituale verdeutlichen die Aktualität der traditionellen Medizin in Pangani. Das wird auch in der nächsten Generation so bleiben, denn die meisten Kinder sagten im Interview, sie würden einen Heiler konsultieren, wenn sich damit die Heilungschancen verbessern.

---

[21] Für die HIV/AIDS-Prävention gibt es Bemühungen in sub-Sahara Afrika mit Hilfe indigener Konzepte von Krankheit und Übertragung und einer besseren Zusammenarbeit mit traditionellen Heilern eine größere Akzeptanz zu erreichen (vgl. UNAIDS, 2002; Kotanyi, 2005). Die Zusammenarbeit mit traditionellen Heilern wird auch bei der TAWG verfolgt (s. Abschnitt 4.2).

Kranke, auch Kinder, wägen vor einer medizinischen Konsultation pragmatisch die Möglichkeiten der Biomedizin und der traditionellen Heilkunst ab. Sie haben ein Vorwissen darüber, welche Krankheiten eine der beiden Fachrichtungen heilen oder nicht heilen kann. Bei Malaria geht man ins Krankenhaus, um Medikamenten für die Behandlung zu erhalten. Bei Erkrankungen, die im sozialen Umfeld entstanden sind, und das schließt in Pangani die Familie, Nachbarn, Arbeitgeber und Geister *(ma/jini)* ein, wird ein Heiler konsultiert. Die Zuständigkeit der Heiler wird insbesondere bei Beschwerden im Zusammenhang mit Liebe, Eifersucht, Eheproblemen und Fruchtbarkeit gesehen. Bei einigen Symptomen nimmt man an, dass beide Fachrichtungen sie therapieren können, bspw. chronische Kopfschmerzen, Magenprobleme, Durchfall und Allergien; bei diesen Erkrankungen ist es durchaus üblich, dass ein Patient zum Heiler oder zur Biomedizin wechselt, wenn er sich nach einer Behandlung durch die andere Fachrichtung weiterhin krank fühlt.

Kranke werden bei der Therapie von Verwandten beraten und oft auch begleitet. Sie agieren als *therapy managing group,* in *Kiswahili* ist es die *jamaa,* ein um das Ego zentriertes soziales Netz, zu dem Verwandte, Freunde, Bekannte und Nachbarn aus mehreren Generationen gehören können (vgl. Caplan,1975: 25; Horton, Middleton, 2000:146). Die *jamaa* ist fluide und situativ in ihrer Zusammensetzung, ihre Mitglieder leisten Beistand und geben Hilfen, nicht nur im Falle einer Erkrankung. In der Tradition der Beratung und Begleitung von Kranken, sind heute Brüche erkennbar, denn HIV-Infizierte vermeiden aus Angst vor Stigmatisierung so lange wie möglich die Beteiligung ihrer *jamaa* und ihrer Familie und verschweigen ihre Infizierung (Abschnitt 10.2). Die familiäre Unterstützung ist bei erkrankten Migranten wegen ihres entfernten Wohnortes häufig nicht oder nur eingeschränkt möglich. Werden Migranten pflegebedürftig, bspw. im terminalen AIDS-Stadium, nehmen Verwandte sie meist zur Pflege auf, was in der Regel mit einer Rückkehr in das Herkunftsdorf verbunden ist (bspw. Abschnitt 9.1.3)

Für Diagnose und Therapie entstehen für den Kranken in beiden Behandlungsschulen Kosten, nur die Angebote der TAWG sind kostenfrei. Mit dem Heiler handelt der Kranke bei der ersten Konsultation eine Bezahlung aus, die in Relation zu seinem sozialen Status und zur Schwere der Erkrankung steht und die in der Regel zwischen 2000 und 5000 TSh (etwa 2-5 Euro) beträgt und meist erst nach der Heilung zu zahlen ist.

Im Krankenhaus muss vor der Behandlung eine Pauschale von 500 TSh. (etwa 50 Cent) gezahlt werden und eine Kostenbeteiligung bei den Medikamenten. Diese Beträge können Arme nicht aufbringen, mit der Folge, dass sie praktisch von der biomedizinischen Grundversorgung ausgeschlossen sind – auch Kinder über fünf Jahren. Diese Situation habe ich bei zwei Waisen miterlebt, ein Junge litt an Malaria mit hohem Fieber, der andere hatte eine schwere Bronchitis und einen Abszeß. Beide lebten bei älteren Pflegemüttern, die die 500TSh. für die Gebühr nicht hatten (Abschnitt 9.2.2). Kinder bis zum Alter von fünf Jahren werden kostenlos behandelt und der Warteraum im Krankenhaus ist stets über-fullt mit Muttern und ihren Kleinkindern aus den umliegenden Dörfern, was den medizinischen Bedarf verdeutlicht.

Patienten werden gelegentlich zwischen beiden Behandlungsschulen an Spezia-listen verwiesen. Heiler schicken Kranke ins Krankenhaus, wenn eine traditio-nelle Behandlung keinen Erfolg verspricht und Hebammen *(wa/mkunga)* rufen bei Geburtskomplikationen eine Heilerin ins Krankenhaus. Einige Heiler lehnen aber eine Zusammenarbeit mit der Biomedizin ab, bspw. mit der TAWG in deren Forschungsprojekt über traditionelle Heilkräuter, weil sie befürchten, von ihrem Wissenstranfer selbst keinen Nutzen zu haben (Abschnitt 4.5.1).

4.2 Biomedizinische Behandlungen im Distrikt-Krankenhaus

Das Krankenhaus des Distriktes Pangani ist Anfang der neunziger Jahre von der Gesellschaft für technische Zusammenarbeit (GTZ) gebaut worden. Es hat 80 Betten, aber wegen des Personalmangels bei Ärzten und Schwestern werden nur 60 Betten belegt. Im Jahr 2002 waren 4.401 Patienten stationär aufgenommen und 109.658 wurden ambulant behandelt, davon 32.497 Kinder unter fünf Jahren (URT, 2002a:20-26).

Die afrikanische Geißel Malaria ist in Tansania epidemisch und in der Statistik des Krankenhauses die häufigste Erkrankung mit fast 50.000 Patienten im Jahr 2002, davon mehr als 2/5 Kinder unter 5 Jahren; 74 der stationär behandelten Malaria-Kranke starben. Atemwegserkrankungen folgen mit fast 20.000 Fällen, darunter mehr als 1/4 Kinder unter 5 Jahren, danach kommen Durchfall- und Wurmerkrankungen (zusammen fast 12.000 Erkrankte, davon fast 1/3 Kinder unter 5 Jahren) sowie fast 6000 Patienten mit einer Lungenentzündung, davon 2/3 Kinder unter 5 Jahren (URT, 2002a:20f). Die hohe Zahl der behandelten Kinder unter 5 Jahren ergibt sich aus ihrer kostenfreien Versorgung und läßt

Rückschlüsse zu, dass viele kranke Kinder über fünf Jahren wegen der Gebühren keine ärztliche Behandlung in Anspruch nehmen können[22].

Die biomedizinische Versorgung der Bevölkerung hat sich in Tansania seit den Strukturanpassungen der WB in den 80er und 90er Jahre verschlechtert, denn die damit verbundenen Sparmaßnahmen führten zur Einführung von Gebühren im Gesundheits- wie auch im Schulsystem, die den Zugang der Armen - und das sind 60% der Bevölkerung - zu medizinischer Versorgung und schulischer Bildung deutlich eingeschränkt haben. Die Gesundheitsversorgung ist in Tansania chronisch unterfinanziert: 2003 waren US$ 6,3 pro Einwohner im Landesetat angesetzt, aber US$ 12 gelten für subsaharische Länder als Minimum. Im Krankenhaus zeigt sich zudem der jüngste Strategiewechsel der Entwicklungspolitik: das Haus benötigt nach zehn Jahren dringend eine Blutbank und einen Internet- Anschluss, beides würde keine großen finanziellen Mittel erfordern. Die GTZ lehnte eine Anfrage aber ab, da die Förderung von „Projekten" auf „Programme" umgestellt worden sei (vgl. URT, 2004:34; Albert, 2003; Asche, 2003; BMZ, 2003).

4.3 Die *Tanga AIDS Working Group* (TAWG)

Die *Tanga AIDS Working Group* ist eine NGO, die Anfang der 90er Jahre des vergangenen Jahrhunderts in Zusammenarbeit mit traditionellen Heilern im Bombo-Krankenhaus in Tanga gegründet wurde und derzeit mit Geldern von Oxfam Irland gefördert wird. In Pangani wurde die Außenstelle der TAWG 2002 an der Endhaltestelle der Busse am Hafen direkt neben mehreren Bars eröffnet. Diese Lage führte zu Konflikten, da Barbesitzer und *barmaids* ihre Geschäfte durch die Nähe zur TAWG gefährdet sahen. Nach eineinhalb Jahren wurde der Streit während der Feldforschung gelöst und die Eingangstür zur TAWG auf die Rückseite des Gebäudes verlegt, damit Kunden der Bars nicht mehr an der Beratungsstelle vorbei gehen müssen.

Die TAWG bietet in Pangani Informationsveranstaltungen, HIV-Tests mit individueller Beratung und eine *home-based care* an. Die Veranstaltungen wenden sich an junge Männer, weil nur sie in das Beratungsbüro kommen und an der häuslichen Patientenpflege nehmen vor allem Frauen teil. Im Sommer 2003

---

[22] Bei der Sterberate der Neugeborenen liegt Pangani mit 105 im oberen Drittel der jährlichen Landesstatistik von 38 ausgewerteten Distrikten, bei der Sterberate von Kleinkindern unter fünf Jahren mit 173 etwa in der Mitte der 38 Distrikte (URT, 2005b: 104).

wurden im ganzen Distrikt 17 Patienten zu Hause betreut, davon in Pangani fünf Frauen und alleinerziehende Mütter (Kapitel 10). Die Vermutung liegt nahe, dass es im Ort und im Distrikt mehr AIDS-Kranke gab, die es aber vorzogen sich von Verwandten pflegen zu lassen, als durch Besuche des Pflegers der TAWG die Aufmerksamkeit der Nachbarn auf sich zu ziehen.

Trotz der günstigen Lage der TAWG am Hafen kamen nur wenige junge Männer in die Beratungsstelle. Hier ist von 12 bis 22 Uhr ein Krankenpfleger tätig, der ein Aufklärungsprogramm mit Videos, Schaubildern und Beratungen anbietet. Broschüren liegen aus und Kondome (umgangssprachlich *soksi*, Socken) gibt es kostenlos. Sie sind kistenweise vorrätig, werden aber kaum nachgefragt. Der Gebrauch von Kondomen ist in der AIDS-Politik Tansanias ein wichtiges Mittel bei der Prävention von HIV/AIDS (URT, 2001a: 9), dennoch wird dem Rat, sie zu benutzen, kaum gefolgt (vgl. Burja, Baylies, 2000: 47) und ihr Gebrauch wird auch von christlichen und islamischen Geistlichen abgelehnt.

Die TAWG betreibt in Tanga ein Forschungsprojekt in dem zusammen mit traditionellen Heilern die Kräuter der Region *(dawa za mitishamba)* und ihre Heilkraft bei den Krankheiten erforscht werden, für die Heiler sie verwenden[23]. Aus den gewonnenen Erkenntnissen stellt ein Heiler in Tanga für die TAWG mehrere pulverisierte Kräutermischungen her, die bei der *home-based* care an HIV-Infizierte zur Stärkung des Immunsystems und zur Behandlung von AIDS-Folgeerkrankungen ausgegeben werden. Die Kräuter werden aufgebrüht oder in Wasser gelöst, als Getränk oder äußerlich verwendet und zeigen gute Behandlungserfolge bei Durchfall, Herpes und Pilzbefall. Waren die Erkrankungen jedoch schwerwiegend und hartnäckig, erhielten die Patienten der *home-based care* in Pangani auch Antibiotika.

4.4 HIV/AIDS und der lokale biomedizinische Umgang

Im Krankenhaus war HIV/AIDS mit 96 Patienten und 8 Todesfällen zur Zeit der Feldforschung statistisch wenig relevant. Da keine HIV-Tests bei den Kranken vorgenommen wurden oder nur in wenigen begründeten Ausnahmefällen mit Einverständnis des Betroffenen, ist davon auszugehen, dass wohl eine ganze

---

[23] Ähnliche Projekte der Zusammenarbeit von traditionellen Heilern und Biomedizinern für die Behandlung von HIV/AIDS sind in Uganda, Kenia und Mosambik gegründet worden und arbeiten mit Erfolg, während in Botswana ein vergleichbares Projekt scheiterte (UNAIDS, 2002; Heald, 2004:128-129).

Anzahl von HIV-Infektionen bei Kranken unerkannt blieb, was Auswirkungen auf die weitere Verbreitung des Virus unter Mit-Patienten und dem medizinischem Personal haben könnte[24].

Andererseits sind Lungenentzündungen, Malaria und Geburtskomplikationen nach Aussage der Ärzte gegenwärtig besonders häufig und schwerwiegend, was mit möglichen HIV-Infizierungen der Patienten in Verbindung gebracht wird. Im Krankenhaus werden solche AIDS-Folgeerkrankungen mit Antibiotika behandelt, ohne einen möglichen Zusammenhang mit einer Infizierung durch einen HIV-Test abzuklären. Kommen aber Patienten im akuten Stadium offensichtlich mit AIDS ins Krankenhaus, schickt man sie nach kurzer Zeit zum Sterben nach Hause, wenn die Ärzte keine antiretroviralen Medikamente zur Verfügung haben. Dies erzählten auch einige Waisen von ihren verstorbenen Eltern (Abschnitt 8.5) und es ist anderenorts in Tansania ebenfalls üblich (vgl. Ngalula et al, 2002). Die Kranken werden entlassen, ohne ihnen die Vermutung mitzuteilen, dass sie wohl HIV-infiziert sind und ohne es zu überprüfen. Das bedeutet, dass sich auch Ärzte am gesellschaftlichen Schweigen über HIV/AIDS beteiligen[25].

4.4.1   Seropositive Neugeborene und Kleinkinder

Auch Schwangere werden in Pangani nicht auf HIV getestet, obwohl das von der nationalen AIDS-Politik empfohlen wird (URT, 2001a: 25). Ist eine Schwangere infiziert, kann eine mögliche Mutter-Kind-Übertragung (vertikale Transmission) des Virus durch eine frühe Behandlung der werdenden Mutter mit Nevirapine verhindert werden. Die genauen Zusammenhänge von Mutter-Kind-Übertragungen sind noch nicht erforscht. Es wird geschätzt, dass vertikale Transmissionen bei 25-35% der Neugeborenen pränatal oder während des Geburtsvorganges erfolgen und bei 15-20% postpartum durch Stillen über die Muttermilch (Boland, Oleske,1995:19-20; URT, 2001: 20; Kelly, 2003:65).

---

[24] Zur Zeit der Feldforschung besuchte Ministerpräsident Frederick Sumaye die Region. Bei seinem Rundgang im Bombo-Krankenhaus in Tanga stellte sein Begleiterteam fest, dass das medizinische Personal ohne Plastikhandschuhe arbeitete und dass es im Krankenhaus - zumindest zu dieser Zeit - gar keine Handschuhe gab. Es folgte eine strenge Ermahnung mit Fristsetzung für die Beschaffung von Handschuhen, worüber in der Presse ausführlich berichtet wurde.
[25] Seit 2006 stellt die WHO in ihrem Programm „3by5" antiretrovirale Medikamente für einen kleinen Teil der Infizierten in subsaharischen Ländern zur Verfügung. Tansania erhielt 2007 für 373.584 Infizierte antiretrovirale Medikamente, das sind Therapien für etwa 20% der geschätzten 1,87 Mio. akut an AIDS erkrankten Kinder und Erwachsenen im Land (vgl. Abschnitt 2.3).

Infizierte Babies haben meist nur eine kurze Lebenserwartung, eine medika-mentöse Behandlung könnte ihr jahrelanges Kränkeln und frühes Sterben ver-hindern, aber etwa zehn Prozent der infizierten Kleinkinder würde trotz der Be-handlung seropositiv bleiben. Auch die Interviews mit infizierten Müttern in Pangani zeigten die Unterschiede bei möglichen Mutter-Kind-Übertragungen: die 3 ½ jährigen Zwillinge der gerade verstorbenen Fatma waren nicht infiziert, dagegen war der 1 ½ Jahre alte Sohn von Mariam seropositiv (Abschnitte 10.1.4 und 10.3).

4.4.2   Die örtliche HIV-Statistik im Kontext landesweiter Angaben

Im Krankenhaus werden nur potentielle Blutspender für Verwandte auf HIV getestet. Im Jahr 2002 wurden 2752 Tests an Blutspendern durchgeführt, von denen 120 positiv waren, das sind 4,4 % (URT, 2002a: 28). Diese regionale Auswertung von 4,4% HIV-infizierter potentieller Blutspender ist dann als Infi-zierungsrate des Distriktes Pangani in die Landesstatistik Tansanias übernom-men worden. Die landesweite Infektionsrate für Tansania wurde im gleichen Jahr mit 11% deutlich höher angegeben (URT, 2001b:V)[26].

Bei der TAWG ließen sich 2002 – im ersten halben Jahr nach der Eröffnung - nur 49 Personen testen, 16 Männer und 33 Frauen; von ihnen waren 1/3 der Männer und 2/3 der Frauen positiv. Im nächsten Jahr 2003 machten in den ers-ten 8 Monaten 193 Menschen den Test, 108 Männer und 85 Frauen; 1/3 der Männer und 1/2 der Frauen waren infiziert[27]. Die Anzahl der Tests weist darauf hin, dass die Akzeptanz der TAWG und der Tests in Pangani inzwischen gestie-gen war.

In Pangani führt die TAWG HIV-Tests kostenlos durch, um die arme, ländliche Bevölkerung zur Teilnahme zu motivieren, anders als z.B. im Nachbarort Muheza, wo im Krankenhaus eine Gebühr für den Test zu zahlen ist. Jedoch vermeiden es die Menschen nach Möglichkeit einen HIV-Test am Wohnort zu machen, um nicht im örtlichen Klatsch als vielleicht infiziert zu gelten. So fuhr eine Pflegemutter aus Pangani zu einem HIV-Test nach Muheza und zahlte dort die Gebühr, als sie Anlass zu Befürchtungen hatte, weil sie mit sexuellen Dienstleistungen ihr Einkommen aufbessert.

---

[26] Zum Vergleich: im Krankenhaus des Nachbar-Distriktes Muheza waren von insgesamt 4.696 Blutspender-Tests bei Verwandten 6,35% positiv. (URT, 2002b: 22).
[27] Auswertung des handschriftlich und anonym geführten Besucherbuches der TAWG.

Für den Distrikt Pangani war geplant, zukünftig die HIV-Statistik der TAWG mit der des Krankenhauses für die Berechnung der Infizierungsrate zu verbinden. Man ging von der Annahme aus, dass die HIV-Rate des Distriktes danach wesentlich höher ausfallen wird, als die angegebenen 4,4% der Blutspender im Jahr 2002. Gleichwohl ist erkennbar, dass auch die geplante Kalkulation weiterhin auf eher zufälligen Ausgangsdaten basieren wird. Schon Bujra und Baylies darauf aufmerksam gemacht, dass (auch) in Tansania offizielle Statistiken zur AIDS-Epidemie mit großer Vorsicht zu betrachten sind, da die lokal und regional oft partiell inkorrekten Angaben anschließend den landes- und weltweiten Statistiken zugrunde gelegt werden (2000: 52).

Tatsächlich aber hat sich seither die landesweite Schätzung der Infektionsrate in Tansania signifikant verringert, von 11% im Jahr 2002 auf 6,6% im Jahr 2005. Für das Jahr 2007 wurden die Angaben erstmals differenziert erstellt: landesweit gelten 6,3% der Männer und 7,7% der Frauen als HIV-infiziert, für die Städte wird die Infektionsrate auf 10,9% geschätzt, in ländlichen Gebieten auf 5,3% (URT, 2008:12).

4.4.3   Professionelle Helfer und HIV/AIDS

Über HIV/AIDS sprechen in der Gesellschaft Panganis nur diejenigen, die professionell mit der Seuche und ihren sozialen Folgen zu tun haben, wie die Mitarbeiter der NGOs TAWG und AFRIWAG. Sie nennen HIV/AIDS beim Namen, denn es ist die Politik und das erklärte Ziel der NGOs, dem Schweigen gegenzusteuern und einen offenen Umgang mit HIV/ AIDS zu erreichen, wie es auch die AIDS-Politik Tansanias vorsieht (URT, 2001a: X). Im medizinischen Alltag des Krankenhauses ist der Umgang mit HIV/AIDS dagegen weniger eindeutig, wie schon beschrieben.

Bei dem überwiegend schweigenden Umgangs mit HIV/AIDS in der Gesellschaft Panganis ist es bemerkenswert, dass die traditionellen Heiler als Professionelle durchaus über *ukimwi* sprechen, denn sie sagen ihren Patienten, dass HIV/AIDS nicht heilen können, wie die Interviews mit zwei Heilern zeigen. Auch die mobile Heilergruppe im Distrikt spricht AIDS offen an, sie hat sich sogar auf die Behandlung von HIV-Infizierten und AIDS-Erkrankten spezialisiert. Die Übertragung der Epidemie erfolgt nach Vorstellung dieser Heiler durch Hexerei übelwollender Mitmenschen, die sie mit „*witchfinding*" zu heilen versprechen.

4.5 *Waganga* - Traditionelle Heiler

In Pangani werden mehrere traditionelle Heilverfahren von spezialisierten Heilern praktiziert und die Nachfrage der Patienten ist lebhaft. Es ist üblich, einen erfolgreichen Heiler an einem anderen Ort aufzusuchen oder einen Spezialisten zu einem *ngoma*-Ritual nach Pangani kommen zu lassen. Grundlage der traditionellen Medizin ist die ganzheitliche Behandlung des Kranken unter Einschluß seines sozialen Umfeldes mit dem Ziel der Wiederherstellung der psychischen und sozialen Stabilität des Patienten. Bei Interviews mit zwei Heilern und der zeitweisen Beobachtung von zwei anderen Heilern während eines einwöchigen *ngoma*-Rituals zeigten sich drei Spezialisierungen. So praktizieren Heiler im privaten Raum ihres Hauses und behandeln entweder in afrikanischer Tradition mit der Hilfe von Geistern *(ma/jini)* und selbst gesammelten Heilkräutern *(dawa za mitishamba)* oder sie therapieren mit islamischen Mitteln, Koransuren, Amuletten *(hirizi)*, Gebeten und regionalen Kräutern. Heiler der dritten Gruppe arbeiten im öffentlichen Raum mitten im Ort, meist in der Nähe des Hauses, in dem der Kranke lebt. Dort führen sie unter großer Anteilnahme der Bevölkerung *ngoma*- Heilungsrituale durch, um den krankmachenden Geist eines Patienten mit der Erfüllung seiner Wünsche zu befrieden, damit der Kranke genesen kann, um dann lebenslang mit seinem Geist zu leben.

In den Wochen vor Ramadan wurden in Pangani mehrere *ngoma*-Heilungsrituale abgehalten, da im Fastenmonat kein Heiler ein *ngoma* durchführt, denn „die Geister ruhen während des Ramadan", wie mir erklärt wurde. Die meisten *ngoma* waren kleine Rituale ohne Trommeln, die ein oder zwei Tage dauerten. Das längste und größte war ein *ngoma* für einen homosexuellen jungen Mann *(shoga)*, der in Dar es Salaam „mit einem Mann verheiratet war", wie die Leute im Ort sagten. Ein Phänomen der urbanen Moderne sollte mit traditionellen kulturellen Mitteln geheilt werden (vgl. Shepherd, 1987).

Auch die beiden interviewten Heiler berichteten von neuen Leiden ihrer Patienten in der modernen Gesellschaft, die sie neben den bisherigen Krankheiten behandeln. Beide hatten das Heilen in der Familie gelernt, die Heilerin von ihrem Vater, nachdem ein Geist sie aus der Geschwistergruppe dafür ausgewählt hatte und der mit islamischen Mitteln behandelnde Heiler von seinem Onkel. Seine Familie war vor sechs Generationen aus dem Hadramaut an die ostafrikanische Küste gekommen.

4.5.1 Bibi N. und Said O. – zwei Heiler im Portrait

Bibi N. ist die einzige weibliche Heilerin in Pangani. Sie ist nach eigener Aussage 80 Jahre, nach dem Augenschein etwa 60 Jahre alt. Sie hat ihr kleines, einfaches Häuschen an der Landstrasse nach Tanga, um für Patienten von außerhalb gut erreichbar zu sein. Hier lebt sie mit ihrer Familie seit sieben Jahren, vorher hat sie in einem Dorf praktiziert, das drei Stunden von Pangani entfernt liegt und nur schwer erreicht werden konnte. Täglich behandelt sie mehrere Patienten, weshalb unser Gespräch mehrmals verschoben werden mußte, denn Kranke haben Vorrang, wie sie mir erklärte. Gestern waren sechs Patienten bei ihr, heute vier. Sie kamen aus Pangani, Tanga, Muheza und Arusha. Sie behandelt alle Krankheiten außer HIV/AIDS und Malaria. Selbstbewußt erzählt sie, dass Hebammen sie bei schwierigen Geburten im Krankenhaus hinzuziehen und mit dem Ambulanzwagen abholen lassen. Für ihre Diagnosen und Behandlungen ruft die Heilerin meist ihre Geister *(ma/jini)* zu Hilfe, leichtere Krankheiten behandelt sie mit Kräutern, aber bei ernsten Problemen sind immer *majini* beteiligt. Ihre Behandlungen richten sich oft gegen Kinderlosigkeit, sexuelle Schwierigkeiten in der Ehe und Untreue des Partners, an denen überwiegend Frauen leiden. Auch Kinder werden zu Bibi N. gebracht, wenn sie bspw. am Spulwurm (mchango) erkrankt sind, an Krämpfen (degedege) oder an Epilepsie (anguka) leiden.

Immer öfter kommen Patienten auch wegen anderer, moderner Probleme, z.B. wenn ihre Arbeitstelle gekündigt oder ihr Motorrad gestohlen wurde. Ziel ihrer Behandlung ist auch in diesen Fällen die „Heilung", wie sie erklärt, d.h. die Herstellung der ursprünglichen Situation, also die Rückkehr an die Arbeitsstelle und die Wiederbeschaffung des Motorrades. Diese Heilungen hat sie für zwei Patienten erreicht. Gerade war eine junge Inderin aus Tanga zu Besuch, die an ihren Arbeitsplatz zurückkehren konnte. Überglücklich hatte sie Bibi N. zum Dank ein kostbares Tuch geschenkt, das bei unserem Gespräch noch auf dem Tisch lag.

Der Heiler Said O. praktiziert in einem schönen Haus in Bweni am anderen Ufer des Flusses Pangani. Er ist etwa 60 Jahre alt, lebt mit seiner zweiten, jungen Frau zusammen und hat fünf Kinder. Said O. praktiziert seit 40 Jahren täglich, außer an Freitagen. An Wochentagen empfängt er meist vier Patienten und nimmt sich etwa eineinhalb Stunden Zeit für jede Behandlung. Samstag und Sonntag behandelt er mehr Kranke, weil viele Patienten dann eher Zeit haben, um zu einer Behandlung zu kommen. Er glaubt nicht, dass er die Heilkunst an seine Kinder weitergeben wird, sie helfen ihm zwar manchmal bei Behandlungen, haben aber alle die Sekundarschule besucht und haben gute Jobs im Computerhandel, als Fahrer und als Krankenschwester.

Mit Geistern arbeitete Said O. nicht zusammen, er behandelt vor allem mit Koransuren, die er jeweils für die Krankheit des Patienten auswählt, ihm auf einem Zettel oder in einem Amulett *(hirizi)* mitgibt oder sie mit einem Kräutersud abwäscht, den der Kranke dann trinken oder einreiben muß. Seine Heilkräuter kauft er in Tanga in einem spezialisierten Laden *(duka la dawa)*. Seine Frau stellt aus ihnen verschiedene farbige Heilgetränke her, die in Flaschen in einer große Kühltruhe lagern. HIV/AIDS behandelt er nicht, aber er kann einem Infizierten Mittel zur Stärkung des Immunsystems geben. Krankheiten, die er nicht heilen kann, verweist er an das Krankenhaus, so Blutarmut, Magengeschwüre, Malaria und Krebs. Mit anderen Heilern arbeitet er nicht zusammen, auch nicht mit der TAWG im Forschungsprogramm über Heilkräuter. Nach seiner Meinung will die TAWG nur billig an das Wissen der Heiler kommen und für seine Heilertätigkeit sieht er darin keinen Nutzen. Said O. gehört einer tansanischen Heilervereinigung an *(chama cha waganga)*, die 1995 gegründet wurde und ist derzeit der Vorsitzende der regionalen Sektion.

Während des Interviews war das leise Beten einer Gruppe junger Männer im Nebenraum zu hören. Sie beteten für einen Patienten im Oman für den guten Ausgang eines Erbschaftsprozesses. Das Honorar dafür hatte der Patient vorab auf eine Bank in Tanga überwiesen, wovon der Heiler die Männer nach dem Gebet bezahlte. Während des Gespräches rief eine Frau aus Nairobi an und bat um einen baldigen Termin, da sie Probleme bei ihrer Arbeitsstelle habe.

Heiler passen ihre Heilkunst den veränderten gesellschaftlichen Lebensverhältnissen und den Bedürfnissen ihrer Patienten an. Sie wenden sich derzeit, da sie HIV/AIDS nicht heilen können, zunehmend den Leiden zu, die aufgrund der schwierigen Lebensbedingungen in der Moderne entstehen und eröffnen sich so neue Tätigkeitsbereiche. So sagte bspw. ein 16jähriger Sekundarschüler, er werde sich vor dem Examen einen Schutz *(kinga)* von einem Heiler geben lassen, denn das beeinflusse die Notengebung des Lehrers positiv.

4.6   *Ngoma ya sheitani* – ein kollektives Heilungsritual

Für einen homosexuellen jungen Mann *(shoga)* ließen die Eltern ein *ngoma ya sheitani*, ein kollektives Heilungsritual durchführen, um ihn auf den „richtigen Weg" zu bringen, wie man im Ort sagte. Als Ritualplatz war mitten im Ort auf einer Strasse ein viereckiges Areal mit Kordeln und Bastmatten abgeteilt und mit Matten überdacht worden. Dort fand das Heilungsritual sieben Tage lang statt, von morgens früh bis spät in die Nacht und war immer von vielen Zuschauern umringt, unter ihnen zahlreiche Kinder. Im ganzen Ort war das rhythmische Trommeln und Rasselspiel zu hören, zu der ein Heiler vierzehn Frauen anführte, die in einem Kreis mit dem jungen Mann in ihrer Mitte tanzten. Der Ritualführer trug weiße Kleidung und eine weiße Kappe *(kofia)*, die Tanzenden und der Patient waren schwarz gekleidet und hatten rote Bänder im Haar[28].

Das Gesicht des Kranken *(mgonjwa)* war mit schwarzen Zeichen bemalt, er zitterte während des Tanzes am ganzen Leib und schien von Krämpfen geschüttelt. Unter den tanzenden Frauen war eine zweite Heilerin, die die Betreuung des Geistes übernommen hatte, der den Kranken befallen hatte. Sie kümmerte sich in rührender Weise um den jungen Mann, war ständig bei ihm, umarmte ihn

---

[28] Weiß, rot und schwarz ist die Farbsymbolik der Bantu; sie gilt im Küstengebiet bei Ritualen als eines ihrer afrikanischen Elemente (Giles, 1999:151f).

beim Tanzen, sprach beruhigend auf ihn ein und verbrachte mit ihm die Ritual-pausen im nahe gelegenen Haus seiner Eltern. Die tanzenden Frauen fielen nacheinander in Trance. Sie sind geheilte Patientinnen, die die Kultgruppe *(kilinge)* dieser *ngoma* bildeten und die ihren Geist für die Heilung des Patienten zu Hilfe rufen. Später befragte der Heiler den Geist, warum er in den jungen Mann gefahren sei *(kiti chake* – ihn als Stuhl benutze*)* und welche Wünsche er habe, um besänftigt zu werden *(kupangwa)*. Die Zuschauer nahmen regen Anteil am Geschehen und beteiligten sich mit Zwischenrufen. Ein Mann unter ihnen beschimpfte aber den Heiler, die Kultgruppe und das Publikum wütend, mit dem Ritual gegen Allahs Willen zu handeln.

Dieses *ngoma ya sheitani* in Pangani gleicht einem Heilungsritual, das vor 75 Jahren von der mittleren Swahili-Küste ethnographisch beschrieben wurde (Koritschoner, 1936). Nach Koritschoner sind *masheitani* böse und gefährliche Geister und *ngoma ya sheitani* waren um 1930 eine weit verbreitete Institution im Küstengebiet. Mentale und psychische Anomalien[29], so der Autor, wurden als *ugonjwa ya sheitani,* als von Geistern verursachte Krankheiten behandelt, zu deren Heilung ein *ngoma*-Ritual durchgeführt wurde, nachdem der Heiler diag-nostiziert hatte, welcher Geist den Kranken befallen hat. Um 1930 gab es neun Land- und dreizehn Meeresgeister, die vorwiegend bei Frauen Krankheiten auslösten, nur ein *sheitani* befiel Männer, der Meeresgeist *Mahaba*. Die von ihm ausgelöste Krankheit bewirkte sexuelle Störungen, der Patient konnte keine Ko-pulation auszuführen, da seine Gefühle bei einem Versuch sofort erkalten. Diese Diagnose könnte für den jungen Mann in Pangani zugetroffen haben.

4.6.1   Heilungsrituale und Geister an der Swahili-Küste

An der Swahili-Küste sind die *Ngoma* kollektive Heilungsrituale für Befindlich-keitsstörungen, die aus spannungsreichen und gestörten sozialen Beziehungen entstanden sind und die sich über einen Geist im Patienten als Krankheit mani-festieren. Es sind überwiegend Frauen, die ihre psychosozialen Konflikte, die oft eine Folge der Geschlechterungleichheit sind, über Besessenheit austragen. Das ngoma ist die indigene Gruppentherapie, in der der Heilungsprozeß *(uganga)* einhergeht mit der sozialen Einbettung der Kranken *(mgonjwa),* für die der Heiler *(mganga),* die Kultgruppe *(kilinge)* mit ihren Geistern und Verwandte der Kranken bzw. die *jamaa* zusammenwirken.

---

[29] Bourguinon bezeichnet sie als „kulturell ausgestalteten Pathologien" (1987:332)

An der mittleren Küste lassen sich die Geister nach zwei Dimensionen unterteilen: in muslimische *(kiislamu)* und ungläubige *(kafiri)* Geister und in Land- und Meeresgeister. Meeresgeister gelten als typische Swahili-Geister, Landgeister als aus dem afrikanischen Hinterland *(barani)* stammend; hinzu kommen lokale Geister und sie alle befallen vorzugsweise Frauen *(kupanda kichwana* – in den Kopf klettern) (Caplan, 1975:100f; Giles,1999:152-153). In der Vielfalt der Geisterwelt spiegelt sich die Geschichte der Swahili-Küste wider mit ihrer Islamisierung, arabischen Einflüssen und Traditionen afrikanischer Sklaven. Über Geister werden kulturelle und soziale Transformationen verarbeitet und Geister haben narrative und performative Funktionen, sie sind *„ vehicles for memory"* (Lambek, 1996: 241) in den überlieferten Erinnerungen der Küstenbevölkerung. Im weitläufigen Küstengebiet hat sich dabei kein einheitliches Geister-Pantheon gebildet[30], wie bei einigen der *zar-bori* Kulte (Lewis, 1991).

Ngoma-Rituale sind im südlichen Afrika eine weit verbreitete Institution mit einer großen Vielfalt. In den *„ cults of affliction"* (Turner, 1968) können zwei Techniken angewandt werden, die Geist-Austreibung (Exorzismus) oder die Geist- Besänftigung (Adorismus), wie sie in Pangani praktiziert wird; bei ihr erhält der Geist die geforderten Geschenke und bleibt meist in einer dauerhaften Beziehung zu der Besessenen, die sich oft in eine *kilinge*-Gruppe initiieren läßt, in der geheilte Patientinnen und ihre Geister bei *ngoma*-Heilungen mitwirken.

Besssenheit und *Ngoma*-Rituale zeigen Konflikte auf zwei Ebenen, im erkrankten Patienten und in gesellschaftlichen Veränderungen. Das wird bei dem *ngoma ya sheitani* in Pangani deutlich: Homosexualität ist das Leiden des jungen Mannes und eine neue Erscheinung für die lokale Gesellschaft. Mit dem kollektiven Heilungsritual wird die Reproduktion der Gesundheit für den Kranken und für die Gesellschaft bewirkt. Mit dem Mittel der rituellen Praxis findet eine innovative Integration des gesellschaftlichen Wandels statt, Transformationsprozesse sind an (neuen) Geistern zu erkennen (Turner,1968: 15f; Janzen,1992:1-9; Comaroff, Comaroff,1997: XI-XXXVII).

---

[30] Angaben zu Geistern an der Swahili-Küste sind in der Literatur zuweilen unklar und auch widersprüchlich, was auf jeweils lokal etwas unterschiedlich konstruierte Geisterwelten schliessen läßt. Vgl. Caplan, 1975, 1979, 1997; Giles, 1995, 1999; Gray, 1969; Horton, Middleton, 2000: 190-198; Kim, 2004: 103f; Koritschoner, 1936.

5 Schulen und Schüler im Ort

Für Kinder und Waisen gehört die Schule und ihr Schulbesuch zum unmittelbaren Kontext ihrer Lebenswelt. Pangani hat zwei Primar- und eine Sekundarschule, nach deutschem System entspricht das zwei Grundschulen mit sieben und einer Realschule mit vier Jahrgangsklassen. Die Funguni – Primarschule liegt an der Strasse nach Tanga und wird von Schülern aus Funguni und *Pangani Mashariki* besucht, in die Pangani-Primarschule am südlichen Ortsrand gehen die Kinder aus Myongeni. In Tansania besteht eine Schulpflicht für sieben Jahre Primarschule, die aber bislang nicht durchsetzbar war, nicht zuletzt wegen der Gebühren, die bis 2000 erhoben wurden.

Im Jahr 2003 besuchten 1807 Kinder die drei Schulen. Beide Primarschulen haben eine gleichgroße Schülerzahl, 809 Kinder in Funguni und 806 in Pangani. In beiden Schulen war der Anteil der Mädchen größer als der der Jungen (426 zu 383 in Funguni, 437 zu 369 in Pangani). 192 Schüler besuchten die Sekundarschule, hier war das Verhältnis umgekehrt, zwei Drittel Jungen, ein Drittel Mädchen (123 zu 69). Der Schulleiters erklärte, dass es gibt hierfür mehrere Gründe gibt: weniger Mädchen bestehen das Abschlussxamen der Primarschule, viele Eltern sehen den Besuch der Sekundarschule für Töchter als nicht notwendig an und für ihn werden weiterhin Gebühren erhoben.

Die Zahl der Schüler war 2003 in allen drei Schulen höher als in den Jahren davor. Der Grund hierfür war an den Primarschulen die Abschaffung des Schulgeldes von 200 TSh. pro Kind/pro Jahr (etwa 20 Cent) und man schätzte, dass 90% aller Siebenjährigen in Pangani eingeschult sind. Zukünftig will die Verwaltung alle Kinder mit sieben Jahren kontrollieren, weil Eltern ihre Kinder gern ein oder zwei Jahre später einschulen, wegen der Kosten für die Schuluniform und das Schulmaterial. Die geplante Kontrolle ist eine Auswirkung der Bildungsförderung als ein Schwerpunkt bei der Armutsreduzierung. Es sind jedoch erhebliche Verbesserungen der schulischen Förderung nötig, denn von den eingeschulten Kindern erreichen bislang landesweit nur etwa 20% den Abschluss der Primarschule, nach den Zielen der Armutsreduzierung sollten ihn jedoch im Jahr 2003 mindestens 50% und in zukünftigen Jahren alle Schüler erreichen[31] (siehe Abschnitt 8.2).

An jeder Primarschule in Pangani werden pro Jahrgang bis zu 150 Kinder eingeschult, die in zwei oder drei Klassen aufgeteilt werden. Wegen akuten Raummangels wird in beiden Schulen vor- und nachmittags im Wechsel unterrichtet. Bücher sind knapp, mehrere Schüler teilen sich ein Lehrbuch und es herrscht ein eklatanter Lehrermangel, wie überall in Tansania. Die Armutsreduzierung soll im laufenden Zyklus (bis 2010) für alle Defizite Abhilfe schaffen (URT, 2005b:13).

Unklar war, warum auch an der Sekundarschule die Zahl der Schüler 2003 im Vergleich zum Vorjahr von 175 (103 Jungen, 72 Mädchen) auf 192 (123 Jungen, 69 Mädchen) angestiegen ist, denn es werden dort unverändert Schulgeld und Zusatzgebühren erhoben. Der Schulleiter nahm an, dass Eltern jetzt mit ihren Primarschulkindern finanziell entlastet sind und eher das Schulgeld für die älteren Kinder aufbringen können. Die Sekundarschule ist in Funguni seit Jahren provisorisch in einer alten Fabrikhalle an der Strasse nach Tanga untergebracht, eine neue Schule ist westlich von Myongeni im Bau, im Rahmen der Bildungsförderung bei der Armutsreduzierung, die die Weltbank 2003 für Sekundarschulen in Tansania mit $150 Mio. unterstützt hat (Worldbank, 2004: 3).

5.1   Lerninhalte und *ranking* an Primarschulen

Lerninhalte an Primarschulen sind im landesweiten Curriculum die Grundtechniken Lesen, Schreiben, Rechnen, die beiden Landessprachen *Kiswahili* und Englisch und auch praxisnah am Leben in Tansania ausgerichtete Fächer. Sie umfassen für Mädchen und Jungen Haushaltsführung, Landwirtschaft, handwerkliche Techniken, Kochen, Ernährung, Gesundheit, Babyversorgung u. a. In den Schulen wird mit einem „*ranking*" eine umfassende Leistungseinstufung praktiziert, jedes Kind weiß zu jedem Zeitpunkt seiner Schulzeit genau welche Position es in der Leistungsskala der Klasse einnimmt, wie die Interviews zeigten (Abschnitt 8.2). Nach sieben Jahren Primar- und vier Jahren Sekundarschule wird jeweils landesweit ein Examen als Abschluss absolviert. Nur wer es besteht, kann eine weiterführende Schule besuchen, erhält

---

[31] Im benachbarten Distrikt Tanga hatten 53% der Primarschüler im Jahr 2002 die Schule abgebrochen, wie sich anläßlich eines Besuches des Premierministers im August 2003 herausstellte und von ihm heftig kritisiert wurde (Daily News, 20. Aug. 2003, S.4).

aber das Abschlusszeugnis erst nach Zahlung aller ausstehenden Gebühren vom Ministerium aus Dar es Salaam, mit der Folge, dass Arme auch nach bestandenem Examen oft kein Abschlusszeugnis haben, wie bspw. die Waise Johannes (Abschnitt 9.1.3).

In Tansania gehört die Bestrafung mit Stockschlägen in den Primarschulen zur Pädagogik. So verliessen der Direktor und seine Assistentin in einer der Schulen nie ohne ihren Stock das Büro. Mädchen erhalten Schläge auf die Innenseiten der Hände, Jungen auf den Po. Die Regierung hat die Anzahl der erlaubten Schläge unlängst von sechs auf vier herabgesetzt (amnesty international, 2003:1).

5.2   Schulbesuch im Spiegel der Politik

Seit der Unabhängigkeit 1961 hatte der Primarschulbereich eine wechselvolle Geschichte. Die Regierung Nyerere schaffte 1973 das Schulgeld ab und konnte den Schulbesuch fast aller Kinder erreichen (Roy-Campbell, 1991; Lugalla, 1993).1990 wurde die Schulgebühr wieder eingeführt, als Teil der Strukturanpassung der Weltbank und viele Kinder konnten nicht mehr zur Schule gehen. Der Politikwechsel der Weltbank von der Strukturanpassung zur Armutsbekämpfung ermöglichte 2000 wieder die Streichung der Gebühr[32].

In Tansania ist es Regierungspolitik schwangere Schülerinnen der Schule zu verweisen, was für die Mädchen das Ende der Schulausbildung ist, denn Schüler, die die Schule abgebrochen haben, egal aus welchen Gründen, werden nicht wieder aufgenommen[33]. Bei einem vierzehnjährigen Mädchen, die während der Feldforschung die Primarschule verlassen musste, verfolgten Eltern und Schule unterschiedliche Strategien. Die Eltern wollten die Schulleitung von einer Anzeige abbringen, denn einem Mann drohen bis zu sieben Jahre Haft wegen Kindeszeugung mit einer Minderjährigen. Das Ziel der Eltern war die Verheiratung ihrer Tochter mit dem jungen Mann, dann würde der Fall nicht vor Gericht kommen. Der Plan schlug fehl, denn der Kindesvater war verschwunden und die Schule erstattete Anzeige. In der tansanischen Presse wurden während

---

[32] Es ist paradox, dass gerade die Weltbank nach 2 Jahrzehnten Strukturpolitik nun lobend feststellt, der Primarschulbesuch sei von 58,8% im Jahr 2000 auf 88,5% im Jahr 2003 angestiegen (Worldbank, 2004:3).

[33] Hierzu auch Tumbo-Masabo, Liljeström (1994) mit anschaulichen Aufsätzen über das Leid und die Konflikte schwangerer Minderjähriger und ihrer Familien, insbesondere Liljeström et al: 35-53.

meines Aufenthaltes Schulverweise schwangerer Mädchen kontrovers diskutiert, die meisten Kommentatoren plädierten für ihre Beibehaltung, mit der Begründung, sonst hätten mehr Schülerinnen Sex[34].

5.3 MEUSTA und AFRIWAG – zwei AIDS-NGOs an Primarschulen

MEUSTA[35] ist eine kleine von Norwegen finanziert NGO, die für Primarschullehrer in der Region Tanga eine Weiterbildung zu HIV/AIDS durchführt. Von Klasse 5 bis 7 erhalten Schüler einmal im Monat in kindgerechter Form ein *awareness-training* zu HIV/AIDS *(elimu dhidi ya ukimwi)* von hierfür geschulten Lehrern. Als Öffentlichkeitsarbeit richtet MEUSTA jedes Jahr ein Schulfest aus, auf dem Schüler Theaterstücke zu HIV/AIDS aufführen und vergibt einen Preis für die beste Darbietung. 2002 hat die Pangani - Primarschule diesen Preis gewonnen. MEUSTA ist nur an Primarschulen aktiv, in Sekundarschulen wird HIV/AIDS im Fach *„Science"* behandelt.

Die kleine NGO AFRIWAG *(African Women and AIDS Group)* unterstützt Waisen an den Primarschulen in Pangani, wenn ihre beiden Eltern an AIDS gestorben sind. Sie übernimmt die Kosten für die Schuluniform, Schuhe und Schulmaterialien. Es stehen 5 bis 10.000 TSh. (5-10 Euro) für jede Waise zur Verfügung und die Zuwendung erfolgt nur bei Hilfsbedürftigkeit, ohne einen Bezug zu Leistungen und *ranking* des Kindes. In dem Programm wurden seit 1994 im Distrikt sieben Schulen aufgenommen und insgesamt haben Pflegeeltern für etwa 300 Waisen, die meist von Lehrern vorgeschlagen werden, um Hilfe nachgefragt. 2003 wurden im Distrikt 110 Waisen unterstützt. Drei ehrenamtliche tätige Frauen, die hauptberuflich in der Verwaltung Panganis arbeiten, klären bei Hausbesuchen in der Pflegefamilie die Bedürftigkeit der Waise und den AIDS-Tod beider Eltern ab. Letzteres ist schwierig und heikel, einmal weil über AIDS nicht gesprochen wird, zum anderen weil AIDS als Todesursache oft weder der Familie noch den Ärzten bekannt ist. Jedoch sind die Kriterien für Beihilfen von der Geberorganisation strikt auf „AIDS-Waisen" begrenzt, andere Waisen erhalten keine Unterstützung.

So habe ich bei AFRIWAG mehrmals die Vorsprache der Großmutter Bibi Sofie erlebt, die für ihren Pflegeenkel Hilfe erbat, aber keine Sterbeurkunde seiner

---

[34] So der Artikel *„School pregnancies must be fought, not condoned"* in: Daily News, 6. Aug. 2003, S.4.
[35] MEUSTA ist das Akronym für *„Mpango wa Elimu ya Ukimwi Shule ya Msingi mkoa wa Tanga"*= Unterrichtsplan über HIV/AIDS in Grundschulen der Region Tanga.

Eltern hatte, die schon vor 10 Jahren in Tanga gestorben waren. Die alte Frau bemühte sich, die Mitarbeiterinnen vom „AIDS-Tod" ihres Sohnes zu überzeugen, ohne „AIDS" beim Namen zu nennen, jedoch vergeblich; schließlich wurde ihre Bitte ablehnt, weil derzeit nur Primarschüler bis zur 5. Klasse unterstützt werden (Abschnitt 9.2.2).

Mit ihrer Politik will die NGO ARIWAG Offenheit bzgl. HIV/AIDS in der Gesellschaft herstellen. Hierfür benutzt sie aber die Ärmsten der Armen, Waisenkinder, deren Eltern beide an AIDS gestorben sind. ARIWAG riskiert mit dieser Politik auch die Stigmatisierung dieser Kinder als „AIDS-Waisen" und schließt andere arme Waisen von Hilfen aus, deren Eltern nicht oder nicht nachweisbar an AIDS gestorben sind. Über die Geldgeber war den Mitarbeiterinnen in Pangani nichts bekannt, ihr Kontakt war nur das Regionalbüro in Tanga[36].

5.4 Religiöse Erziehung in Madrassen und Kirchengruppen

Waisen sprachen im Interview häufig über ihre Teilnahme an der religiösen Erziehung ihrer Religionsgemeinschaft. Sie zeigten einen intensiven Bezug zur Religion und eine nachhaltige Spiritualität, die auch ihren Umgang mit Krankheit und Tod prägten. Christliche Kinder besuchen eine Gruppe ihrer Glaubensgemeinde, meist zwei Mal die Woche, muslimische Kinder die Madrasse ihrer Moschee, jeden Nachmittag nach der Schule. Einige Schüler höherer Klassen hatten die *madrasa* auf Anraten ihrer (Pflege)Eltern aufgegeben, um sich ganz auf ihre Prüfungen in der Schule zu konzentrieren.

Die Koranschulen sind in Pangani gut besucht von Kindern zwischen 3 und 18 Jahren, die in gleichgeschlechtlichen Gruppen Koransuren in arabischer Sprache auswendig lernen, deren Inhalt der Lehrer in *Kiswahili* erklärt. Lesen und Schreiben in arabischer Schrift wird nicht gelehrt. Beherrscht ein Kind eine Sure fehlerfrei, erlaubt ihm der Lehrer die nächste zu lernen, Lernziel ist der ganze Koran. Die größten Madrassen liegen zentral im Ort und haben große unverglaste Fenster – wie in Pangani üblich - aus denen immer viele laute Kinderstimmen schallen, die Koransuren rezitieren.

---

[36] AFRIWAG wird von Oxfam Ireland gefördert (www.oxfamireland.org) und seit 2005 auch von STOW (Support Tanzania`s Orphans and Widows) einer kleinen Charity-Organisation in Suffolk, England (www.stowcharity.org).

6 Waisen in Pangani und ihre Versorgung

Zu Beginn der Feldforschung habe ich zusammen mit den Schulassistenten eine Erhebung über die Zahl der Waisen und Halbwaisen in den drei Schulen Panganis erarbeitet und gleichzeitig ihre Versorgung mit Hilfe kurzer Befragungen der betroffenen Kinder und ihrer Klassenlehrer an den beiden Primarschulen dokumentiert, weil es im Ort hierüber keine Informationen gab.

6.1 *Mayatima* - Waisen: lokale und tansanische Definition

Gespräche im Ort und an den Schulen ergaben, dass zwei etwas unterschiedliche Definitionen für *ma/yatima* = Waise, Waisenkind verwendet wurden. An den Schulen ging man von der offiziellen landesweiten Definition einer „Waise" aus, wie sie das nationale AIDS Programm Tansanias festgelegt hatte „ein Kind unter 18 Jahren, dessen Mutter (Mutterwaise) oder dessen Vater (Vaterwaise) oder dessen beide Eltern (Doppelwaise) verstorben sind". Die Schulassistenten bezeichneten dies als eine neue Definition, die die Regierung unlängst eingeführt habe und nach der nun auch Kinder als „Waisen" gezählt werden, bei denen nur ein Elternteil gestorben ist[37].

Im lokalen Sprachgebrauch dagegen wird nur eine Doppelwaise als *yatima* bezeichnet, während man ein Kind, dass keine Mutter oder keinen Vater mehr hat, als mutterloses bzw. vaterloses Kind bezeichnet. An den Schulen wurden Waisen und Halbwaisen umgangssprachlich unterschieden mit dem Zusatz „Mutter-„ "Vater-„ oder „Doppelwaise" (letztere im Text auch alternierend als Vollwaise bezeichnet) und diese Unterscheidung liegt auch der Erhebung zugrunde, denn für die Versorgung eines Kindes hat es ganz unterschiedliche Konsequenzen, ob beide Eltern tot sind oder ob es eine Halbwaisen ist, dessen Mutter oder dessen Vater gestorben ist.

6.2 Waisen und Halbwaisen – der Tod der Eltern in Zahlen

Unter Zugrundelegung der offiziellen Definition ergab die Erhebung insgesamt 244 Waisen und Halbwaisen unter den 1807 Schülern der drei Schulen, das

---

[37] Auf die Erweiterung der Definition zu „*orphans and vulnerable children*", die seit 2006 in Tansania und anderen Ländern sub-Sahara Afrikas den Schätzungen zugrunde gelegt wird, ist schon hingewiesen worden (Abschnitt 2.4.1).

Abbildung 1: Waisen und Halbwaisen an Panganis Schulen (244 = 13% der 1807 Schüler).

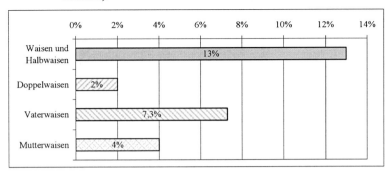

entspricht 13% aller Kinder. Von ihnen waren 2% Doppelwaisen, das sind 36 Kinder, bei denen die Mutter und der Vater verstorben waren. 11,3 % waren Halbwaisen, davon 131 Vaterwaisen, das sind mehr als die Hälfte aller Waisen bzw. 7,3% der Schüler und 77 Kinder Mutterwaisen, das sind 32% der Waisen und 4% der Schüler (Abb.1 und Tab. 1). Die Prozentzahl der Waisen aus der Erhebung in Pangani lag mit 13% etwa höher als die mit 10% im Landesdurchschnitt für Tansania angegebenen (URT, 2005:15; 104).

Die Ergebnisse der Erhebung wurden in den Schulen mit Erstaunen aufgenommen. Schulleiter und Lehrer waren sich der relativ hohen Anzahl der Waisen und Halbwaisen nicht bewußt. Im Gespräch wurde das mit der Waisenversorgung in der erweiterten Familie begründet, denn eine Pflegschaft für verwandte Kinder – auch wenn diese keine Waisen sind, ist in Tansania üblich und insbesondere bei den Swahili kulturell verankert (Abschnitt 7.2). Die Folge ist,

Tabelle 1: Anteil der Waisen und Halbwaisen unter den Schülern in Pangani

Schule	Schülerzahl	Doppelwaisen	Vaterwaisen	Mutterwaisen	Doppel-u. Halbwaisen
Funguni-Primarschule	809	6	42	30	78 = 10 % der Schüler
Pangani-Primarschule	806	27	61	31	119 = 15 % der Schüler
Funguni-Sekundarschule	192	3	28	16	47 = 25 % der Schüler
Gesamt	1807	36 = 2 %	131 = 7,3 %	77 = 4 %	244 = 13 % der Schüler

dass Waisen und vor allem Halbwaisen in der Gesellschaft nicht die gleiche Aufmerksamkeit erhalten, wie bspw. in den Ländern des Nordens, in denen Kinder in der Kleinfamilie heranwachsen und der Tod der Eltern für sie und ihre Zukunft eine bedeutend größere Auswirkung hat.

Der enge Zusammenhang von Armut, Krankheit und einem frühem Tod wird deutlich an den Unterschieden zwischen den beiden Stadtgebieten Panganis. Die Funguni-Primarschule mit dem Einzugsgebiet der etwas besser gestellten Swahili-Familien hatte mit knapp 10% der Schüler weniger Waisen und Halb- waisen als die Pangani-Primarschule, in die Kinder der ärmeren und der zuge- wanderten Bevölkerung aus dem Stadtteil Myongeni gehen. Dort waren 15% der Schüler Waisen, darunter 25% Doppelwaisen. In absoluten Zahlen wird der Unterschied noch deutlicher. Bei gleicher Schülerzahl (809 zu 806) hatten in Funguni weniger Kinder Eltern(teile) verloren (78 zu 119), unter ihnen waren weniger Doppelwaisen (6 zu 27) und weniger Vaterwaisen (42 zu 61) als in der Pangani-Primarschule. Die Zahl der Mutterwaisen war mit 30 zu 31 an beiden Schulen gleich hoch. Bei den 192 älteren Sekundarschülern war bei fast 25 % ein Elternteil verstorben, aber nur 3 Jugendliche waren Doppelwaisen, 28 waren Vater- und 16 Mutterwaisen (Tab.1).

6.3   Vielfalt der Formen: Waisenversorgung in der erweiterten Familie

In Pangani wurden 195 der 197 Waisen und Halbwaisen an den beiden Primar- schulen in ihrer erweiterten Familie versorgt. Ihre Unterbringung schließt väter- liche und mütterliche Verwandte aus drei Generationen ein, woraus sich eine Vielfalt der Formen bei der Pflege ergibt (Tab.2). Es sind jedoch ganz über- wiegend weibliche Verwandte, die eine Waise oder Halbwaise aufgenommen haben, Großmütter, Tanten und einige ältere Schwestern. Insgesamt waren es 78 weibliche im Verhältnis zu 31 männlichen Pflegepersonen. Zwei Doppelwaisen hatten sich selbst eine alternative Versorgung geschaffen und im örtlichen sozi- alen Netz Unterstützung gefunden (Abschnitt 6.5).

Die Versorgung der Vollwaisen ist besonders aufschlußreich für das Funktionie- ren der erweiterten Familie als soziales Sicherungsnetz. Die Generation der Großeltern übernimmt dabei eine zunehmend wichtigere Rolle, insbesondere die Großmütter. Fast die Hälfte der 31 Doppelwaisen sind bei Großeltern in Pflege: 12 Kinder bei einer Großmutter und 3 bei einem Großvater. Die übrigen 16 Doppelwaisen wurden von Verwandten der Elterngeneration aufgenommen, davon eine Hälfte von einer Tante, die andere von einem Onkel; eine Vollwaise lebt bei einer älteren Schwester (Tab.2).

Sind Kinder Halbwaisen geworden, lebt die knappe Hälfte von ihnen weiterhin im elterlichen Haus bei dem verwitweten Elternteil. Insbesondere trifft dies für die 103 Vaterwaisen zu, von denen 2/3 der Kinder (67) weiterhin von der Mutter versorgt werden, während von den 61 Mutterwaisen 1/3 der Kinder (19) bei ihrem verwitweten Vater leben.

Die Unterbringung der übrigen Halbwaisen (78 Kinder) in der erweiterten Familie zeigt wiederum eine Vielfalt der Formen. In der Generation der Großeltern werden 31 Kinder versorgt, 29 von einer Großmutter und zwei von einem Großvater. Bei Verwandten aus der Generation der Eltern sind die meisten Halbwaisen (37) in Pflege, 23 bei einer Tante und 14 bei einem Onkel. 10 Halbwaisen leben bei älteren Geschwistern – 5 bei einer Schwester und 5 bei einem Bruder. Die Inpflegenahme einer Halbwaisen durch Verwandte der kognatischen Familie wird im emischen Verständnis oft als eine Krisenüberbrückung verstanden, vergleichbar mit der Inpflegenahme eines Kindes bei Erkrankung oder Scheidung der Eltern, sie kann aber auch eine dauerhafte Unterbringung der Vater- oder Mutterwaise sein, wie die Interviews zeigten, bspw. bei Zahara (Abschnitt 8.1).

Nachfragen zu den Geschwisterfamilien ergaben, dass in Pangani alle sorgenden Geschwister volljährig und meist verheiratet waren. Oft sind es Geschwister aus früheren Ehen der Mutter oder des Vater und meist lebten sie weiterhin im elterlichen Haus. Das bedeutet, dass es Pangani zur Zeit der Untersuchung keinen „Kinderhaushalt" gab, in dem minderjährige Waisen ohne eine erwachsene Pflegeperson zusammenleben[38].

Bei den Interviews mit Halbwaisen wurde ein grundlegender Unterschied zwischen Vaterwaisen und Mutterwaisen deutlich, der in der Literatur zu „AIDS-Waisen" weitgehend unbeachtet geblieben ist. Ist die Mutter verstorben, hat das Kind die wichtigste Person seiner emotionalen Bindungen verloren und trauert noch Jahre später intensiv um sie (Abschnitt 8.5). Ist der Vater gestorben, hat der Haushalt in der Regel den hauptsächlichen Verdiener eingebüßt und die

---

[38] Solche Kinderhaushalte wurden von Guest in Südafrika (2004:131-143) und von Wolf in Malawi (2004) beschrieben. Vgl. auch Foster et al, 1997.

Tabelle 2: Versorgung der Waisen und Halbwaisen

	Mutter	Vater	Groß-mutter	Groß-vater	Tante	Onkel	Schwester	Bruder	Alternative Versorgung
Funguni Primarschule									
6 Doppelwaisen			1	2	3				
42 Vaterwaisen	28		7		3	1		3	
30 Mutterwaisen		10	12	2	5		1		
Pangani-Primarschule									
27 Doppelwaisen			11	1	5	7	1		2
61 Vaterwaisen	39		6		6	5	3	2	
31 Mutterwaisen		9	4		9	8	1		
197 Waisen/Halb-waisen u. ihre Versorgung	67	19	41	5	31	21	6	5	

Ressourcen sind nun deutlich knapper; bspw. besuchen nur wenige Vaterwaisen die Sekundarschule, weil alleinerziehende Mütter das Schulgeld nicht aufbringen können (Abschnitt 8.2).

6.4 Pflegepersonen in kognatischen Familien

Detaillierte Angaben über die Zugehörigkeit der Pflegepersonen zur mütterlichen oder väterlichen Familie konnten für die sechs Doppelwaisen und die 72 Halbwaisen in der Funguni-Primarschule erhoben werden. Die Kinder waren alle Swahili. Unter Einschluß der Mütter und Väter, die ihre Kinder als Halbwaisen weiter versorgen, zeigen die Verwandtschaftsbezeichnungen, dass knapp 80% der Pflegepersonen zur mütterlichen, 20% zur väterlichen Familie gehören. Betrachtet man die Versorgung der Waisen ohne die verwitweten Mütter und Väter, wird der Trend mit 33 Pflegepersonen aus der mütterlichen zu 6 aus der väterlichen Familie noch deutlicher.

In mütterlichen Familien versorgten insgesamt 61 Pflegepersonen die verwandten Waisen und Halbwaisen. Neben den 28 Müttern, die weiterhin mit ihren Kindern zusammen lebten, waren es 16 Großmütter *(bibi)*, 4 Großväter *(babu)*, 4 ältere MutterSchwestern *(mama mkubwa)*, 5 jüngere MutterSchwestern *(mama ndogo)*, ein MutterBruder *(mjomba)*, eine ältere Schwester *(dada)* und drei ältere Brüder *(kaka)*. Bei den übrigen 16 Waisen und Halbwaisen gehörten die Pflegepersonen zur väterlichen Familie. Davon versorgten 10 Väter weiterhin ihre Kinder, außerdem hatten 4 Großmütter *(bibi)* und 2 VaterSchwestern *(shangazi)* Waisen bzw. Halbwaisen aufgenommen.

In den kognatischen Swahili Familien sind insbesondere die MutterSchwestern wichtige weibliche Bezugspersonen des Kindes, deren Rolle als „Mit-Mutter" bezeichnet werden kann. Die MutterSchwestern bilden ein Unterstützernetz für die Kinder, das sprachlich seinen Ausdruck findet mit der Bezeichnung „große Mutter" *(mama mkubwa)* für die älteren und „kleine Mutter" *(mama ndogo)* für jüngeren MutterSchwestern. In der väterlichen Familie spielen die VaterSchwestern *(shangazi)* eine große Rolle, sie übernehmen bspw. beim Tod der Eltern oft die Pflege des Waisenkindes. MutterSchwestern und VaterSchwestern können neben den Großmüttern auch vorrangig den Wunsch zur Inpflegenahme eines Kindes äußern, ohne dass es eine Waise ist.

Der MutterBruder *(mjomba)* hat in der kognatischen Familie die Funktion eines Vater-Ersatzes für das Kind in der mütterlichen Familie. So sagte ein 13jährige Junge, der bei seinem *mjomba* lebt, auf meine Frage, wer nach dem Tod der Mutter die Entscheidung bzgl. seiner Pflege getroffen habe „na, der Pflegevater, er ist doch der *mjomba*". Andererseits hatten insgesamt nur zwei MutterBrüder an Panganis Schulen verwandte Waisen oder Halbwaisen in Pflege.

Ergebnis ist, dass in kognatischen Swahili Familien *(ukoo/koo)* die Versorgung der Waisen und Halbwaisen keinen festgelegten Verwandtschaftsregeln folgt. In Pangani waren Angehörige der mütterlichen Familie mit etwa 80% an der Waisenversorgung beteiligt. Gründe hierfür sind u.a. die stärkeren emotionalen Bindungen zwischen Kindern und ihren mütterlichen Verwandten, die gefestigt werden bei häufigen Besuchen der Mutter mit den Kinder in ihrer Familie und durch die Unterstützung ihrer weiblichen Angehörigen bei der Kinderbetreuung, auf die sie zurückgreifen kann, wann immer nötig (vgl. Caplan,1975:48-51; Swartz,1991: 69-71).

Andererseits gehörten bei den interviewten Pflegefamilien fünf der sechs Pflegeeltern zur väterlichen Familie der Waisen. Diese Pflegefamilien waren keine Swahili und die Mütter der Waisen waren schon verstorben, deshalb war der Kontakt zur mütterliche Familie abgebrochen. Gleichwohl zeigte sich auch bei ihnen deutlich, dass die Inpflegenahme von Waisen, insbesondere die der Vollwaisen, nach pragmatischen Kriterien innerhalb der erweiterten Familie vorgenommen wird. Und in den Zeiten von AIDS ist eines der Kriterien, dass die Verwandten noch leben (vgl. Kapitel 9).

6.5 Sophia und Paulo – Waisen als selbstständige Akteure unterstützt im lokalen Netzwerk

Die 14jährige Sophia und der 17jährige Paulo sind die einzigen Doppelwaisen, die nicht bei Verwandten leben. Sie hatten sich in beeindruckender Weise als Akteure selbstständig eine Versorgung geschaffen und dabei Unterstützung im örtlichen sozialen Netz erhalten.

> Sophia stammt aus einem Dorf 20 km flußaufwärts. Ihre Mutter war die zweite Frau des Vaters, sie starb an den Schlägen des Vaters als Sophia noch ein Kleinkind war. Sophia lebte dann in Pangani mit dem Vater und dessen dritter Frau, die für sie wie eine Mutter war, wie sie sagte. Der Vater starb 2002, „er war lange krank, bekam noch Malaria, das Krankenhaus hat ihn zum Sterben nach Hause geschickt". Ein Jahr später starb seine dritte Frau, Sophias Ersatzmutter und sie war sehr traurig über ihren Tod. Sie zog zurück in das Dorf und lebte mit ihrem älteren Bruder im Haus ihrer Mutter. Der Bruder hatte keine Arbeit und führte ein unstetes Leben. Um ihre Situation zu verbessern, hat Sophia in Pangani den katholischen Priester auf der Strasse angesprochen und ihn gefragt, ob er sie nicht aufnehmen könne. Er war unter zwei Bedingungen dazu bereit: sie müsse zur Schule gehen und sich um den Haushalt kümmern. Im Interview klagte Sophia sehr über die viele Arbeit im Haushalt, denn sie muss täglich drei Mal Maisbrei *(ugali)* kochen bzw. am Sonntag Reis *(wali)* und hat nur eine Stunde Ruhezeit am frühen Abend, zwischen Mittag- und Abendessen und deshalb kaum Zeit für die Schularbeiten.

Während der Feldforschung hat der Priester zwei weitere Kinder aufgenommen, eine Doppelwaise mit dem die Pflegegroßmutter erzieherische Schwierigkeiten bekommen hatte (Abschnitt 9.1.3) und eine Mutterwaise aus einer sehr armen Familie, die die Sekundarschule besuchte (Abschnitt 8.2). Es lebten nun drei Kinder bei dem Priester und sie konnten sich die Hausarbeit aufteilen. Die zweite Vollwaise, die selbstständig lebte war Paulo.

> Paulos Eltern waren aus Dodoma nach Pangani zugewandert. Paulo lebte mit seiner Mutter weiter in Pangani, als der Vater einige Zeit später mit einer neuen Frau und ihrem Kind nach Bweni zog. Paulos Mutter starb im Jahr 2002, „sie war schon lange krank, dann kam noch TB hinzu". Paulo hat keine Verwandten in der Umgebung, die Familien der Eltern in der Herkunftsregion kannte er kaum und der Vater konnte ihn nicht aufnehmen, denn er war schwer krank und starb bald darauf. Paulo lebt weiterhin im Haus der Mutter, das er von der Mutter geerbt hat und so hatte er es auch mit der Mutter besprochen. Er vermietet ein Zimmer an einen alten Mann und verkauft nebenher an einigen Tagen der Woche gebratenen Fisch. Von diesen Einnahmen versorgt ihn eine Freundin seiner Mutter, die in der Nähe wohnt, mit Essen. Paulo war mit dieser Lösung sehr zufrieden und er war auch in der Schule sehr gut.

Beide Waisen erhielten substantielle Unterstützung im lokalen sozialen Netz. Die Hilfe des Priesters ist im überwiegend islamischen Küstengebiet eher ungewöhnlich und wird wohl nur christlichen Waisen zuteil. Die Freundin von Paulos Mutter gehört zur traditionellen *jamaa*, der Unterstützergruppe, die Verwandte, Freunde und Nachbarn umfasst. Beide Formen der örtlichen Hilfe sind Ansätze der Unterstützung in der Gemeinde für Haushalte mit Waisen, wie sie bspw. aus Simbabwe dokumentiert sind (Foster et al, 1996).

7 Pflegschaften für Kinder, Halbwaisen und Waisen

Die Pflegefamilien der Waisen und Halbwaisen an den drei Schulen Panganis gehörten alle zur kognatischen bzw. bilateralen Familie, wie die Umfrage an den Schulen gezeigt hat. Das trifft auch auf die interviewten Pflegeeltern zu (Kapitel 9). Bei den Swahili an der mittleren Küste – in Pangani, Mafia und Kilwa – besteht die erweiterte Familie aus Verwandten der mütterlichen und der väterlichen Familie und nach kognatischer Verwandtschaftsregel leitet sich die Deszendenz aus beiden Familien her. Die kognatische Familie reicht über drei bis vier Generationen, sie ist keine Residenzgruppe und tradiert keinen gemeinsamen Herkunftsort (vgl. Caplan,1982: 36f; 1984: 34f; Middleton, 1992: 83f; Horton, Middleton, 2000:140-146). An der nördlichen Swahili-Küste – in Lamu und Mombasa – bestimmt Patrilinearität die Deszendenz in der kognatischen Familie, was auf die strengere Auslegung des Islam zurückgeführt wird (el Zein, 1974; Sheperd, 1987; Swartz, 1991), anders als im mittleren Küstengebiet, wo der arabisch-islamische Einfluss die bilaterale Verwandt-schaftsauffassung nicht verändert hat.

7.1 Die erweiterte kognatische Familie im mittleren Küstengebiet

In der kognatischen Familie können zusätzliche Erweiterungen entstehen, als Folge des Heiratsverhaltens der Küstenbewohner, wie die Interviews zeigten. Nach muslimischer Tradition ist Polygamie für Männer mit bis zu vier Frauen möglich, aber nur wenige Männer können mehrere Ehefrauen unterhalten. Polygamie wird landesweit in etwa ein Drittel der Ehen praktiziert und nach dem Marriage Act von 1971 sind in Tansania beide Eheformen legal (Omari, 1995: 42)[39]. In Pangani haben zwei der infizierten Frauen zeitweilig mit einer weiteren Ehefrau im Haushalt zusammengelebt, so Fatma als vierte Ehefrau mit der drit-ten Frau ihres Mannes und die Christin Sarah als erste Ehefrau mit der zweiten Frau, die ihr Ehemann zusätzlich geheiratet hatte, wofür er extra zum Islam konvertiert war (Abschnitt 10.1.3).

Scheidungen sind an der Küste häufig, auch bei kulturell angepassten Migran-ten. Nach islamischer Vorstellung ist die Ehe eine wichtige Institution, aber

---

[39] Interessant ist die sprachliche Differenzierung: in *Kiswahili* wird die aktive Verbform „*kuoa*" benutzt, wenn der Mann heiratet, bei der Frau die passive Form „*kuolewa*", sie wird geheiratet.

auch ein leicht auflösbarer Vertrag, wenn sie nicht (mehr) zufriedenstellend ist (Strobel, 1975; Caplan,1984). Der Mann spricht für die Auflösung drei Mal die Scheidungsformel *talaka*, die Frau benötigt die Zustimmung des Ehemannes, kann aber die Scheidung auch selbst vollziehen, indem sie aus dem gemeinsamen Haushalt auszieht, den Ehemann verlässt, wie es Zanana getan hatte (Abschnitt 10.1.1). Hat der Ehemann einen Brautpreis *(mahari)* gezahlt, was in der Regel nur bei der ersten, oft noch arrangierten Ehe geschieht, muss dieser an ihn zurückgezahlt werden (vgl. Caplan, 1975: 27f; Landsberg, 1986:114; Swartz, 1991: 93).

Die Wiederverheiratung ist üblich, Frauen und Männer heiraten drei oder vier Mal (vgl. bspw. Abschnitt 10.1.2), was als serielle Polygamie bezeichnet wird (Caplan, 1975: 27; Landsberg, 1986: 114)[40]. Aus der neuen Ehe gehen wieder Kinder hervor, d.h. Frauen sind meist Mütter von Kindern mehrerer Väter[41], die auch Kinder mit anderen Frauen haben. So entstehen Erweiterungen der kognatischen Familie, vor allem bezogen auf die Kinder. Wenn Kinder oder Halbwaisen im Haushalt ihres erneut verheirateten Elternteils leben, entstehen Bindungen zu dessen neuem Ehepartner und zu seinen Kindern aus früheren Ehen. Zumindest ist man aneinander gewöhnt *(-zoea)*, denn Beziehungen zu Stiefeltern, insbesondere zum Stiefvater gelten als spannungsreich, „*baba wa kambo si baba*", „der Stiefvater ist nicht der Vater", wie es ein Swahili-Sprichwort ausdrückt (Scheven, 1981:380).

In der durch serielle Polygamie erweiterten kognatischen Familie ist die Vielfalt der Waisenpflege noch vielfältiger, insbesondere Frauen zeigen Kreativität in ihrer sozialen Praxis. Pflegemutter für Sophia wurde bspw. die zweite Frau des Vaters nach dessen Tod (Abschnitt 6.5), bei Zahara die Tochter des Vaters aus einer früheren Ehe (Abschnitt 8.1) und bei Musa die geschiedene Frau des VaterBruders (Abschnitt 9.1.3).

Ein Haushalt *(nyumba)* im Küstengebiet ist nicht zuletzt aufgrund des Heiratsverhaltens fluide in seiner Zusammensetzung. Diese Fluidität findet auch Eingang in die sozialwissenschaftliche Definition der tansanischen Haushalte, denn

---

[40] Anschauliche Beispiele von Scheidungen und Wiederverheiratungen aus der Sicht von drei Swahili Frauen aus Mombasa enthalten ihre Biografien aus der ersten Hälfte des 20.Jhdts (Mirza, Strobel, 1989).
[41] Guyer hat den Begriff „ *polyandrous motherhood*" geprägt, auf der Grundlage ihrer Feldforschung bei den Yoruba; bei der polyandrischen Mutterschaft haben Frauen Beziehungen zu mehreren Vätern ihrer Kinder, ohne mit ihnen verheiratet zu sein (1994: 230); siehe auch Arnfred, 2004: 23.

sie gelten als der gemeinsame Wohnsitz von Verwandten der erweiterten Familie aus zwei oder drei Generationen, dem *pooling* ihrer Ressourcen und der gemeinsamen Kochstelle (Creighton, Omari, 1995: 3; Bryceson, 1995a: 39; Koda, 1995).

7.2   Die *ulezi* - Institution der Swahili: Vielfalt der Anlässe

Die Waisenversorgung in Pangani ist verknüpft mit der Tradition Kinder in verwandtschaftliche Pflege zu nehmen und zu geben, ohne dass die Kinder Waisen sind. Die Inpflegenahme von Waisen und Halbwaisen im Küstengebiet erfolgt im Kontext der *ulezi*-Institution der Swahili, mit der die Reproduktion in der erweiterten Familie sozial abgesichert wird. Die Tradition der Pflegschaften ist bei den Swahili auf der Insel Mafia und in Mombasa aus früheren Jahren dokumentiert, wenngleich sie nicht gründlich erforscht wurde. Deshalb ist ihre große Bedeutung für die Reproduktion vor allem an ihrem Vorkommen erkennbar, so waren auf Mafia in den 70er Jahren und in Mombasa in den 80er Jahren jeweils 25% der Kinder bei Verwandten in Pflege (Caplan,1975: 48-51; Swartz, 1991: 85-86, 256) und im Distrikt Pangani Ende der 50er Jahre 37% der Kinder (Tanner nach Caplan,1975: 51, Anm.3).

Bei diesen *ulezi* - Pflegschaften ist es für biologische Eltern üblich, Kinder zu Verwandten in der erweiterten Familie zu geben, die sie vorübergehend oder dauerhaft aufziehen. *„Children from sibling groups are re-distributed over the extended family network"*, wie Caplan die *ulezi*-Institution charakterisiert (1984:36). Die Anlässe sind vielfältig, bspw. der Wunsch einer kinderlosen Verwandten oder die Bitte einer Großmutter, die auch die Mitarbeit des Kindes im Haushalt gebrauchen kann. Bei abgebenden Eltern, meist den Müttern, kann es eine Notlage oder soziale Krise sein, wie Scheidung oder Krankheit, der Wunsch nach Entlastung bei großer Kinderzahl oder eine bessere Schule für das Kind in der Stadt. Auch die Wiederverheiratung der Mutter ist Anlass für die Inpflegegabe ihrer Kinder aus der früheren Ehe, wenn der neue Ehemann sie nicht in seinem Haushalt versorgen will.

Auch in Pangani sind diese Inpflegegaben praktiziert worden. So hatte die Pflegemutter Amina vor einiger Zeit ihre dreizehnjährige Tochter zu ihrer Schwester nach Dar es Salaam gegeben, in deren Haushalt sie mitarbeitete. Amina nahm dann zur Zeit der Feldforschung den gleichaltrigen Musa auf, als dieser Waise wurde. Auch Migranten im Küstengebiet bringen ihre Kinder bei Verwandten zur Pflege unter, wie bspw. die infizierte Hadiya. Sie hatte drei ihrer fünf Töchter zu ihren Geschwistern in Pflege gegeben, obwohl es ihr gesundheitlich gut ging (Abschnitt 10.1.5). Die jüngste Tochter, die den Abschluss der Primarschule nicht geschafft hat, lebte in Dar es Salaam bei Hadiyas Schwester und erledigte deren Haushalt, denn die Tante betrieb einen Kleinhandel, hatte damit viel Arbeit und war viel unterwegs. Die beiden älteren Töchter von Hadiya lebten in Iringa in zwei Familien der Brüder ihrer Mutter und besuchten dort die Sekundarschule, was auch in Pangani möglich gewesen wäre. Hadiyas Brüder bezahlten für beide Mädchen den größten Anteil des Schulgeldes. Nach Ansicht der Familie war die Schule in Iringa besser und ein Abschlusszeugnis von dort würde gute Chancen bei der Verwirklichung der Berufswünsche der Töchter bieten, denn eine wollte Hebamme, die andere Polizistin oder Soldatin werden.

Beide Mütter waren erstaunt, als ich nach den Gründen für die Inpflegegabe fragte und antworteten nach einigem Überlegen „meine Schwester wollte es" bzw. „ sie gehen dort zur Schule". Hadiyas drei Töchter waren Vaterwaisen, die Mutter nannte das aber nicht als Grund für ihre Inpflegegabe. Auch zwei der interviewten Schülerinnen erzählten, sie seien schon als Kleinkinder zu ihren Tanten nach Pangani in Pflege gekommen, etwa 10 Jahre bevor die Eltern starben und sie Waisen wurden (Abschnitt 8.1).

7.2.1 Pflegschaften und Elternrollen bei der Sicherung der Reproduktion

Für die familiäre Reproduktion hat die *ulezi*-Institution in der erweiterten Familie eine immens große Bedeutung. Biologische Eltern sind nicht allein verantwortlich für die Sorge um ihre Kinder und das ist von besonderer Bedeutung bei den instabilen Ehebeziehungen und häufigen Scheidungen in den Küstengesellschaften. In der kognatischen Familie sind Verwandte bereit, sich durch Inpflegenahme an der Versorgung und Erziehung der Kinder zu beteiligen, vor allem weibliche Verwandte der mütterlichen Familie. Entsprechende Absprachen erfolgen informell und werden pragmatisch gehandhabt, entweder als Bitte *(ombi)* ein Kind aufnehmen zu können oder als Bitte ein Kind in Pflege geben zu können. Die Pflegschaft kann vorübergehend oder dauerhaft sein, sie ist flexibel wieder lösbar, wenn sich die Lebenssituation der Beteiligten und ihre Wünsche geändert haben[42].

---

[42] Swartz bezeichnete diese Pflegeverhältnisse bei den Swahili in Mombasa missverständlich als „Adoptionen", womit er selbst nicht zufrieden war (1991:85;319,FN12). Eine Adoption ist

Pflegekinder haben in der *ulezi*-Institution zwei Elternpaare, biologische und pflegende, zu beiden Eltern haben sie meist enge Beziehungen und sie besuchen ihre leiblichen Eltern häufig. Pflegekinder rufen ihre Eltern und ihre Pflegeeltern *mama* und *baba*. Ein kleiner Exkurs in die *Kiswahili*–Terminologie macht das emischen Verständnis von beiden Eltern auch sprachlich deutlich: die Pflegeeltern sind *mama mlezi* und *baba mlezi*, hergeleitet von dem Verb *lea,* das die Bedeutung erziehen, aufziehen, pflegen, warten hat[43]; mit der passiven Verbform *lelewa* wird ein Kind in Pflege genommen[44]. Die leiblichen Eltern sind *mama mzazi und baba mzazi;* das Adjektiv *zazi* bedeutet fruchtbar, im Singular bezeichnet *mzazi* ist eine Wochnerin, eine fruchtbare Frau.

Beide Eltern sorgen für das Kind und beide nehmen teil an seiner Erziehung und Ausbildung, so gut sie es in ihrer aktuellen Lebenssituation können. Es ist eine gemeinsame Sorge für das Kind, die Eltern und Pflegeeltern ausüben, oder anders ausgedrückt, beide haben teil am Kind, sie teilen sich die Rechte und Pflichten für das Kind. Bei den Pflegeeltern entsteht aufgrund ihrer Beteiligung an der Reproduktion, bspw. materiell beim Schulgeld oder dem Brautpreis, auch die Erwartung einer Reziprozität, insbesondere die Unterstützung durch das Pflegekind im Alter[45]. Diese Erwartung haben auch die leiblichen Eltern. Kinder wissen um ihre moralische Pflicht gegenüber beiden Eltern, den leiblichen und den pflegenden. Nach tradiertem Recht wird jedoch das materielle Erbe nach dem Tod der Eltern auf deren leibliche Kinder vererbt (Caplan, 1984; Swartz, 1991).

Die im akademischen Diskurs ethnologischer Studien zum Ausdruck kommende Dichotomie zwischen leiblichen und sozialen Eltern - und noch deutlicher

---

die rechtliche Übertragung der Elternschaft auf die – meist nicht verwandten - Adoptiveltern, mit der sie zu den alleinigen Eltern des Kindes deklariert werden, was i.d.R. mit einem Gerichtsbeschluss verbunden ist. Beides entspricht nicht der Realität der Pflegeverhältnisse im ostafrikanischen Küstengebiet.

In Tansania wurde 1942 nach englischem Recht ein Adoptionsrecht eingeführt, *The Adoption Ordinance, Cap. 335*, nach dessen überarbeiteter Form Adoptionen durch Gerichtsbeschluss durchgeführt werden können, was aber von den Tansaniern bislang kaum genutzt wurde (Rwezaura, 1985). Das ändert sich gegenwärtig, wenn Tansanier ihre Pflegekinder bei einer Migration ins Ausland mitnehmen wollen und hierfür gültige Papiere benötigen (Wanitzek, 2007b).

[43] *Ma/ulezi* wird im *Kiswahili* heute für Erziehung, Erziehungsmethode verwendet.

[44] Das Pflegekind ist das *mtoto anayelelewa na walezi*, wörtlich ′das Kind in Pflege genommen von den Pflegeeltern′.

[45] Zu der Frage, ob und inwieweit Pflegeeltern bei materiellen Aufwendungen Unterschiede zwischen ihren eigenen Kindern und den Pflegekindern machen, insbesondere wenn diese Waisen sind, ergaben sich bei der Feldforschung keine Informationen.

78

zwischen der biologischen und der sozialen Mutter - trifft auf die Beziehungen der beiden Eltern bzw. der beiden Mütter zu dem Pflegekind im mittleren Küstengebiet nicht zu, zumal es Verwandte aus der bilateralen Familie sind, die sich mit der Inpflegenahme am Aufziehen eines Kindes beteiligen[46].

Die strikte Unterscheidung zwischen „biologisch" und „sozial" in der bisherigen Diskussion von Verwandtschaft und Elternschaft (vgl. u.a. Goody, 1982: 6f) wird in der *new kinship* Forschung kritisch hinterfragt (Carstens, 2000: 25f). Um das binäre Denken des „entweder/oder" zu beenden schlägt Bowie vor, zukünftig additive und nicht substituierende Modelle bei der Erforschung von Elternschaft zugrunde zu legen (2004: 9). Dies würde den Inhalten der leiblichen und der pflegenden Elternschaft im tansanischen Küstengebiet besser gerecht werden. Den emischen Inhalten entsprechend und Bowies Vorschlag folgend sind die additiven Elemente der Elternschaft immer mitgedacht, wenn die Begriffe „biologisch" und „sozial" in diesem Text verwendet werden.

Die *ulezi*-Institution der Pflegschaften ist ein zentraler, generationsübergreifender Bestandteil der sozialen Sicherung der Küstenbewohner. Beim Tod der leiblichen Eltern stellt die *ulezi*-Institution die Versorgung der Waisen in der erweiterten kognatischen Familie sicher, denn im gleichen sozialen Netz wird auf die eingeübte Praxis der Pflegschaften zurückgegriffen. Gerade das gegenwärtige Ausmaß der Waisenversorgung macht deutlich, wie die Pflegepraxis der Realität und den familiären Erfordernissen angepasst wird. Die bei Waisen nicht mehr freiwillige, sondern notwendige Inpflegenahme erfolgt nicht nach festen Regeln oder strukturellen Vorgaben, sondern wird innerhalb der bilateralen Familie pragmatisch ausgehandelt, nach Kriterien der verwandtschaftlichen Nähe und der realen Lebenssituation potentieller Pflegeeltern. Die große Bedeutung der *ulezi*-Pflegschaften als soziale Institution für die familiäre Reproduktion wird infolge der AIDS-Epidemie derzeit besonders deutlich.

7.2.2 Die Tradition von Pflegschaften in sub-Sahara Afrika

Pflegschaften sind in ähnlichen Formen aus Westafrika seit den siebziger Jahren des 20. Jhdts. bekannt, insbesondere aufgrund der Arbeiten von Goody (u.a.1970; 1982) und seither sind sie vielfach erforscht worden (u.a. Bledsoe, Isingo-Abanike, 1989; Page, 1989; Lallemand, 1994; Atto, 1996; Roost-Vischer,

---

[46] Einen Einblick in Pflegeverhältnisse in einer völlig anderen, nämlich unserer Kultur vermittelt Blandow (2004), bei denen *„Kinder mit und zwischen zwei Familien"* leben und die Beteiligten ein *„schwieriges Dreiecksverhältnis"* bilden.

1997). Auch in jüngster Zeit wurden sie und ihre aktuellen Veränderungen untersucht, so von Moran in Liberia (1992), Meier in Nordghana (1993; 1999), Alber (2003a,b; 2004a,b,c) und Martin (2007) in Nordbenin und Notermans in Ostkamerun (2004a,b). Diese Arbeiten zeigen, dass Pflegschaften in Westafrika in unterschiedliche kulturelle Kontexte eingebettet sein können und für ganz verschiedene Politiken angewendet werden, in der Regel von Frauen als Akteurinnen[47].

Goody definiert ein Pflegeverhältnis als *„the institutionalized delegation of the nurturance and/or educational elements of the parental role"* (1982: 23) und sieht die Gründe für Pflegschaften als einen Teilbereich der Rechte und Pflichten, die Verwandte in der erweiterten Familie haben *„ ...fostering reflects the claims, rights and obligations, of members of an extended kin group. Given the norm that kin have to share rights and obligations over resources, the fostering of children becomes only a special case of such sharing"* (1975:140). Im Zusammenhang mit dieser Zuordnung ist der Hinweis von Page interessant, wonach die Institution der Pflegschaften in einer Erhebung in sieben Ländern sub-Sahara Afrikas[48] trotz gelegentlicher individueller Unzufriedenheiten von niemanden und nirgends in Frage gestellt wurde (1998:405). Goody unterscheidet *„voluntary fostering"* und *„crisis fostering"* (1982:23), was auch auf Pflegschaften im mittleren Küstengebiet Tansanias übertragen werden könnte, aber eine Unterscheidung ist, die emisch dort so nicht getroffen wird.

In Ostafrika liegt keine vergleichbar intensive ethnologische Forschung über Pflegschaften vor, ethnografisch erwähnt werden sie bei den Chaga (Raum, 1940) und den Baganda (Castle, 1966; Ainthworth, 1967). Neuere Arbeiten zu Pflegschaften beschäftigen sich mit ihrem Stadt-Land Kontext in Kenia (Nelson, 1987), mit Veränderungsprozessen bei den Kikuyu (Price, 1996) und mit der Reproduktionsteilhabe kinderloser Frauen bei den Maasai (Talle, 2004). So wird auch in Ostafrika erkennbar, dass Pflegschaften in unterschiedlichen kulturellen Zusammenhängen praktiziert werden. Die Bedeutung der Pflegschaften bei ostafrikanischen Volksgruppen wird erst seit der AIDS-Epidemie und der notwendigen Versorgung der vielen Waisen deutlich, wie lokale Untersuchungen

---

[47] Interessante Überblicke zu dem offenkundig weltweiten Phänomen geben Lallemand (1993) über kulturelle Austauschpraktiken mit Kindern als „ Leihgabe, Geschenk, Tausch" von Westafrika bis zum Pazifik anhand der ethnologischen Literatur und Bowie (2004) zusammen mit anderen Autoren über die modernere Variante der „interkulturellen Adoptionen".

[48] Kamerun, Ghana, Elfenbeinküste, Nigeria, Lesotho, der Sudan und Kenia (1989: 410).

zeigen, in denen meist auf die traditionelle Praxis der Pflegschaften verwiesen wird, ohne dass an frühere Studien angeknüpft werden kann, so in Simbabwe (Shona, Ndebele: Foster, et al., 1995), Uganda (überwiegend Baganda, Banyankole: Ntozi, 1997), in NW Tansania bei den Sukuma (Urassa et al, 1997), in Kenia bei den Luo (Nyambedha, 2003) und in Südafrika (Madhaven, 2004).

Auch bei Volksgruppen in Tansania werden Pflegschaften als gemeinsame Reproduktion praktiziert, wie Beispiele in Familien der Zigua, der Bondei und von Migranten aus anderen Landerteilen in Pangani deutlich machen. Sie haben jedoch bislang kaum Aufmerksamkeit erhalten und sind nicht erforscht, worauf Omari hingewiesen hat (1995: 210). Das Ausmaß des ethnologischen Forschungsbedarfes – und gleichzeitig das ihrer bisherigen Versäumnisse – wird deutlich bei dem Ergebnis aktueller Haushaltsbefragungen, die zeigten, dass Pflegschaften von Kindern, die ihre biologischen Eltern noch haben, in 40 Ländern sub-Sahara Afrikas üblich sind und dort etwa 9% aller Kinder bei Pflegeeltern leben (Monasch, Boerma, 2004, Tab.1, S.58).

7.3   Aktuelle lokale Veränderungsprozesse

Mehrere Veränderungsprozesse waren gleichzeitig bei den Pflegschaften in Pangani zu erkennen: eine Waisen- bzw. Kindermigration zwischen Stadt und Land, die Zunahme von Pflegegroßmüttern und damit einhergehend ein Wandel der Generationsbeziehungen sowie ein Anstieg matrifokaler Haushalte in der ländlichen Region, in denen Verwandte der erweiterten Familie soziale Hilfen erhalten. Die große Armut, die AIDS-Epidemie und die Migration in die urbanen Zentren sind die hauptsächlichen Auslöser dieser Veränderungsprozesse, zu denen aber auch die relativ hohe Zahl der Scheidungen und der außerehelichen Geburten beiträgt, die wiederum viele alleinerziehende Mütter zur Folge haben, die Unterstützung im Netzwerk der Familie benötigen und erhalten.

Die nachhaltigsten Veränderungen sind jedoch die zahlreichen Waisenkinder und die Notwendigkeit sie in Pflege zu nehmen. Eine freie Entscheidung der Pflegeperson oder ein längerer Aushandlungsprozess vor Beginn der Inpflegenahme ist deshalb unter den Verwandten nicht oder nur sehr eingeschränkt möglich, wie bei den interviewten Pflegefamilien in Pangani deutlich wurde (Kapitel 9).

Hinzu kommt, dass Waisen und Halbwaisen meist auf Dauer im Pflegehaushalt aufgenommen werden müssen, weil ihre Eltern tot oder der verwitwete Elternteil längerfristig in einer sozialen Notlage lebt. Ein Wechsel der Pflege durch andere Verwandte wäre für viele Pflegekinder nur schwer oder gar nicht möglich, denn das verwandtschaftlichen Netz der erweiterten Familie ist aufgrund der AIDS-Epidemie kleiner geworden und mit der Waisenversorgung oft schon überlastet. Gleichwohl fiel in Pangani bei den Interviews mit den Pflegeeltern auf, dass sich ihre Klagen fast ausschließlich auf die Verschlechterung der wirtschaftlichen Situation des Haushaltes bezogen bzw. auf die noch größere Armut nach der Aufnahme der Pflegekinder.

Gleichzeitig gerät die Generationsfolge und die Reziprozität der Unterstützung auch in der Pflegeinstitution infolge der Toten in der mittleren Generation immer mehr durcheinander. Während früher Pflegebeziehungen bevorzugt mit und von Verwandten der Elterngeneration eingegangen wurden, sind es heute zunehmend die Großeltern, insbesondere die Großmütter, die die Waisenpflege der Enkel übernehmen müssen. Die Generation der Großeltern kann häufig nicht mehr auf die Hilfe ihrer Kinder zurückgreifen, weil diese krank oder verstorben sind und die reziproke Unterstützung ihrer Enkelkinder wird sie wegen ihres Alters wohl nicht mehr erleben.

7.3.1 Kinder-Migration zwischen Stadt und Land

In Pangani war eine Migration von Kindern zwischen Stadt und Land mit deutlich ausgeprägten Tendenzen erkennbar, mit der Kinder bei den Migrationsentscheidungen in der erweiterten Familie eingebunden sind. Ein großer Teil der Waisen, insbesondere die Doppelwaisen kehrten aus den Städten, in denen sie zuvor mit ihren Eltern gelebt haben nach deren Tod zu Verwandten in die ländliche Herkunftsregion zurück. Hierbei fällt auf, dass an AIDS erkrankte Eltern ihre Kinder nicht schon während der akuten Phase ihrer Krankheit zu den Verwandten schickten, sondern die Kinder erst nach dem Tod der Eltern zu ihren Pflegefamilien zogen (Kapitel 9).

Dieser Rückweg der Waisen aus der urbanen Migration ist vergleichbar mit dem von AIDS-Kranken im terminalen Stadium, die zur Restfamilie auf dem Land kommen, wenn sie sich nicht mehr selbst versorgen können und pflegebedürftig sind. Die Ressourcen für die soziale Versorgung im Sicherungsnetz der erweiterten Familie zwischen Stadt und Land liegen eindeutig auf dem Land. Das

wird auch deutlich an den zahlreichen Klein- und Schulkindern, die als Pflegekinder zur Betreuung bei weiblichen, oft älteren Verwandten auf dem Land zu-
rückgelassen oder dorthin geschickt werden, wenn die Eltern oder die Mütter
wegen der besseren Arbeitsmöglichkeiten in den Städten leben. Allerdings
steuern die Eltern der Pflegekinder dann in aller Regel zum Unterhalt des
Pflegehaushaltes bei.

Dagegen liegen die Möglichkeiten für eine bessere Schulbildung und für an-
schließende Jobs für die jungen Menschen der erweiterten Familie in den
Städten und Jugendliche gehen als Pflegekinder den umgekehrten Migrations-
weg vom Land in die Städte. Mädchen, die kein Abschlusszeugnis der Primarschule haben, versorgen bei den verwandten, arbeitenden Pflegemüttern deren
städtischen Haushalt. Jugendliche mit guten Zeugnissen besuchen als Pflegekinder von Verwandten in der Stadt eine bessere Sekundarschule; das Schulgeld
bringen Eltern und Pflegeeltern entsprechend ihrer wirtschaftlichen Möglichkeiten meist gemeinsam auf. Für Eltern und die Pflegeeltern eröffnet sich mit
der Migration der Kinder in die Städte auch die reziproke Erwartung einer besseren Unterstützung im Alter.

7.3.2 Großmütter als Pflegemütter – Generationsbeziehungen im Wandel

Die Übernahme sozialer Elternschaft durch Großmütter ist aus den angeführten
Gründen gegenwärtig mehr denn je erforderlich. Damit verschiebt sich die Beteiligung der Generationen bei den Pflegebeziehungen und ihr Charakter verändert sich. Großmütter und Enkel erleben aufgrund dieser Prozesse auch einen
Wandel in ihrer Beziehung.

In Pangani lebten zur Zeit der Feldforschung etwa 40% der Vollwaisen und 20%
der Halbwaisen bei ihren Großeltern, davon die überwiegende Mehrheit bei der
mütterlichen Großmutter (Tabelle 2)[49]. Zunächst beschreiben in den folgenden
Aussagen interviewte Waisen und Halbwaisen, die als Pflegekinder bei einer
Großmutter leben, die intergenerationalen Beziehungen und Interaktionen aus
ihrer Perspektive (vgl. Kapitel 8). Die drei interviewten Großmütter kommen
anschließend zu Wort. Die Kinder sprachen mit der kulturell gebotenen
Zurückhaltung von ihrer Liebe und Zuneigung *(upendo)* für die

---

[49] Auch landesweit wird für Tansania in den Jahren 2000 bis 2004 von 40% Waisen und
Halbwaisen ausgegangen, die bei Großeltern leben (UNICEF et al, 2006:16).

Pflegegroßmutter und sagten, das Leben bei ihr sei gut *(nzuri)*. Waren sie weniger zufrieden, drückten sie das mit „ich habe keine andere Wahl" aus.

Das Alter und altersbedingte Krankheiten der Großmutter führten bei einigen Waisen zu Zukunftsängsten. Sie machten sich Sorgen um die Gesundheit der Großmutter und fragten sich, was wohl geschehen wird, wenn sie stirbt, wie sie allein überleben können oder welche Verwandten sie dann aufnehmen würden; gleichwohl vertrauten die meisten Kinder auf das Netzwerk ihrer Familie und nannten oft auch Verwandte, die sie dann aufnehmen werden. Die Gefühle der Kinder wegen des Alters der Großmutter in einer unsichere Lebenssituation zu leben, wurden verstärkt durch die Armut und den Geldmangel, der in den meisten großmütterlichen Pflegefamilien herrscht, wenn kein Verdiener im Haushalt lebt oder sie unterstützt. So wird der notwendige Kauf von zusätzlichen Lebensmitteln, von Kleidung und Schulmaterialien zu einem Problem. Diese Unsicherheiten machte es den Waisen schwer, Vorstellungen von einer besseren Zukunft zu entwickeln, z.B. mit dem Besuch einer Sekundarschule. Mit *mungu akipenda* drückten sie ihre Hoffnung auf Gottes Hilfe aus.

Pflegekinder erzählten auch von Konflikten, ihrer eigenen Unzufriedenheit und die der Großmutter, wenn diese andere Vorstellungen von angemessenen Verhaltenweisen der Kinder hatte, z. B. von ihrer häuslichen Mitarbeit und ihrem Respekt gegenüber Erwachsenen und diese bei ihren Pflegekindern erzieherisch durchsetzen wollte. Insbesondere die Mädchen, die bei einer Großmutter lebten, klagten über die vielen Hausarbeiten, die sie erledigen mußten. Die Jungen machten *gender*typische Arbeiten auf dem Feld und im Garten, holten Wasser und Feuerholz und arbeiteten auch mit kleinen Jobs für Geld, um zum Unterhalt der Familie beizutragen. Die Mädchen und Jungen hatten aus diesen Gründen weniger Zeit für ihre Schularbeiten, deren Bedeutung für das *ranking* der Großmutter nur schwer vermittelbar war, denn sie hatte meist keine Schule besucht. Bei diesem Thema wird offenkundig, dass Großeltern und Enkelkinder jeweils einer anderen historischen Generation und unterschiedlichen Lebenswelten angehören.

Die kulturell konstruierten Rollen der Großmutter und der Mutter sind in diesen Pflegefamilien fluide und vermischen sich im Handeln der Pflegegroßmutter. Die traditionelle Rolle der Mutter ist trotz ihrer engen Bindung zu ihren Kindern, bestimmt von elterlicher Autorität und erzieherischer Strenge, die Haltung der Kinder gegenüber der Mutter von Respekt und Gehorsam (*heshima*). Die Beziehungen zwischen Großmüttern und Enkelkindern sind traditionellerweise herzlich und von emotionaler Wärme geprägt[50]. Die Großmutter strahlt nach dem Ende der eigenen biologischen Reproduktionsfähigkeit Ruhe und Geborgenheit aus, sie hat für ihre Enkel Liebe, Zärtlichkeit und Aufmerksamkeit und teilt mit ihnen Essen und Bett (vgl. Notermans, 2004a; Geissler, Prince, 2004).

Diese Beziehungen verändern sich im täglichen Zusammenleben in der Pflegefamilie und mit dem Älterwerden der Pflegekinder. Vordergründig betrachtet, ist das Essen aufgrund der Armut jetzt immer knapp und Pflegekinder im fortgeschrittenen Primarschulalter schlafen sie nicht mehr bei der Großmutter im Bett. Die Veränderungen sind aber tiefgreifender, denn die Großmutter übernimmt noch einmal die Mutterrolle bei ihren Pflegeenkeln die Waisen sind, sie handelt jetzt auch als ihre soziale Mutter und trägt die Verantwortung dafür, die Kinder mit erzieherischer Strenge auf das Leben vorzubereiten.

Die interviewten Waisenpflegekinder in Pangani besuchten schon mehrere Jahre die Schule, in denen sie „modernes" Wissen und die Ideologie des *ranking* kennen lernten, was eine gewisse Distanz zwischen der jungen und der alten Generation schafft und ihre Kommunikation erschwert, wie aus den Schilderungen der Kinder hervorging. Hinzu kommt, dass Großmütter und Pflegeenkel oft in einem zwei-Generationen Haushalt leben, was für ländliche tansanische Verhältnisse eher ungewöhnlich ist und zur Folge hat, dass kein Verwandter der mittleren Generation anwesend ist und dabei vermitteln könnte, die Schwierigkeiten des gegenseitigen Verstehens zu überbrücken, wie bspw. bei der vierzehnjährigen Waise Mariamu, die allein mit drei Großeltern lebte (Abschnitt 8.1).

In drei-Generationen Haushalten finden die besonderen Beziehungen zwischen Großeltern und Enkelkindern - unbelastet von den Konflikten zwischen Eltern und Kindern - ihren Ausdruck in einer *joking relationship*, die Radcliffe-Brown für das südliche Afrika beschrieben hat (1940, 1949). Auch im Küstengebiet Tansanias ist die *joking relationship (utani)* von Vertrautheit und gegenseitigem Necken geprägt, von Nähe und Gleichheit der Großeltern und ihrer Enkelkinder bei unterschiedlicher Generationszugehörigkeit (vgl. Caplan, 1975: 49;

---

[50] Auf die unterschiedlichen Generationsbeziehungen in sub-Sahara Afrika hat schon Radcliffe-Brown hingewiesen (1950: 27-29). Seit einigen Jahren hat sich das ethnologische Interesse erneut Großeltern und den sich verändernden Beziehungen zur Generation ihrer Enkel zugewandt (u.a. Cattell, 1994: Geissler et al, 2004).

Swartz,1991:72). Im Zusammenleben mit ihren Pflegeenkeln, inbes. wenn diese Waisen sind, müssen Großmütter und Großväter nun aber die elterliche Autorität ausüben und Disziplin lehren und diese Situation macht die vertraute Beziehung der *joking relationship* zwischen ihnen mehr und mehr unmöglich[51].

Und wie erleben Großmütter die Veränderungsprozesse in den Generationsbeziehungen? Alle drei interviewten Großmütter lebten in einem drei-Generationen Haushalt und verbrachten ihr Alter inmitten ihrer Enkelschar. Was zunächst wie das Leben idealtypischer Großmütter wirkte, war in der Wirklichkeit bei allen drei Frauen gezeichnet von der AIDS-Epidemie und von großen Verlusten. Zwei Großmütter trugen die Verantwortung für ihre Enkelwaisen und hatten sie in Pflege genommen, zwei der Großmütter hatten zudem mit großer Armut zu kämpfen (Kapitel 9 und 10).

Zanana beschrieb für sich eine erfüllte Großmutterschaft im Kreise ihrer Familie und ihrer Enkel. Sie wurde von zwei Töchtern versorgt, die im Haus gegenüber mit ihren Familien lebten. Aber Zanana hatte AIDS im fortgeschrittenen Stadium, litt unter mehreren Folgeerkrankungen und einer leichten Demenz. Es ging ihr gesundheitlich nicht gut und bei Gesprächen über ihr Leben hatte sie oft Erinnerungslücken. Zanana wohnte in dem einzigen benutzbaren Raum ihres baufälligen Hauses, von dem gerade eine Außenmauer eingestürzt war. So war Zanana einerseits eine Swahili Großmutter nach traditionellem Rollenkonstrukt, andererseits war ihr Leben bestimmt von ihrer unheilbaren AIDS-Erkrankung.

Auch Bibi Fatuma lebte wie eine idealtypische Großmutter in einem drei-Generationen Haushalt mit zwei ihrer Töchter, einem Schwiegersohn und fünf noch kleinen Enkelkindern in ihrem geräumigen Haus und Hof. Aber sie hatte gerade ihre älteste Tochter Fatma verloren, die einen schrecklichen AIDS-Tod gestorben war. Bibi Fatuma hatte ihre Tochter gepflegt und auch deren jetzt dreijährige Zwillinge versorgt seit sie Babies waren. Sie fühle sich schon längere Zeit gesundheitlich nicht wohl, hatte ständig Rückenschmerzen und Malariaanfälle und klagte darüber, dass sie mit den beiden lebhaften Kindern überfordert sei. Sie war froh, dass die Zwillinge in den Kindergarten *(vidudu)* gehen werden, sobald sie vier Jahre alt sind.

---

[51] Ähnliche Prozesse in den patrilinearen Gesellschaften der Tswana in Botswana und der Baatombu in Nordbenin erwähnen Ingstad (2004: 66) und Alber (2004: 41).

Nach Fatmas Tod mußten die beiden kleinen Waisen dauerhaft versorgt werden. Zwei Schwestern Fatmas, die zur Bestattung aus Sansibar gekommen waren, zögerten eines oder beide Kinder in Pflege zunehmen. Über den Grund des Zögerns wurde nicht gesprochen, aber Fatmas Schwestern befürchteten offenkundig, dass die Zwillinge über ihre Mutter HIV-infiziert sein könnten und damit ihre eigenen Kinder gefährdet wären. Wenn die Zwillinge HIV-positiv sind, würde die Großmutter sie in Pflege nehmen müssen. In dieser Situation entschloß sich die Bibi Fatuma bei den Kindern einen HIV-Test machen zu lassen, den die Familie zuvor verweigert hatte. Als das Testergebnis negativ war, durchlebte die alte Frau trotz ihrer tiefen Trauer Momente des Glücks und die Familie entschied, dass die kleine Enkeltochter Riya bei Bibi Fatuma zur Pflege in Pangani bleibt und der Enkelsohn zu Fatmas Schwester in Sansibar kommt, damit die Belastungen für die Großmutter nicht zu groß werden.

Bei der Großmutter Bibi Sofie lebte keins ihrer eigenen Kinder mehr, zwei Söhne waren wohl an AIDS gestorben, ein dritter ist vor Jahren auf der Suche nach Arbeit ins Ausland gegangen und hat sich seither nicht mehr gemeldet. Bibi Sofie hat vor zehn Jahren ihren jetzt 17jährigen Enkelsohn Thomas in Pflege genommen, als dessen Eltern starben. Sie fühlte sich alt und schwach, aber eine jüngere Verwandte, die mit in der Familie lebte, erledigte die Haus- und Feldarbeiten und half auch gegen Bezahlung auf den Feldern von Nachbarn, damit der Haushalt etwas Geld zur Verfügung hat. Als vor einiger Zeit ihr Enkel Lukas Waise wurde und bei mütterlichen Verwandten in Dodoma schlecht versorgt war, zögerten die beiden Frauen nicht lange und nahmen den jetzt dreizehnjährigen Lukas in Pflege. Unlängst aber hatte es mit ihm erzieherische Schwierigkeiten gegeben und die Großmutter hatte ihn bei dem katholischen Priester des Ortes untergebracht, damit er den Jungen wieder auf den rechten Weg bringt. Bibi Sofie größtes Problem war jedoch ihre Armut denn sie konnte das Sekundarschulgeld für Thomas nicht aufbringen, weshalb er gerade der Schule verwiesen worden war. Sie verbrachte fast täglich die Vormittagsstunden in der Ortsverwaltung oder bei einer NGO in dem Bemühen um finanzielle Hilfe, allerdings ohne Erfolg.

Die Generationensbeziehungen dieser Großmütter waren nur bei Zanana noch traditionell, ihre Töchter und Söhne sorgten für die kranke Mutter und ihre Enkel besuchten sie regelmäßig. Bei Bibi Fatuma und Bibi Sofie hatten sie sich dramatisch verändert, eigene Kinder waren an AIDS gestorben, beide Groß- mütter hatten ihre Enkel in Pflege und mußten die Mutterrolle für sie übernehmen. Beide bemühten sich in ihren Interaktionen mit den Enkeln beide Rollen zu verbinden, die der Großmutter und die einer Mutter und waren dabei oft im Konflikt. Beide Großmütter haben nach einem beschwerlichen Leben im ländlichen Tansania nun im Alter trotz ihrer schwindenden Kräfte der verwandtschaftlichen Moral entsprochen und die Verantwortung für die Enkel übernommen.

7.3.3 Akteure und Orte des Sozialen in der erweiterten Familie

Die lokale Waisenversorgung ist auch in der AIDS-Krise mit Pflegschaften in der kognatischen Familie sichergestellt. Hierbei ist eine *Gender*-Tendenz deutlich erkennbar. Pflegschaften werden ganz überwiegend von weiblichen Verwandten, meist aus der mütterlichen Familie und zunehmend auch von Großmüttern übernommen. Andererseits gehörten die interviewten Pflegeeltern alle bis auf eine zur väterlichen Familie der Waisen. Die Hintergründe der Entscheidungsprozesse dieser Inpflegenahmen werden später dargestellt (Kapitel 9). Im Ergebnis wird aber deutlich, dass die Inpflegenahme von Waisen nicht nach festen Regeln oder Präferenzen erfolgt, sondern aufgrund der verwandtschaftlichen Moral und pragmatischer Entscheidungen in der erweiterten Familie.

Zusätzlich zur matrifokalen *Gender*-Tendenz zeigt sich auch die Tendenz zur ländlichen Herkunftsregion bei der sozialen Reproduktion, insbesondere bei den Waisenpflegschaften: der Ort des Sozialen in der erweiterten Familie liegt im ländlichen Tansania. Waisen und Halbwaisen kehren aus den Städten zu Verwandten auf das Land zurück, hier werden kleine Kinder, Kinder aus außerehelichen und geschiedenen Beziehungen betreut, Kranke und Sterbende von Verwandten versorgt.

Das Leben der Familienmitglieder in der urbanen Migration und ihrer Verwandten in der ländlichen Herkunftsregion ist in ständigen Interaktionen miteinander verbunden und von Zusammengehörigkeit geprägt. Solidarischer Beistand in der erweiterten Familie sind finanzielle Unterstützungen aus der Stadt und soziale Hilfen auf dem Land. Die Zusammengehörigkeit der Verwandten in der erweiterten Familien wird so fortlaufend sozial konstruiert und rekonstruiert und damit die familiäre Identität gestärkt. Für die Verwandten in den Städten bestätigt sich in diesen Prozessen auch ihre Zugehörigkeit zur Herkunftsregion, ein Gefühl von Heimat bleibt erhalten, in die sie eines Tages zurückkehren können.

8 Kindliche Lebenswelten – Die Stimmen der Waisen

Kinderstimmen haben in der ethnologischen Forschung bisher eine auffallend geringe Aufmerksamkeit erhalten, sie wurden kaum gehört. Es war mir deshalb ein Anliegen in diesem Forschungsprojekt über Waisen und ihre Versorgung die Stimmen der Kinder hörbar werden zu lassen, damit sie aus eigener Perspektive ihre Lebenswelt und ihre Erfahrungen mit dem Tod der Eltern beschreiben und über ihre Vorstellungen zur Zukunft sprechen. Bei den Interviews zeigten sich die Kinder als kompetente soziale Akteure, die im Rahmen ihrer kulturell begrenzten Handlungsmöglichkeiten und im Kontext von Armut und AIDS eigene Strategien entwickelten ihre lokale Lebenswelt mitzugestalten und ihre Interessen einzubringen.

Alle Waisen zwischen 10 und 17 Jahren wurden von mir in den drei Schulen des Ortes angesprochen und nachdem ich ihnen das Projekt vorgestellt hatte, konnten sie freiwillig zu einem Interview kommen. Es stellte sich heraus, dass sie fast alle an den Interviews teilnehmen wollten. Im Ergebnis habe ich mit dreißig Waisen und Halbwaisen Interviews durchgeführt und später einige der Kinder mehrmals zu Gesprächen wieder getroffen. Bei der Teilnahme der Waisen hatte sich zufällig eine etwa gleiche Beteiligung von Mädchen und Jungen ergeben. Aufschlussreich für Identität und Selbstverständnis der Waisen ist es, dass 14 Doppelwaisen am Interview teilnahmen, d.h. fast die Hälfte aller Vollwaisen an den drei Schule, aber bspw. nur sieben Vaterwaisen, deren Zahl mit 131 in Pangani die höchste war. Die Teilnahme war somit umgekehrt proportional zur Statistik und zeigt, wie der Tod beider Eltern und auch der Tod der Mutter die Identität eines Kindes als Waise nachhaltig prägt, während der Verlust des Vaters offenkundig eine weniger große Bedeutung hat.

Familie und Schule waren die beiden wichtigsten Bereiche ihrer Lebenswelt und hier waren es zwei Themen, die die Kinder in besonderer Weise bewegten, ihre Situation in der Pflegefamilie und ihre Position im *ranking*-System der Schule. Ausschlaggebend für ihr psychosoziales Befinden war ihr Leben in der Pflegefamilie, jedoch trug ihre Stellung im *ranking* erheblich zur Zufriedenheit oder zu ihren Sorgen bei. Von ihrem *ranking* in der Klasse hängt es ab, ob sie das nächste Examen und später den Schulabschluss schaffen werden, beides sind entscheidende Weichenstellungen für ihre Zukunft. Im Zusammenhang mit beiden Lebenswelten sprachen fast alle Waisen über ihre Mitarbeit im Haushalt.

Aus der Sicht vieler Kinder, insbesondere der Mädchen, haben sie aufgrund der häuslichen Mitarbeit zu wenig Zeit für die Schulaufgaben und sind deshalb im *ranking* nicht gut

8.1   Lebenswelt Pflegefamilie

Lebensmittelpunkt aller Waisen war ihre Pflegefamilie, von ihr und der eigenen Situation in ihr ging das Denken und Handeln aus. Primarschüler waren in ihrer Pflegefamilie überwiegend sehr zufrieden oder zumindest zufrieden. Bei den älteren Sekundarschüler war dagegen mehr als die Hälfte unzufrieden mit ihrer Lebenssituation und es waren überwiegend die Jungen. Ihre kritische Wahrnehmung ist wohl im Kontext der Pubertät zu verstehen; konkret haben ein Junge und ein Mädchen sie mit emotionalen Problemen in der Pflegefamilie begründet und zwei Jungen, die selbständig in einem Zimmer lebten, mit der vielen Hausarbeit bei ihrer Selbstversorgung.

Doppelwaisen waren vor allem dann zufrieden, wenn die Pflegeeltern der Generation der Eltern angehörten und wenn mehrere Kinder in der Familie lebten. Besonders groß war ihr Wohlbefinden, wenn sie schon als Kleinkinder, Jahre vor dem Tod der Eltern, im Rahmen der *ulezi*-Institution von den Pflegeeltern aufgenommen worden waren, bei denen sie jetzt leben. Das war bei drei Mädchen der Fall und in ihren Pflegefamilien war auch die wirtschaftliche Situation gut. Bei diesen Inpflegenahmen stehen mehrere Faktoren in einem Zusammenhang: Mädchen werden gern in *ulezi*-Pflege genommen, besonders wenn sie noch klein sind, bevorzugt von Ehepaaren, die kein eigenes oder nur wenige leibliche Kinder haben und deren wirtschaftliche Lage gut ist. Dies wird auch in den folgenden Beschreibungen von Fatuma und Amina deutlich[52].

So wurde Fatuma (15 Jahre, Vollwaise) als Kleinkind von der VaterSchwester (*shangazi*) in Pflege genommen, weil diese keine Kinder hatte und sie unbedingt aufnehmen wollte. Fatuma hat elf Geschwister, alles Kinder ihrer leiblichen Mutter mit vier Vätern. Die Mutter starb vor sechs Jahren, ihr Vater 2002. Lachend sagt sie, sie liebe ihre *shangazi* sehr und ihren Pflegevater rufe sie „*baba shangazi*". Ja, sie hat ein gutes Leben bei ihnen. Sie bekommt öfter mal Taschengeld, braucht keine Arbeiten für Geld anzunehmen, kaum im Haushalt zu helfen, nur manchmal fegt sie und wäscht die eigene Kleidung, alles andere macht die *shangazi*. In der Schule steht sie in der Mitte des *ranking* ihrer Klasse. Der Familie geht es gut, der Onkel ist Aufseher einer Kokosplantage, sie besitzen eine *shamba* und einen Kokoshain.

---

[52] Um einen Einblick in die Lebenwelt der Waisen zu vermitteln, werden die Interviews im Zusammenhang wiedergegeben, sind aber gekürzt.

Auch Amina (15 Jahre, Vollwaise) kam als kleines Kind in die Familie der älteren MutterSchwester *(mama mkubwa)*. Amina ist dort sehr zufrieden. Sie hat vier Geschwister in der Pflegefamilie, die alle im Haushalt leben, zusammen mit ihrer Großmutter. Ihre leiblichen Eltern sind aus Tanga, sie sind schon lange tot, der Vater starb 1988, die Mutter 2000. Ihre fünf leiblichen Geschwister sind erwachsen, nur ein jüngerer Bruder lebt bei einer Großmutter in Tanga. Die Pflegefamilie hat in Pangani ein Lädchen für Obst und Gemüse. Die Großmutter besitzt eine *shamba,* sie baut dort Maniok an, den sie im Lädchen verkauft. Amina geht sehr gerne zur Schule, ihr *ranking* ist nicht gut, aber sie wird das Examen schaffen, sie hat ein gutes Gefühl. Wegen des Examens hat sie mit der Madrasse aufgehört, wie die Großmutter es ihr geraten hatte.

Die meisten Halbwaisen, die in der Familie ihres verwitweten Elternteils leben, äußerten sich ebenfalls sehr zufrieden über ihre Familie und über die eigene Lebenssituation. Dabei fällt das gute Verhältnis Saids zu seiner jungen Stiefmutter auf, wozu seine tatkräftige Mitarbeit im Haushalt zweifelsohne beiträgt.

„Das Leben ist gut" sagte Said (17Jahre, Mutterwaise). Er lebt im Haushalt des Vaters, der mit einer 26jährigen Frau wiederverheiratet ist. Sie haben vier Kinder, die zwischen einem und sieben Jahren alt sind. Saids Mutter starb 1996 bei einer Geburt. Der Vater hat einen Laden *(duka)* für Kleidung und besitzt drei Häuser, von denen er zwei vermietet. Es gibt auch eine *shamba* zum Anbau für den Eigenbedarf. Said hilft seiner jungen Pflegemutter im Haushalt, macht den Markteinkauf und betreut auch die Kinder. Für Geld arbeitet er nicht, nur für die Schule und sein *ranking* ist gut. Später wird er studieren oder im Laden des Vaters arbeiten.

Hadija (14 Jahre, Vaterwaise) lebt mit ihrer Mutter und vier Schwestern im eigenen Haus, von dem die Mutter 2 Zimmer vermietet; die Mieteinnahme ist das Haushaltgeld. Sie haben keine *shamba* und keine anderen Einnahmen. Ihre älteste Schwester, die 27 Jahre alt ist, arbeitet im Gefängnis in Sansibar und unterstützt die Familie mit Geld. Sie sind erst seit einem Jahr in Pangani, die Eltern stammen aus Dodoma und Mbeya. Die Familie hat längere Zeit in Kenia gelebt, weil der Vater bei der East African Community gearbeitet hat. Als er das Rentenalter erreichte, hat er von dort etwas Geld für eine Existenzgründung bekommen und er entschied sich mit der Familie nach Pangani überzusiedeln, weil das Leben hier billiger ist. Der Vater starb vor einigen Monaten an hohem Blutdruck und war schon alt - nach Hadijas Meinung 90 Jahre. In der Schule ist Hadija sehr gut, hat im *ranking* Position 5 in der Klasse und macht in Kürze das Abschlussexamen. Und in der Zukunft? *„Mungu akipenda"* ist ihre Antwort.

Bei den Schilderungen zufriedener Waisen fällt auf, dass die wirtschaftliche Lage in ihren Familien gut oder zumindest auskömmlich ist. Die Kinder müssen keine bezahlte Arbeit annehmen, brauchen kaum im Haushalt mitzuarbeiten, können mehr für die Schule lernen und haben mehr Freizeit. Das Leben in diesen Familien ist konfliktfreier.

Leben Halbwaisen nicht bei ihrem verwitweten Elternteil, sondern in einer verwandten Pflegefamilie, bleiben sie weiter in Kontakt mit ihrer Mutter oder dem Vater und besuchen sie zumindest in den Schulferien.

So beschreibt Zahara (15 Jahre, Vaterwaise) ihr gutes Leben bei ihren Pflegeeltern. Die Pflegemutter ist ihre ältere Schwester *(dada)* aus der zweiten Ehe ihres Vaters. Der Vater wollte, dass Zahara nach seinem Tod zu seiner Tochter in Pflege kommt und beide, die Tochter und Zahara haben sich das auch gewünscht. Die Pflegemutter ist 32 Jahre alt, verheiratet, hat zwei kleine Kinder und ist Krankenschwester im Hospital, wo der Ehemann Arzt ist. Zaharas Vater starb Anfang 2003 „er war ein Jahr sehr krank, zuletzt hatte er Malaria und Pneumonia und das Krankenhaus konnte ihn nicht heilen". Der Vater war von Zaharas Mutter, seiner dritten Frau, geschieden. Zahara hat bei ihm gelebt, ihn gepflegt als er erkrankte und den Haushalt gemacht, wobei sie von einer Haushaltshilfe unterstützt wurde, die der Vater bezahlte. Die Mutter war nach der Scheidung mit drei ihrer Kinder in ihr Herkunftsdorf zurückgekehrt. Zahara besucht sie einmal im Jahr in den Schulferien und freut sich immer darauf, die Mutter wiederzusehen und auch ihre Geschwister. Die Pflegeeltern zahlen die Gebühr für die Sekundarschule. Zahara ist in der dritten Klasse, sie hat die Versetzung gut geschafft, ist jetzt aber etwas wacklig in den Leistungen, steht im *ranking* in der Klassenmitte, will aber das Examen schaffen und dann Lehrerin werden.

Wenn Waisen ihr Leben als schwierig beschreiben, begründen sie das mit der Armut der Pflegefamilie, mit zu viel Mitarbeit im Haushalt und zu wenig Zeit für Schularbeiten. Sorge bereitet ihnen auch das Alter und die schlechte Gesundheit der Pflegegroßeltern.

Aishe (10 Jahre, Doppelwaise) lebt mit ihrem 13 Jahre alten Bruder und zwei weiteren Enkeln bei den Großeltern. Ihre Mutter ist im Jahr 2000 nach langer Krankheit gestorben, es war wohl Krebs; der Vater starb 2003 an Cholera. Beide Eltern waren noch jung und Aishe vermisst ihre Mutter sehr. Der Großvater hat entschieden, sie aufzunehmen. Ist sie zufrieden? *„Mungu akipenda".* Das Geld ist sehr knapp, aber es reicht für das Essen, es gibt drei Mal am Tag *ugali* (Maisbrei). Eine *shamba* haben sie nicht. Der Großvater ist Fischer und arbeitet auch für Lohn auf den Feldern anderer. Die Großmutter macht den Haushalt und Aishe hilft viel: Wasser holen, Feuerholz sammeln, Töpfe und Kleidung waschen, fegen usw. Auch der Bruder hilft im Haushalt, er arbeitet im Garten, holt Wasser und Kokosfasern vom Fluss für das Feuer der Kochstelle. Sie bekommen kein Taschengeld, haben auch keinen Job. Aishe geht zusammen mit dem Bruder in die dritte Klasse und sie machen gemeinsam die Hausaufgaben. Sie geht sehr gern zur Schule und ist auch gut, sie hat die Position 16 im *ranking,* später will sie Lehrerin oder Krankenschwester werden, aber nicht heiraten. Manchmal hat sie Asthma, das letzte Mal als der Vater starb und wenn der Großvater das Geld für die Gebühr hat, geht sie ins Krankenhaus und bekommt Medikamente.

Auch Ali (15 Jahre, Doppelwaise) lebt zusammen mit seiner vierzehnjährigen Schwester bei der Großmutter. Sie haben dieselbe Mutter, aber andere Väter. Seine Mutter stammt aus Pangani, der Vater aus Dodoma. Die Mutter starb 2002 „sie war vorher lange krank" (er kämpft mit den Tränen), als sie starb war er sehr traurig; der Vater ist 1995 gestorben, auch er war lange krank. Er hatte ein *business,* handelte mit Kleidung zwischen Mombasa und Tanga. Die Mutter versuchte das Geschäft allein weiter zu machen, aber sie war schon zu krank.

Ali und seine Schwester leben mit der Großmutter in deren eigenen Haus, das sie geerbt hat. Sie haben eine *shamba* zum Maisanbau und die Großmutter hat einen Kaffeestand *(genge)* am Markt, um etwas Geld zu verdienen. Ali arbeitet samstags als Markthelfer und steuert das Geld zum Haushalt bei. Seine Schwester arbeitet mit der Großmutter im Haushalt. Er geht in die 7. Klasse und wird das Examen schaffen, auch die Schwester wird es schaffen. Mit der Madrasse hat er aufgehört, wegen der Examensvorbereitungen. Er würde sehr gerne auf die Sekundarschule gehen, aber *Mungu akipenda,* sie haben kein Geld für die Schulgebühr. Als er neulich Zahnschmerzen hatte, ging er zum Krankenhaus, hatte aber die 500 TSh. für die Behandlung nicht. Zu Hause sprechen sie oft darüber, was geschehen wird, wenn die Großmutter stirbt, sie finden aber keine Lösung. Ihr Tod ist täglich möglich, sie ist 74 Jahre alt, hat hohen Blutdruck und Herzprobleme. Das Lehmhaus, in dem sie leben, werden dann Verwandte erben.

Unzufriedenheit über ihre Lebenssituation äußerten zwei Waisen wegen emotionaler Probleme in der Pflegefamilie, so dem Unverständnis der alten Großeltern, wie bei Mariama und Streitigkeiten mit der neuen Frau des Vaters, wie bei Juliana. Bei ihr ist die instabile Lebenssituation von Stiefkindern erkennbar, die bei der Wiederverheiratung ihres verwitweten oder geschiedenen Elternteils entstehen kann.

Mariama (14 Jahre, Doppelwaise) ist seit sechs Wochen Waise, als ihre Mutter starb. Sie weiß nicht woran, die Mutter hatte Magenprobleme; Mariama fühlt sich sehr traurig, wenn sie an die Mutter denkt. Der Vater ist vor einigen Jahren gestorben. Sie hat noch zwei ältere Schwestern und einen Bruder, die jetzt in Dar sind. Mariama lebt in Pangani beim Großvater, der Großmutter und einer jüngeren Großmutter. Sie sagt, es sei nicht gut allein zu sein mit drei alten Leuten, „aber ich habe keine andere Wahl". Sie muss viel im Haushalt mitarbeiten, Wasser holen, Brennholz suchen und zersägen und jeden Tag das Abendessen kochen; die Großmutter kocht mittags. Die Familie lebt im eigenen Haus, sie haben ein kleines Lädchen und eine *shamba.* Das Geld reicht gerade für den Haushalt, Taschengeld bekommt sie nicht. Sie wäscht einmal in der Woche für Nachbarn Kleider und darf dann das Geld selbst verbrauchen, für Schulsachen und Pausenessen. In der Schule ist sie nicht gut, sie geht in die 7. Klasse, hofft aber das Examen zu schaffen und möchte gern Lehrerin werden. Wenn die Großeltern sterben, werden die Schwestern in Dar sie wohl aufnehmen.

Juliana (16 Jahre, Mutterwaise) geht in die zweite Klasse der Sekundarschule. Die Familie stammt aus dem Süden Tansanias, der Vater ist in die Distriktverwaltung Panganis versetzt worden. Ihre Mutter starb 2002, sie war noch jung und ist von neidischen Nachbarn verhext worden, weil sie so erfolgreich beim Anbau und dem Verkauf ihrer Ernte war. Ihr älterer Bruder war mit der Mutter bei mehreren Heilern, sogar in Dar es Salaam, aber sie konnten nicht helfen. Juliana lebt mit drei Geschwistern beim Vater und dessen neuer Frau, die noch keine Kinder hat. Sie haben ihr Haus in einem Dorf, das 15 km von der Schule entfernt ist. Es gibt Probleme mit der neuen Frau, sie schimpft viel und Juliana denkt oft an ihre Mutter. Sie muss viel Hausarbeit machen und kommt erst spät abends zu den Schulaufgaben. Zur Schule fährt sie mit dem Fahrrad, auch in der Regenzeit, meist vier Mal am Tag, wenn sie auch noch am Nachmittag Unterricht hat. Taschengeld bekommt Juliana nicht und sie kann in der Schule nichts essen. Oft hat sie Kopfschmerzen und Malaria, ins Krankenhaus geht sie nicht, weil sie kein Geld hat. Sie würde gerne Lehrerin werden.

Bis auf wenige Ausnahmen waren die Primarschüler unter den Waisen in Pangani mit ihrer Lebenswelt Pflegefamilie zufrieden, einige Kinder waren sehr zufrieden, „das Leben ist gut", wie Fatuma, Zahara und Said sagten. Wenn es Probleme gab, nahmen die Kinder sie als unabänderlich hin „ich habe keine andere Wahl" oder *„Mungu akipenda"*, es ist Gottes Entscheidung, wie Mariama und Aishe sagten. Für ihre Zukunft vertrauten die Waisen auf das soziale Sicherungssystem der erweiterten Familie und auf ihre Aufnahme bei anderen Verwandten, falls diese notwendig wird. Ein Geschwisterpaar sah keine Alternative für ihre Versorgung, wenn die Großmutter sterben sollte. Die meisten Kinder partizipierten kaum an Entscheidungsprozessen in ihrer (Pflege)Familie, vor allem nicht, wenn der Vater noch lebt, denn er trifft alle wichtigen Entscheidungen. Die aktive Beteiligung der Kinder als Akteure in Interaktionen mit Erwachsenen in der (Pflege) Familie konzentrierte sich auf ihre häusliche Mitarbeit.

Die Schilderungen der Waisen geben einen Überblick über die wirtschaftliche Situation der Pflegehaushalte in Pangani und sind gute Beispiele für das Leben im ländlichen Tansania. Viele Pflegefamilien gehören zu den 22% der in Pangani in extremer Armut Lebenden, die äquivalent nur 0,79 US Dollar pro Person und Tag zur Verfügung haben. Die meisten Familien bauen die Grundnahrungsmittel selbst an, sie leiden bei einer guten Ernte nicht an Hunger, aber es herrscht ein eklatanter Geldmangel, wenn kein Familienmitglied ein Einkommen aus Handel oder bezahlter Arbeit einbringt, wie insbesondere in den Familien geschiedener oder verwitweter Frauen und der Großmütter.

8.2 Lebenswelt Schule

Die meisten Waisen gehen gern zur Schule, insbesondere die Primarschüler. Schule ist für sie ein Ort des Lernens und vor allem der Ort ihrer Interaktionen mit anderen Kindern. Die Gleichaltrigen, die sie in der Schule treffen, haben eine große Bedeutung für das Wohlbefinden und das soziale Lernen der Kinder außerhalb ihrer Pflegefamilie. Alle Kinder haben einen oder zwei engere

Schulfreunde, mit denen sie aber nach dem Unterricht kaum Freizeit verbringen, weil sie dafür keine Zeit haben. Die Schüler hatten fast alle eine positive Einstellung zum Lernen in der Schule, die für einige etwas eingeschränkt wurde durch die als streng empfundenen Lehrer, die Leistungsforderungen und vor allem das *ranking*. Die Freude am Schulbesuch nahm über die Jahre kontinuierlich ab, bei Sekundarschülern hatte sie sich weitgehend in Schulstress verwandelt.

Aus der Perspektive der Waisen war ihre Wahrnehmung und Beschreibung der Lebenswelt Schule dominiert von ihrer Position im *ranking* der Klasse, die jeder Schüler jederzeit während seiner Schulzeit benennen kann, begleitet von der Einschätzung, ob er oder sie das nächste Examen bestehen wird. Nationale Examen müssen in der Primarschule nach Klasse 4 und 7 und in der Sekundarschule nach Klasse 2 und 4 abgelegt werden. Das Bestehen der Examen ist notwendig für die jeweilige Versetzung und für das Abschlusszeugnis, das wiederum die Vorsausetzung ist für einen weiterführenden Schulbesuch. Nur die besten 30-50% der Schüler im *ranking* ihrer Klasse bestehen die Examen. Im Distrikt Pangani führte die Schulverwaltung 2003 erstmals einige Monate vor den Examen *pretests* durch, damit Schüler und Lehrer die Wissenslücken noch ausfüllen können und der Distrikt im Landesvergleich gut abschneidet.

Für etwa ein Drittel der Primarschüler ist das *ranking* und der gefühlte Leistungsdruck eine Beeinträchtigung ihres Lebensgefühls und ihrer Zufriedenheit, wie sie sagten. Mehr als die Hälfte der Kinder, insbesondere Mädchen, klagte darüber, dass ihnen die Mitarbeit im Haushalt nicht ausreichend Zeit für die Hausaufgaben lasse. Für Sekundarschüler ist diese Zeit noch knapper, weil sie vier Mal pro Woche zusätzlich am Nachmittag Unterricht haben, in dem das Lernpensum vertieft wird. Für die Teilnahme ist eine kleine Gebühr zu entrichten und die meisten Schüler nehmen teil, um ihr *ranking* zu verbessern. Lehrer beider Schultypen schätzten den Zeitaufwand für Hausaufgaben auf täglich eine halbe bis zwei Stunden ein. Da in Pangani nur 10% Häuser Elektrizität haben (URT, 2005b:105), können die meisten Kinder am Abend keine Hausaufgaben mehr erledigen.

Die Schüler - wegen der Hausarbeit vor allem die Mädchen - müssen die Konflikte zwischen häuslichen und schulischen Anforderungen allein bewältigen, denn in der Eltern- und Großelterngeneration ist oft ein gewisser Verständnismangel für die moderne „Schularbeit" der Kinder und deren Zeitaufwendigkeit zu beobachten. Schularbeit ist eine Investition in die Zukunft, sie wird aber bei der Bewältigung des arbeitsintensiven ländlichen Haushalts von vielen (Pflege)Eltern als Belastung empfunden. Aus der Perspektive der Kinder ist es umgekehrt, für sie ist häusliche Mitarbeit oft eine Belastung für ihre Schularbeit. Diese Konflikte ergeben sich aus den Widersprüchen zwischen der herkömmlichen Lebensführung armer Familien auf dem Lande, an der sich kaum etwas geändert hat und den Anforderungen der modernen Institution Schule. Es sind vor allem die Kinder, die mit diesen Widersprüchen leben, mit ihnen zurecht kommen müssen. In den (Pflege-)Familien kann daraus ein Generationskonflikt entstehen.

Schule und Familie vermitteln ihre unterschiedlichen Erziehungsinhalte nicht mit - sondern eher gegeneinander. So verwundert es nicht, dass nicht alle eingeschulten Kinder die Primarschule sieben Jahre lang besuchen oder gar den Abschluss schaffen. Nach einer internen Auswertung an beiden Primarschulen in Pangani im Jahr 2002 waren 268 Erstklässler eingeschult. Die 7. Klasse besuchten noch 151 Kinder, von denen nur 77 Schüler das Abschlussexamen bestanden haben, das sind weniger als ein Drittel der eingeschulten Kinder. Von den 77 Schülern mit einem Abschluss kamen 50 aus dem besser situierten Stadtteil der Funguni-Primarschule und 27 aus der Pangani-Primarschule mit ihrem ärmeren Einzugsgebiet[53]. Haben Kinder ein Examen nicht bestanden oder die Schule abgebrochen, haben sie keine Möglichkeit eines schulischen Wiedereinstiegs. Gleiches gilt auch für schwangere Schülerinnen, auch sie bleiben dauerhaft vom Schulbesuch ausgeschlossen (Abschnitt 5.2). In den beiden Primarschulen in Pangani wurden in den Jahren 2002 und 2003 vier Primarschülerinnen wegen einer Schwangerschaft der Schule verwiesen.

So bleiben für viele Schüler die Verheißungen der Schule uneinlösbar, mit Hilfe des modernen kulturellen Kapitals der Schulbildung (Bourdieu,1983) die Armut zu überwinden. Tansanische Schulen betreiben eher eine Auslese als eine individuelle Förderung der Kinder. Gleichwohl waren die meisten Waisen optimistisch, dass sie das nächste Examen bestehen werden, auch wenn aufgrund ihres *ranking* dazu kaum Anlass bestand. Ein großer Teil der Kinder, die jetzt noch voller Motivation in ihre Zukunft blicken, werden in einigen Jahren ohne einen bestandenen Abschluss die Schule beenden und ihnen bleiben die Berufe der

---

[53] Eines der vordringlichsten Ziele Tansanias bei der Armutsreduzierung war für das Jahr 2003 die Rate der Abschlüsse an Primarschulen landesweit von 20% auf 50% anzuheben (URT, 2000:18-20).

neuen Mittelschicht unerreichbar, die den Kindern in den Interviews so erstrebenswert erschienen, wie bspw. Krankenschwester und Lehrer/in.

In der Sekundarschule war der Aussiebungsprozess schon deutlich erkennbar. Die Zahl ihrer Schüler ist mit 192 im Verhältnis zu 1615 Primarschülern sehr viel geringer; hinzu kommt, dass die Sekundarschule ein größeres Einzugsgebiet im Distrikt hat. Das spiegelte sich auch in den Erzählungen einiger Schüler, die täglich vier Mal den beschwerlichen Weg von 15 bis 20 km auf Sandpisten zwischen Elternhaus und Schule mit dem Fahrrad zurücklegen müssen. Die Sekundarschule in Pangani gilt nicht als eine gute Schule, ihre Grundgebühr beträgt 40.000 TSh., Prüfungen werden extra berechnet. Die nahegelegene private Sekundarschule in Boza erhebt 70.000 TSh., bei einer Internatsunterbringung sind es 140.000 TSh.. Wenn Eltern das Geld haben, schicken sie ihre Kinder auf eine andere Sekundarschule als die in Pangani, wenn sie viel Geld haben, auf eine private Schule. Das erfordert dann oft eine Unterbringung der Schüler bei Verwandten am Schulort, meist in größeren Städten wie Morogoro, Songea und Tanga, die Kinder in den Interviews nannten und damit machen die jungen Menschen einen erster Schritt in die Migration.

Für Sekundarschüler ist die Schularbeit die quantitiv dominierende Form der Arbeit. Sie haben vor- und nachmittags Unterricht und außerdem Hausaufgaben zu erledigen. In einigen Familien kommt Hausarbeit dazu, vor allem für die Mädchen. Zwei Jungen lebten selbstständig in einem Zimmer, um die Sekundarschule besuchen zu können. Es ist sicher kein Zufall, dass keine Sekundarschülerin selbstständig lebte, denn für Mädchen ist nach der Tradition der Schutz der Familie nötig, insbesondere wenn sie im heiratsfähigen Alter sind. Für die beiden Jungen waren die Hausarbeit in ihrem Zimmer und das tägliche Kochen von zwei Mahlzeiten wichtige Themen im Interview. Aufgrund der *gender*spezifischen Arbeitsteilung, die schon Kinder einüben, haben Jungen kaum Erfahrung mit der Zubereitung von Essen und den Arbeiten im Haus, weshalb für sie ein Leben ohne die Betreuung durch weibliche Verwandte schwierig ist.

So schilderte Shabani (16 Jahre, Mutterwaise) das Essenkochen als mühsam und zeitraubend. Er ist nicht zufrieden mit seiner gegenwärtigen Lebenssituation. In Pangani besucht er die Sekundarschule, weil die Familie bis vor kurzem hier gelebt hat. Der Vater ist Bauer und ist mit seiner neuen Frau nach Muheza gezogen, wo seine Felder liegen. Shabani lebt in einem Zimmer, das ein Freund des Vaters zur Verfügung stellt, ohne Bezahlung, wie er betont. Da er allein für sich kocht, das Zimmer selbst putzt, vor- und nachmittags Unterricht hat, danach Schularbeiten machen muss, bleibt ihm überhaupt keine Ruhezeit, wie er sagt. Jedes zweite Wochenende muss er nach Muheza fahren, um neue Lebensmittel vom Vater zu holen. In den Ferien arbeitet er mit dem Vater auf den Feldern. Er ist dennoch gut in der Schule, hat Position 10 von 40, wird das kommende Examen nach der 2. Klasse schaffen und der Vater hat versprochen, ihn dann nach Muheza zu holen.

Die Sekundarschule besuchen weitaus mehr Jungen als Mädchen (123 zu 69) und sie gehören überwiegend zur neuen Mittelschicht, die bildungsorientiert ist und das Schulgeld aufbringen kann. Unter den interviewten Sekundarschüler waren nur wenige Doppelwaisen und eine Vaterwaise. Mutterwaisen über-wogen, deren Väter Verwaltungsangestellte des Distriktes waren und mit Shabanis Vaters auch ein Bauer. Bei zwei Schülerinnen der Sekundarschule war die familiäre und wirtschaftliche Situation eher ungewöhnlich für einen weiter-führenden Schulbesuch. Die verwitwete Mutter von Monica hat einen Beruf der Mittelschicht und Alicia stammt aus einer armen, kinderreichen Familie, ihr weiterer Schulbesuch wurde durch ihre Aufnahme im Priesterhaushalt er-möglicht:

Monica (15 Jahre) ist die einzige Vaterwaise, die bei der Mutter lebt und die Sekundarschule besuchen kann. Die Mutter ist Sekretärin in der Distriktverwal-tung in Pangani. Die Familie wurde aus Lushoto hierher versetzt. Der Vater starb schon 1995 bei einem Autounfall in Dar es Salaam. Sie sind drei Geschwister in der Familie, der jüngere Bruder ist vom zweiten Mann der Mutter, sie sind aber nicht verheiratet, weil er in Mwanza arbeitet und nur manchmal zu Besuch kommt. Monica ist im *ranking* in der Klassenmitte, sie hofft besser zu werden und möchte später Sekretärin werden, wie die Mutter.

Alicia (16 Jahre, Mutterwaise) ist die jüngste von 12 Geschwistern, 11 Schwestern und einem Bruder. Die Mutter starb 1999, es war ein plötzlicher Tod, sie lag eines Morgens tot im Bett. Einige Schwestern sind verheiratet, einige leben noch mit dem Vater im Haus der Familie. Die wirtschaftliche Lage der Familie ist sehr schlecht, der Vater hat nur gelegentlich Arbeit und verdient dann etwas Geld. Sie haben nur eine kleine *shamba*, der Mais reicht nicht bis zur nächsten Ernte. Deshalb hat der Vater vor einigen Wochen den Priester gefragt, ob er Alicia auf-nehmen könne und der hat eingewilligt (obwohl Alicia evangelisch ist). Sie be-schreibt die Lebenssituation im Pfarrhaus als gut, sie ist zufrieden. Sie sind jetzt drei Kinder dort, kochen zusammen, haben aber viel Arbeit im Haus, kochen, putzen, waschen usw. So hat sie zu wenig Zeit für die Schularbeiten. Auch erlaubt der Priester ihr nicht, den zusätzlichen Nachmittagsunterricht zu besuchen, wegen der Hausarbeit und weil er die Zusatzgebühren nicht bezahlen kann. Bücher für die Schule kauft er auch nicht, er sagt immer, er habe kein Geld. Im *ranking* hat sie Position 38 von 48, es sieht nicht gut aus für das Zwischenexamen im nächsten Jahr. Alicia hofft dennoch es zu bestehen, dann würde sehr gerne Kranken-schwester werden.

Pflegefamilien von Doppelwaisen haben meist große Schwierigkeiten die Gebühren für die Sekundarschule des Pflegekindes aufzubringen, die häufig von anderen Verwandten übernommen oder zwischen mehreren Verwandten aufgeteilt werden.

> Simon (16 Jahre, Doppelwaise) hat schon einige familiäre Wechsel hinter sich. Die Familie des Vaters stammt aus Songea. Der Vater starb 1987 in Dar es Salaam, die Mutter 1995 in Morogoro. Simon ist das einzige Kind der Eltern. Nach dem Tod der Mutter holte ihn eine jüngere MutterSchwester in das Dorf Sukura, später nahm ihn dann seine ältere Schwester aus einer anderen Verbindung der Mutter in Pangani auf. Er wird demnächst nach Songea umziehen, dort hat er zwei VaterBrüder, bei denen er leben wird und die auch jetzt schon das Schulgeld zahlen. Außerdem ist die Sekundarschule dort besser. Er freut sich auf den Umzug. Bei seiner Schwester ist die familiäre und wirtschaftliche Situation sehr angespannt. Sie ist verheiratet und hat zwei Kinder. Sie vermietet ein Haus, hat eine *shamba* und betreibt einen kleinen Tee-Ausschank *(genge)*. Simon hilft auf der *shamba* und im Haus. In der Schule ist er sehr gut. Und in der Zukunft? „Einen guten Job haben, um ein gutes Leben führen zu können". Vielleicht will er Priester werden, heiraten will er nicht.

Die wechselnde Unterbringung Simons, demnächst in der dritten Pflegefamilie, ist aus kinderpsychologischer Sicht nur schlecht mit dem Kindeswohl vereinbar, es zeigt aber das Zusammenwirken der erweiterten Familie in der *ulezi*-Tradition bei der Versorgung einer Waise und die Fluidität tansanischer Haushalte. Das wiederum vermittelt den Kindern einen Eindruck von der Verlässlichkeit und der Vielfalt des familiären Sicherungssystems.

Die Erfahrungen der Waisen in ihrer Lebenswelt Schule haben einen Zusammenhang zwischen Armut, Pflegefamilie und Schulerfolg gezeigt. Eine finanziell nachteilige Situation in der Familie wirkt sich negativ auf die Schulbildung der Kinder aus und hat Folgen für ihr Selbstbild und ihre zukünftige Handlungsfähigkeit. Viele (Pflege-)Eltern erkennen die Schularbeit nicht wirklich als Arbeit an und die Schule erkennt das lokale Wissen nicht an, das Kinder durch häusliche Mitarbeit und Kinderarbeit erwerben. Andererseits waren interviewte Pflegeeltern durchaus stolz auf die Schulleistungen ihrer Pflegekinder, trotz des täglichen Streits um Haus- und Schularbeiten (vgl. Abschnitt 9.2.3). Problematisch ist aber, dass die zukunftsrelevante Bildung der Sekundarschule, die für einen sozialen Aufstieg notwendig wäre, nur gegen Gebühr zu haben ist, die viele (Pflege-) Familien nicht aufbringen können. Und zukünftig wird der Konkurrenzkampf um Jobs noch größer sein, denn die Hälfte der Bevölkerung Tansanias sind junge Menschen unter achtzehn Jahren.

8.3 Mädchenarbeit, Jungenarbeit

Arbeit von Kindern ist Schularbeit, Mitarbeit im Haushalt und Kinderarbeit gegen Bezahlung, wofür ein erweiterter Arbeitsbegriff zugrunde gelegt wird (James, Prout,1990: 227f). Außer der Schularbeit sind es in Pangani *gender*spezifische Arbeiten, die Mädchen oder Jungen verrichten. Kinderarbeit ist abhängig von der wirtschaftlichen Situation der (Pflege)Familie, je ärmer sie ist, desto eher müssen Kinder arbeiten und Kinderarbeit hat auch einen Bezug zur Größe des Haushaltes, leben hier mehrere Helfer und Verdiener, ist weniger Hausarbeit und weniger Kinderarbeit nötig[54]. Die Schularbeit ist in Tansania obligatorisch, zumindest nach offizieller Zielsetzung der Regierung, aber für einen Teil der Kinder trifft das schon in der Primarschule nicht mehr zu, aufgrund von Schulabbrüchen, Schulverweisen und nicht bestandener Examen.

Mitarbeit der Kinder im Haushalt[55] gehört in sub-Sahara Afrika zur Tradition und ist gleichzeitig Teil der Sozialisation, das frühe Erlernen der Grundkenntnisse für das Überleben in ihrem Lebensumfeld und ein Einüben der *gender*spezifischen Rollen für die Versorgung und die Reproduktion in der Familie. Die Familie beurteilt die soziale und kulturelle Kompetenz der Kinder, insbesondere der Mädchen, an ihren Fähigkeiten, die häuslichen Arbeiten zu erledigen, in Konkurrenz hierzu steht die Beurteilung der Schulleistungen durch die Lehrer.

Mitarbeit der Kinder ist in Pangani in fast in allen Haushalten üblich und über ihre zeitliche Belastung klagten viele Pflegekinder, besonders die Mädchen. Jungen versorgen Ziegen, arbeiten auf der *shamba* und im Garten, holen Wasser und Feuerholz, Mädchen beaufsichtigen kleinere Geschwister und machen alle

---

[54] In den Ländern des Nordens wird seit den 70er Jahren eine Diskussion über Kinderarbeit in Entwicklungsländern und ihre notwendige Bekämpfung geführt, um Kinder frei zu stellen für schulisches Lernen und Spiel, angeleitet von der ILO. Unter dem Eindruck der Bewegungen Arbeitender Kinder in Afrika und Lateinamerika Anfang der 90er Jahre haben ILO und Kinderschutzorganisationen ihre Strategie geändert, ihr Blick auf Kinderarbeit ist differenzierter geworden. Die ILO anerkennt heute den Zusammenhang zwischen Kinderarbeit und Armut, die Kinder zur Arbeit zwingt, um zum Lebensunterhalt ihrer Familie beizutragen und unterscheidet zwischen *child labour*, die schädlich ist für Kinder und *child work*, die tolerierbar ist (vgl. Liebel, 1998: 275-294; James, Jenks, Prout, 1998: 101-123; Hengst, Zeiher, 2000). Die UN-Konvention für die Rechte des Kindes hat in Art. 32 den gleichen Ansatz zur Kinderarbeit.

[55] In der Literatur wird die „Mitarbeit" im Haushalt in der Regel als „Hilfe" oder „Mithilfe" bezeichnet, von der ILO als „häusliche Aufgaben", die nichts mit „Kinderarbeit" für Bezahlung zu tun habe (vgl. Atto, 1996; James, Jenks, Prout, 1998:110; Liebel, 2001). Damit wird aus meiner Sicht aber die Mitarbeit im Haushalt und auf den Feldern, die Kinder leisten, verniedlicht und nicht als „Arbeit" anerkannt Beides ist so nicht gerechtfertigt, wie die Aussagen der Kinder in Pangani zeigen.

nötigen Hausarbeiten, die im ländlichen Tansania sehr arbeitsintensiv sind. Drei Mal täglich wird Maisbrei *(ugali)* zubereitet, was mit dem Feuermachen etwa 1 bis 1/2 Stunden dauert. Mais muss zerkleinert und zu Brei gekocht werden, dazu eine Beilage bereitet aus etwas Gemüse oder etwas Fisch. Nach dem Essen folgt der Abwasch der Töpfe und Teller, das Waschen von Kleidung, das Fegen der Kochstelle und des Hauses, dann wird erneut Wasser geholt und die Vorbereitung des nächsten Essens beginnt. Mädchen arbeiten nicht auf den Feldern, obwohl die Feldarbeit in sub-Sahara Afrika überwiegend Frauenarbeit ist (vgl. Bryceson, 1995b). In Pangani liegen die meisten Felder jedoch etwa 30km entfernt im Landesinneren und sind am Nachmittag nach der Schule nicht zu erreichen[56].

Zur Einübung in die traditionelle *Gender*rolle gehört auch der Arbeitsumfang, der für Mädchen und Frauen besonders groß ist. Durch die zahlreichen häuslichen Arbeiten sind die meisten Mädchen bei ihrer Schulperformance beeinträchtigt, für sie verfestigt sich die Weichenstellung für die *Gender*asymmetrie schon den ersten Schuljahren. Mädchen und Jungen stehen gleichermaßen in einem Konflikt zwischen den traditionellen Erwartungen der Familie bzgl. ihrer Mitarbeit und den Leistungsanforderungen der Schule. Der Unterschied besteht in der umfangreicheren häuslichen Mitarbeit der Mädchen, entsprechend dem *gender*spezifischen Arbeitsvolumen der Frauen. Ohne Bezug zu dieser Arbeitstradition fordert die Schule ihre Leistungen und benotet sie im *ranking,* das schon in der Primarschule über die zukünftigen Möglichkeiten für Ausbildung, Beruf und Zukunft entscheidet und Mädchen sind dabei benachteiligt.

Ähnlich ist es bei Kindern armer Familien, die mit bezahlter Arbeit zum *pooling* der Ressourcen im Familienhaushalt beitragen. Von den interviewten Waisen arbeiteten nur Primarschüler. Sekundarschüler kommen aus etwas besser gestellten Familien, sie müssen nicht unbedingt Geld verdienen und hätten neben der Schule auch keine Zeit dafür. Kinder arbeiten in der informellen Wirtschaft, wie andere Kleinverdiener auch, die in Pangani bspw. eigene Ernteerträge verkaufen, Feld- und Schneiderarbeiten übernehmen, Kokosmatten flechten, einen Tee- oder Kaffee-Ausschank betreiben. Der informelle Sektor ist dynamisch und ein wachsender Teil der tansanischen Wirtschaft, der auf etwa 30% des BIPs

---

[56] Da das tägliches Hin- und Zurückfahren zwischen Pangani und den Feldern und Kokosfarmen zu teuer ist, wird oft in einem Holzhüttchen *(banda)* auf der *shamba* übernachtet. Das ist für Frauen und Mädchen zu gefährlich, deshalb obliegt die Feldarbeit, die früher von Sklaven gemacht wurde, heute meist dem Großvater in der Familie unter Mitarbeit der Jungen, zumindest in den Schulferien, oder sie wird gegen Bezahlung vergeben.

geschätzt wird (Koda,1995: 145f). Arbeit und Kleinsthandel von Schülern sind ein signifikanter Teil der informellen Wirtschaft, der aber landesweit geringer wird, weil Kinder wegen der Schule weniger Zeit haben. In Tansania geht man von knapp 40% arbeitender Kinder aus, für den Distrikt Pangani wird offiziell geschätzt, dass 7,5% der Schüler zwischen 7 und 13 Jahren arbeiten (URT, 2005: 105). Nach den Schilderungen der Waisen müsste der Prozentsatz der arbeitenden Kinder im Ort Pangani aber höher sein. Tansania hat inzwischen das Mindestalter für arbeitende Kinder von 12 auf 14 Jahre angehoben (UNCRC, 2006:5), was aber auf die informellen Arbeitsverhältnisse der Kinder keinen Einfluss haben wird.

Kinderarbeit hat im ländlichen Pangani ein eindeutiges *Gender*muster, denn nur eines der interviewten Mädchen, die bei ihren Großeltern in Pflege war, arbeitete für Geld, sie wusch Kleidung für Nachbarn. Die Jungen erzählten von vielfältigeren Arbeiten: Wasser und Feuerholz für Nachbarn holen, Arbeiten auf Feldern und in Kokoshainen, der Verkauf von selbst geangelten Fischen, Verkauf eigener Gartenprodukte, Markthelfer und Arbeit in der Fahrradgarage. Die Jungen klagten bei bezahlten Arbeiten relativ wenig über Zeitmangel für ihre Hausaufgaben, anders als bei der Mitarbeit im Familienhaushalt. Ein selbständig erworbenes kleines Einkommen und sein Beitrag zum Haushalt stärkt offenkundig das Selbstwertgefühl der männliche Rolle als zukünftiger Familienernährer, deshalb wird diese Arbeit nicht als große Belastung empfunden.

Die Waiseninterviews zeigen, dass bezahlte Kinderarbeit wegen der Armut in der Familie notwendig und in Pangani in den sozio-ökonomischen Kontext eingebunden ist, denn es sind die gleichen Arbeiten, die auch als häusliche Mitarbeit in der Familie anfallen. Kinderarbeit ist sozial und kulturell in der Familie und Gesellschaft akzeptiert[57]. Anerkennung erhalten Kinder in der Schule mit einem guten *ranking,* in der Familie am ehesten durch Unterstützung der Haushaltsökonomie mit Kinderarbeit.

8.4 Zukunftsvorstellungen - zwischen *Mungu akipenda,* Beruf und Heirat

Für ihre unmittelbare Zukunft fühlten sich fast alle Waisen in ihrer Pflegefamilie gut aufgehoben. Sie vertrauten dem verwandtschaftlichen Netz auch für die Zu-

---

[57] Vgl. hierzu Bourdillon (2000), der eine Studie über Kinderarbeit in Simbabwe vorlegte und anhand von Fallgeschichten schildert, wie Kinder in Simbabwe mit bezahlten Arbeiten zum Einkommen ihrer Familie beitragen.

kunft, insbesondere wenn die Pflegefamilie größer war oder wenn sie ältere Geschwister oder Verwandte anderenorts hatten. Nur Ali und seine Schwester erwarteten nicht, dass sie von anderen Verwandten versorgt werden, wenn ihre vierundsiebzigjährige Großmutter sterben sollte.

Etwa die Hälfte der Primarschüler hatte recht konkrete Vorstellungen bzw. Träume von einem modernen Beruf, den sie erlernen wollten, wenn sie die nötigen Schulexamen bestehen. Die andere Hälfte der Kinder verwies mit *„Mungu akipenda"* darauf, dass die Zukunft in Gottes Hand liege, unabhängig von ihrem guten oder schlechten *ranking*. Berufliche Vorstellungen orientierten sich an Vorbildern in der Familie und im Ort Pangani. Mehrere Mädchen wollten Krankenschwester oder Lehrerin werden, auch Ärztin war ein Traumberuf. Interessant sind die beruflichen Alternativen die Mädchen nannten, wenn ihre Schulleistungen und die finanziellen Mittel für die Sekundarschule und eine Ausbildung nicht ausreichen, was bei den meisten der interviewten Primarschülerinnen wohl der Fall sein wird. Drei Mädchen wollten dann ein Handwerk erlernen, zwei als Schneiderin, eine als Klempnerin. Ein dreizehnjähriges Mädchen mit einem aussichtslosen *ranking* sagte „irgendwas arbeiten, aber nicht heiraten" und eine Fünfzehnjährige mit ähnlich schlechtem ranking „zu Hause bleiben oder heiraten".

„Nicht heiraten" war ein gewisser Trend bei den Primarschülerinnen, ähnlich wie er auch bei jungen Frauen in Tansania und sub-Sahara Afrika zunimmt (Arnfred, 2004: 23; Haram, 2004). Ein Mädchen, das sich vorstellen konnte später zu heiraten, fügte hinzu „aber nur wenige Kinder haben". Für die beruflichen Wünsche der Jungen waren die Väter oft Rollenvorbilder, sie wollten Lehrer oder Polizist werden wie der Vater oder auch Ingenieur und Soldat. Als traditionelle Alternative wollten Jungen im Laden des Vaters oder der Großeltern arbeiten oder ihnen beim Feldbau helfen.

Die beruflichen Vorstellungen der Sekundarschüler waren ähnlich, aber realistischer, denn sie waren ihrem Ziel schon erheblich näher. Lehrer bzw. Lehrerin wollten vier Mädchen und Jungen werden, Krankenschwester wie die Pflegemutter, Distriktsekretärin wie die Mutter oder Polizist wie der Vater. Sie nannten die gleichen Alternativen wie die Primarschüler, Mitarbeit im Laden oder beim Feldbau des Vaters oder Großvaters.

Keiner der Jungen erwähnte eine Heirat und eigene Kinder für ihre Zukunft; nur ein Sechzehnjähriger, der Vaterwaise war und sehr zufrieden bei seiner Mutter lebte, sagte „aber später, wenn ich nicht mehr Kind bin, will ich eine eigene Familie und eigene Kinder". Ein anderer Junge wollte Priester werden „um ein gutes Leben führen zu können, aber nicht heiraten".

Trotz ihrer beruflichen Wunschvorstellungen werden die meisten der Waisen nicht auf weiterführende Schulen gehen können, weil sie das vorausgesetzte Examen nicht bestehen oder weil die Pflegefamilie das Schulgeld nicht hat. Sollten die Gebühren für Sekundarschulen in Zukunft im Rahmen der Armutsreduzierung in Tansania entfallen, würde das den Kindern aus armen (Pflege)Familien den Zugang zu mehr Bildung eröffnen und ihre Chancen erhöhen, mit einem Beruf der Armut zu entkommen.

8.5   Trauer über den Tod der Eltern – Schweigen über AIDS

Die Vielzahl der Todesursachen bei den relativ jungen Eltern der Schulkinder spiegelt die harten Lebensbedingungen im ländlichen Tansania wider, wie Tabelle 3 zeigt: Von 44 Elternteilen, starb etwa ein Viertel an Ursachen, die wohl als normal bezeichnet werden müssen, sieben Mütter nach Krankheiten wie Zucker, Krebs, Magenproblemen und Malaria und eine Mutter bei einer Geburt. Zwei Eltern starben durch einen „plötzlichen Tod", wie die Kinder sagten, und drei Väter aus Altersgründen. Bei etwa einem Viertel der Eltern stehen die Todesursachen in engem Zusammenhang mit der schlechten Lebenssituation der Menschen. So war eine Mutter vom Vater derart heftig geschlagen worden, dass das Krankenhaus ihr Leben nicht retten konnte. Drei Eltern starben bei einem Autounfall, drei wurden von einem Geist befallen oder verhext, ein Vater war beim Fischen ertrunken und ein anderer von Banditen erschossen worden. Bei etwa einem Viertel der Eltern war den Kindern – wie sie sagten - die Todesursache nicht bekannt.

Bei 12 Eltern ist aufgrund verschlüsselter Angaben der Waisen und meist verbunden mit der Nennung typischer AIDS-Folgeerkrankungen, davon auszugehen, dass sie an AIDS gestorben sind. Zwei der kodiert beschriebenen AIDS-Todesfälle lagen Jahre zurück, schon 1995 war ein Vater gestorben und 1996 eine Mutter, die als Krankenschwester in Pangani gearbeitet hatte, beide waren „vorher lange krank". Die anderen – mutmaßlichen - AIDS-Sterbefälle lagen erst kürzere Zeit zurück: zwischen 2002 und 2003 starben sechs Mütter und vier Väter, deren Krankheit und Todesursache die Kinder in Codes verschlüsselt beschrieben: „sie war schon lange vorher krank, dann kam eine schwere Malaria

Tabelle 3: Todesursache 44 verstorbener Elternteile von 28 Waisen und Halbwaisen

Anzahl	Grund
12	Eltern an AIDS aufgrund codierter Aussagen und typischer Folgeerkrankungen
10	Eltern an Ursachen, die den Kindern unbekannt waren
7	Mütter an Krankheiten wie Zucker, Krebs, Magenproblemen oder Malaria
3	Väter aufgrund hohen Alters und Bluthochdruck
3	bei einem Verkehrsunfall (2 Väter, 1 Mutter)
3	von einem Geist befallen bzw. verhext (2 Mütter, 1 Vater)
2	durch „plötzlichen Tod"
1	Mutter bei Geburt gestorben
1	Mutter von Vater so geschlagen, dass sie starb
1	Vater beim Fischen ertrunken
1	Vater von Banditen erschossen

hinzu", „sie litt lange, das Krankenhaus konnte sie nicht heilen", „er hatte lange Malaria und große Schmerzen, das Krankenhaus hat ihn zum Sterben nach Hause geschickt" „er war seit 2001 krank, am Ende kam TB hinzu". Die Waisen, die so kodiert und mit spürbarem Leid über den AIDS-Tod ihrer Eltern sprachen, waren zwischen 14 und 17 Jahren alt, darunter vier Doppelwaisen, die das qualvolle Sterben der Eltern zwei Mal erleben mussten.

Es ist anzunehmen, dass mehr Eltern der Waisen in Pangani unerkannt an AIDS starben, z.B. können HIV-Infizierungen bei den Magenproblemen oder dem Verhextsein von zwei Müttern zugrunde gelegen haben, wie auch bei dem geist-besessenen Vater. Ebenso können unter den Eltern, deren Todesursache den Kindern unbekannt war und bei Eltern von Doppelwaisen HIV-Infizierte gewesen sein. So lässt sich bei den Waisenkindern in Pangani zum Zeitpunkt der Interviews vorsichtig schätzen, dass etwa ein Drittel der Eltern an AIDS gestorben sind. Als Vergleich hierzu sind die Ergebnisse einer Untersuchung interessant, die 1995 in der Region Kagera in NW-Tansania durchgeführt wurde, zwölf Jahre nachdem dort die ersten AIDS-Fälle aufgetreten sind. 35% der 141 untersuchten Todesfälle bei Erwachsenen zwischen 15 und 54 Jahren waren an AIDS verstorben, während gleichzeitig die Infektionsrate bei 6,2% und die Waisenrate bei 8,9% lag (Boerma et al.,1997), d.h. die Situation dort war der in Pangani im Jahr 2003 sehr ähnlich.

Eine mögliche HIV/AIDS Infizierung verstorbener Eltern war nur aufgrund der Beschreibung ihres langen Leidens und der typischen Folgeerkrankungen erkennbar. Mit ihrer verschlüsselten Darstellung folgten die Waisen der gesellschaftlichen Leitvorstellung, derzufolge über HIV/AIDS nicht gesprochen wird. Da alle Schulkinder in Klasse 5 bis 7 der Primarschule ein „*awareness training*" über HIV/AIDS erhalten und AIDS in der Sekundarschule im Fach „*Science*" behandelt wird, wissen sie einiges über die Seuche und können wohl den Krankheitsverlauf bei den Eltern einschätzen. Auch die codierte Beschreibung der Infizierung wird ihnen wohl im *awareness training* vermittelt.

Die Waisen verhalten sich normkonform und folgen der emischen Strategie, sie schweigen über die Krankheit bzw. machen verschlüsselte Angaben, die der Ungewissheit und der Deutung breiten Raum lassen. Möglicherweise stehen die Codes für AIDS, möglicherweise auch nicht und so bleibt die Hoffnung, dass die Eltern nicht an der Seuche starben. Gleichzeitig vermeiden die Waisen mit der verschlüsselten Beschreibung der Krankheit der Eltern ihre eigene Stigmatisierung und soziale Exklusion als AIDS-Waisen.

Die meisten Waisen drückten ihre Trauer über den Tod ihrer Eltern kulturell angemessen nur verhalten und kontrolliert *(kujizuia)* aus, denn an der Swahili-Küste zeigt man seine Gefühle nicht öffentlich, sondern wahrt das Gesicht *(mbele ya watu)*. Die tiefe Trauer einiger Kinder wurde in ihrer Körpersprache deutlich, sie senkten beim Sprechen den Kopf, schauten auf den Boden, unterdrückten die Tränen, ihre Stimme begann zu zittern und drohte zu versagen. Der Schmerz der Kinder war besonders groß, wenn der Tod der Eltern erst kurze Zeit zurücklag, bei einigen Kindern erst wenige Wochen oder Monate oder wenn die Eltern beim Sterben sehr leiden mussten, wie es bei AIDS typisch ist oder wenn es ein plötzlicher, unerwarteter Tod war oder ein rätselhaftes Sterben (verhext, vom Geist befallen). War die Mutter gestorben, trauerten Kinder nachhaltig und sprachen über ihren Tod auch Jahre später noch mit großem Schmerz.

> Die Mutter von Mariama (14 Jahre) ist vor sechs Wochen gestorben. Mit stockender Stimme sagt sie, sie sei sehr traurig und sie fühle sich immer traurig, wenn sie an die Mutter denkt. Mariama betet jeden Abend für die Mutter, auch der Großvater schließt sie in seine Gebete ein. Mariama war nicht mit am Grab der Mutter, als sie beerdigt wurde *(zika)*, aber sie wird es bald besuchen. Mariama erzählt, dass

der Geistliche (*shehe*) am letzten Sonntag ins Haus gekommen ist, um die Zeremonie zum Gedenken an die Mutter abzuhalten[58].

Auch Mohammeds Mutter ist erst vor drei Monaten gestorben, „sie war schon lange krank" und als er sagt „ich bin sehr traurig" unterdrückt er mühsam seine Tränen. Sein Vater ist vor einigen Jahren beim Fischen ertrunken. Julianas Mutter starb im vorigen Jahr am 12. Oktober, wie sie noch genau in Erinnerung hat. Sie denkt oft an die Mutter und fügt hinzu „ich vermisse sie sehr", „sie war noch jung". Alis Mutter ist im letzten Jahr gestorben „sie war schon lange krank, ich war sehr traurig", sagt er und kämpft mit den Tränen. Aishes Mutter starb vor zwei Jahren, „sie war lange krank" und Aishe vermisst sie sehr „ich bin traurig, wenn ich an sie denke", auch ihr Vater starb vor einigen Monaten.

Hatten Waisenkinder schon längere Zeit vor dem Tod ihrer Mutter in der Pflegefamilie gelebt, haben sie die Mutter vor ihrem Sterben noch einmal besucht. So hat Amina ihre Mutter ein letztes Mal in Tanga gesehen, „sie hat sehr gelitten, war sehr krank" und auch Fatuma hat ihre Mutter in Muheza besucht bevor sie starb, wo sie von Verwandten gepflegt wurde.

Die Bindung zwischen Kindern und ihrer Mutter bei den Swahili wird auch in der ethnologischen Literatur als sehr eng beschrieben (vgl. Caplan,1975; Landsberg,1986; Swartz,1991). Die Liebe *(upendo)* zu ihren Kindern ist für die Mutter mit ihren Schmerzen *(kite)* bei der Geburt verbunden. „Du hast nicht geboren" *(hukuzaa)* sagt eine Mutter, wenn sie ihre Gefühle für ihr Kind begründet (Swartz,1991: 69). Insbesondere das Verhältnis zwischen Mutter und Tochter ist intensiv und dauerhaft - *„the most enduring dyad in Swahili society"* (Sheperd, 1987: 249).

Kinder verbringen ihre Kindheit mit der Mutter in ihrem Haushalt und mit ihr bei Besuchen der mütterlichen Verwandten, während der Vater als Versorger der Familie häufig abwesend ist und zahlreiche soziale Bezüge außerhalb des Hauses hat. Nach einer Scheidung verstärken sich die Bindungen zwischen der Mutter und ihren Kindern, denn die Kinder leben meist weiterhin bei der Mutter oder werden in der *ulezi*-Institution von mütterlichen Verwandten aufgezogen, obwohl der Vater in muslimischen Familien das Recht hätte, die Kinder zu sich zu nehmen. Aber viele Väter tragen kaum etwas zum Unterhalt ihrer Kinder

---

[58] Bei muslimischen Bestattungen gehen Mädchen und Frauen nicht mit zum Friedhof, nur Männer begleiteten die/den Tote(n). Die Zeremonie zur Verabschiedung der/des Verstorbenen wird im islamischen Begräbnisritual nach 40 Tagen Trauerzeit durchgeführt.

nach einer Scheidung bei (vgl. Landsberg, 1986:117), wozu sie nach dem Law of Marriage Act von 1971 (Sec.129-130) verpflichtet wären (Rwezaura, 1985).

Der Umgang mit dem Tod ist eine alltägliche Erfahrung im ländlichen Tansania, wie bei den Todesursachen der Eltern deutlich wurde. Die Waisen hatten trotz Trauer und Verlustgefühlen eine pragmatische Einstellung zu den Gegebenheiten ihres Lebens nach dem Tod der Eltern. Viele Waisen waren sehr gläubig, ihre Spiritualität und ihr tiefer Glauben gab ihnen die Kraft und Zuversicht mit dem Tod der Eltern umzugehen. Zwei Gewissheiten helfen ihnen dabei: das Schicksal des Menschen ist von Gott bestimmt und in der verwandtschaftlichen *ulezi*-Institution werden sie immer Unterstützung finden.

Im Zusammenhang mit Waisen, deren Eltern an AIDS starben, wird in Berichten öfter geschildert, dass Kinder die Pflege der kranken Eltern übernehmen mussten oder dass Verwandte nach dem Tod der Eltern *property-grabbing* des Erbes betreiben (z.B. Guest, 2001). Zu beiden Themen haben Waisen in Pangani nur wenige Angaben gemacht. Erbschaften waren für die Waisen kein wichtiges Thema. Einige sagten, dass es nichts oder nur wenige Haushaltsgegenstände zu erben gab, andere, dass sich Verwandte bzw. Geschwister über das Erbe geeinigt haben und sie ihren Anteil bei Volljährigkeit erhalten oder auch, dass es Streit unter den Verwandten gibt und das Gericht entscheiden wird.

Die meisten Waisen sagten, die Krankenpflege der Eltern hätten Verwandte übernommen, einige waren im Rahmen ihrer Mitarbeit im Haushalt indirekt daran beteiligt. Andere Kinder haben zur Sterbezeit nicht mit der Mutter oder dem Vater zusammen gelebt, sondern waren bei Verwandten. Nur Zahara und Paulo lebten im terminalen Stadium der Krankheit allein mit dem Vater bzw. der Mutter. Beide pflegten ihre Eltern nach der Schule, beide hatten dabei aber eine Unterstützung, Zahara eine vom Vater bezahlte Hilfe und Paulo die Freundin seiner Mutter. Dagegen hatten sich fast alle Waisen in den interviewten Pflegefamilien an der Krankenpflege der sterbenden Eltern beteiligt (Kapitel 9).

8.5.1   Kindertrauer und ihre Erforschung

„The death of a parent is one of the most fundamental losses a child can face", dieses Ergebnis der *„Harvard child bereavement study"* (Worden,1996: 9)[59] ist

---

[59] Für diese Harvard- Studie sind 125 Kinder im Alter zwischen 6 und 17 Jahren aus 70 Familien im Raum Boston mit semi-strukturierten Interviews drei Mal befragt worden, 4

wohl universell gültig und kam auch in Pangani bei den Waisen im Interview deutlich zum Ausdruck. Die empirische Erforschung der Trauer von Kindern über den Tod ihrer Eltern begann erst in den späten 70er Jahren des 20. Jhdts. (Bowlby,1993, engl.Original 1980; Silverman,Worden,1993; Worden,1996) und wurde in den 80er Jahren in den USA aufgrund der AIDS-Epidemie intensiviert.

Emotionen, so auch Trauer und Verlustempfinden, sind sowohl universell als auch kulturell konstruiert (Lutz, White, 1986; Bowlby,1993[60]; Cook, Oltjenbruns, 1998; Röttger-Rössler, 2002; Cook et al, 2003). Eine Übertragung von Forschungsergebnissen aus den USA auf Waisen in sub-Sahara Afrika ist deshalb problematisch und muss bzgl. der kulturellen Anteile an der Kindertrauer jeweils überprüft werden. In sub-Sahara Afrika fehlen Untersuchungen zur Trauer von Waisen bislang und es gibt nur drei empirische Studien über die psychischen Folgen des Elterntods bei „AIDS-Waisen" im ländlichen Uganda und in Dar es Salaam (Atwine, Cantor-Graa, 2005; Sengendo, Nambi,1997; Makame et al, 2002).

Die komplexe Verflechtung der Kindertrauer und ihre sozio-kulturelle Einbettung wird deutlich an den unterschiedlichen familiären Lebenswelten in den USA und in sub-Sahara Afrika; sie haben unterschiedliche kulturelle Erfahrungen der Kinder zur Folge, die ihren Trauerprozess beeinflussen. An der Küste Ostafrikas ermöglichen die erweiterte Familie und die *ulezi*-Institution der Pflegschaften Kindern vielfältige Bindungen. Kinder können zwei Eltern haben, leibliche und pflegende und im Haushalt leben oft drei Generationen, sodass sie verwandtschaftliches Zusammenleben früh erfahren und die Gewissheit haben, immer, auch als Waisen in der erweiterten Familie in Pflege genommen und versorgt zu werden. Dies ist in einer amerikanischen Kleinfamilie gewöhnlich anders. Außerdem erleben Kinder in der erweiterten subsaharischen Familie Sterben und Tod häufiger und unmittelbarer als bspw. in den USA.

Waisen trauerten in Pangani insbesondere über den Tod ihrer Mutter und sagten „ich war sehr traurig" als sie starb und „ich vermisse sie sehr", Äußerungen, die mir während der Interviews stereotyp bzw. kulturell geformt erschienen. Der

---

Monate nach dem Tod des Elternteils und zum ersten und zweiten Jahrestag des Todes. Zusätzlich wurde das hinterbliebene Elternteil interviewt.

[60] Bowlby charakterisiert die ethnologische Forschung über Sterben und Tod treffend „In ihren ausführlichen Schriften über die Trauersitten anderer Völker haben sich Sozialanthropologen mehr für die Vielfalt der vorgeschriebenen Rituale als für die emotionalen Reaktionen der Hinterbliebenen interessiert" (1993:164).

Trauerforschung zufolge drücken aber Kinder gerade auf diese Wiese die beiden intensivsten und als universell geltenden Trauergefühle aus - Traurigkeit und Verlust - (Bowlby, 1993) und mit diesen scheinbar stereotypen Äusserungen zeigten sie gleichzeitig die Schwierigkeiten, die Waisen haben, ihre Trauergefühle in Worte zu fassen (Boyd-Franklin et al, 1995:179f).

Die Bedeutung des Todes eines Elternteils und die Intensität der Trauer des Kindes wird von drei Gegebenheiten grundlegend beeinflusst (Boyd-Franklin et al., 1995:185f). Ausschlaggebend ist das emotionale Verhältnis, das ein Kind zu der/dem toten Elternteil hatte, es prägt die Trauer des Kindes am nachhaltigsten, weshalb Mutterwaisen in Pangani besonders intensiv trauerten. Die Todesursache ist ein weiterer Faktor, wann und wie der geliebte Mensch starb, hat Einfluß auf die Trauer des Kindes; einige Waisen sagten ihre Mutter war noch so jung, als sie starb, auch ein langes Leiden, wie bei AIDS oder ein plötzlicher Tod unter rätselhaften Umständen beeinflussten das Ausmaß ihrer Trauer.

Große Bedeutung für einen positiv verlaufenden kindlichen Trauerprozess hat auch die Unterstützung in einem verläßlichen Netzwerk, dessen Mitglieder ebenfalls vom Tod der geliebten Person betroffen sind, wie es in der erweiterten Familie gegeben ist. Nach dem erlittenen Verlust haben Waisen Ängste vor weiteren Verlusten und es ist wichtig, dass sie bald erfahren, wer für sie sorgen wird (Boyd-Franklin et al, 1995:186f). In Pangani konnten Waisen bzgl. ihrer zukünftigen Versorgung auf die erweiterte Familie vertrauen. Die Absprachen ihrer sterbenden Väter vermittelten einigen Kindern ein zusätzliches Gefühl der Sicherheit, wie bei Zahara (Abschnitt 8.1), bei dem Pflegekind Simon und den drei Pflegekindern des Pflegevaters Simon (Abschnitt 9.1.2).

Zu einer positiven Adaption im Trauerprozess, der *resiliense* (Luhar et al, 2000; Cook et al, 2003), gehört für Kinder der Erhalt der emotionalen Beziehung zu dem verstorbenen Elternteil, wie die Harvard-Studie ergab. Wichtig ist die Erinnerung an die/den Toten, die in der (Pflege-)Familie gemeinsam möglich ist und das Aufbewahren eines Gegenstandes aus dem Besitz der/des Verstorbenen (Silverman, Worden,1993: 314; Worden,1996: 26f). So ist bspw. in Uganda ein NGO-Projekt initiiert worden, in dem AIDS-kranke Eltern *memory books* mit Familienepisoden schreiben, um die Erinnerung ihrer Kinder über ihren Tod hinaus zu erhalten und damit zu einem gut verlaufenden Trauerprozess ihrer Kinder beizutragen und ihre Identität zu stärken. Ein Beipiel ist das *memory book* von Christina Aguga (2000).

Psychosomatische Störungen begleiten bei Kindern den Trauerprozess (Silverman, Worden, 1993:314; Boyd-Franklin et al, 1995:183) und dies ergaben auch die drei empirischen Studien mit Waisen in Uganda und Tansania (Atwine, Cantor-Graa, 2005; Sengendo, Nambi,1997; Makame et al, 2002). Waisen haben größere Ängste, eine verstärkte Anfälligkeit für Verstimmungen, ein erhöhtes Depressionsrisiko, Gefühle der Hoffnungslosigkeit und einige Kinder dachten über Selbsttötung nach. Einige der Ergebnisse waren denen in Pangani ähnlich: in den Armenvierteln Dar es Salaams hatten Mädchen mehr psychosomatische Probleme als Jungen und dort zeigten Halbwaisen, die mit einem Elternteil zusammenlebten, weniger psychische Auffälligkeiten, als Waisen, die von Verwandten versorgt wurden (Makame et al, 2002: 463). Im ländlichen Uganda waren Mutterwaisen im Haushalt ihres Vaters erheblich depressiver, als Vaterwaisen, die bei ihrer verwitweten Mutter lebten (Sengendo, Nambi,1997:119).

In Pangani ergaben die Interviews bei den psychosomatischen Symptomen der Waisen deutliche *gender*spezifische Unterschiede. Jungen hatten kaum Beschwerden, so sagten sie zumindest, was auf ihre Sozialisation zurück geführt werden kann (vgl. Silverman, Worden, 1993: 315), während Mädchen über Kopf- und Bauch- bzw. Magenschmerzen berichteten und die zehnjährige Aishe auch über Asthma. Die tiefe Religiosität der meisten Waisen in Pangani hatte eine große Bedeutung für ihr Verständnis von Tod und Sterben. Der Glaube, das Schicksal des Menschen liege in Gottes Hand, den vor allem muslimische Waisenkinder hatten, bot ihnen Erklärung und Trost in ihrem Trauerprozess um die verstorben Eltern.

9 Verwandte Pflegefamilien und ihre Kinder – „Das Leben ist nicht einfach"

Die Lebensrealität der interviewten Pflegefamilien war von den sozialen Folgen der AIDS-Epidemie geprägt und bei den meisten zusätzlich von Armut. Die Darstellung ihrer schwierigen Situation fiel aus der Perspektive der erwachsenen Pflegepersonen wesentlich deutlicher aus, als die Beschreibung der kindlichen Lebenswelten mit den Stimmen der Waisen. „Das Leben ist nicht einfach" *(maisha siyo rahisi kabisa)* so charakterisierte der Pflegevater Paulo, der vier Pflegekinder und vier eigene Kinder hat, im Interview die Situation in seiner Familie. Die Pflegegroßmutter Bibi Sofie, die zwei Enkel in Pflege hat, sagte „das Leben ist schwierig" *(maisha ni magumu)*. Diese Charakterisierungen lassen sich auch auf die anderen Pflegefamilien übertragen. In den sechs Pflegefamilien lebten zwanzig Kinder, davon zwölf Pflegekinder, die alle Doppelwaisen waren und in vier der Familien noch acht leibliche Kinder. Vier leibliche Kinder von zwei Pflegeeltern waren bei Verwandten an anderen Orten untergebracht. Nur eine Waise lebte mit der Pflegemutter allein, ohne andere Kinder. Die Pflegehaushalte im Überblick:

- Pflegemutter Monica, verwitwet, mit dem sechsjährigem Pflegekind Anna und ihren drei Söhnen, zwei 14 und einer 18 Jahre alt;

- Pflegemutter Franziska, geschieden, mit dem achtjährigem Pflegekind Simon und ihrer siebzehnjährigen Tochter aus einer vorehelichen Beziehung;

- Pflegemutter Amina, geschieden, mit dem dreizehnjährigem Pflegekind Musa; ihre dreizehnjährige Tochter lebt in Pflege bei ihrer Schwester in Dar es Salaam;

- Pflegegroßmutter Bibi Sofie, verwitwet, mit zwei 2 Pflegeenkeln, Thomas (17 Jahre) und Lukas (13 Jahre) und Tante Mira, der jüngeren Schwester des verstorbenen Großvaters;

- Pflegevater Simon mit Ehefrau mit den drei Pflegekindern Joseph, Paul und Miriam (16, 13 und 9 Jahre) und drei eigenen Kinder (13, 8 und 5 Jahre);

- Pflegevater Paulo mit seiner zweiten Frau und den Pflegekindern Johannes, Mathews, Simon und Justina (22, 16, 13 und 11 Jahre) und dem zweijährigen

Baby Mariama aus der neuen Ehe. Seine drei eigenen Söhne leben seit kurzem bei ihrer Mutter in Songea.

Fünf Pflegeeltern gehören zur Familie des verstorbenen Kindesvaters. Bei Anna ist es die Kreuzkousine *(binamu)* des Vaters, bei Simon die VaterSchwester *(shangazi)*, bei Thomas und Lukas die VaterMutter und Großmutter *(bibi)* der Kinder und bei den Pflegekindern Joseph, Paul und Miriam der jüngere VaterBruder *(baba ndogo)*. Die Pflegemutter von Musa ist die geschiedene erste Frau des älteren VaterBruders *(baba mkubwa)*, d.h. eine affinale Verwandte aus der erweiterten väterlichen Familie. Musa nennt sie *shangazi* (VaterSchwester), er hat vielleicht das erweiterte verwandtschaftliche Verhältnis nicht verstanden, aber er bezeichnet sie als die Person, die in der väterlichen Familie traditionell die wichtigste weibliche Bezugsperson für die Kinder des Bruders ist. Pflegevater Paulo dagegen gehört zur mütterlichen Familie, er ist der MutterBruder *(mjomba)* der vier Waisen seiner beiden verstorbenen Schwestern.

9.1 Entscheidungsprozesse zur Inpflegenahme

Die Entscheidungsprozesse für die Inpflegenahme der Waisen vermitteln einen unmittelbaren Einblick in die Lebensverhältnisse der Familien und sie verdeutlichen die kulturelle Verankerung der Institution der Pflegschaften. Ihr folgen die Verwandten eines Waisenkindes trotz großer wirtschaftlicher Schwierigkeiten und beengten Wohnverhältnisses und manchmal auch nach Konflikten untereinander und deren Aushandlung. Ungewöhnlich und langwierig war der Entscheidungsfindung bei dem Pflegekind Anna, die in den ersten drei Lebensjahren in einem Kinderheim untergebracht war.

9.1.1 Vorübergehende Versorgung in einem Kleinkinderheim

Annas Mutter war bei der Geburt an Eklampsie gestorben[61]. Annas Vater konnte den Säugling nicht versorgen, er lebte in schlechten wirtschaftlichen Verhältnissen und war oft krank. Zwei Jahre später starb er, aufgrund der Symptome wohl an AIDS, aber ohne zu wissen, dass er HIV-positiv war. Es ist anzunehmen, dass auch Annas Mutter infiziert war. Der nächste Verwandte des Säuglings aus der väterlichen Familie war der Großvater, der allein lebte und deshalb Anna nicht aufnehmen konnte. Die mütterliche Familie wäre bereit gewesen Anna in

---

[61] Eklampsie sind schwere Krämpfe, mit Bewusstlosigkeit und Hyperreflexie, die während oder unmittelbar nach einer Geburt auftreten und die für Mutter und Kind lebensgefährlich sind.

Pflege zu nehmen, stellte aber Unterhaltsforderungen an den Großvater bzw. an die väterliche Familie, die nicht erfüllt werden konnten. Das Krankenhaus hat daraufhin in Zusammenarbeit mit der Distriktverwaltung den Säugling in einem kirchlichen Heim untergebracht.

Das Erente-Heim in Lushoto nimmt Säuglinge und Kleinkinder auf, die in ihrer Familie wegen einer Notlage nicht versorgt werden können und die meist Waisen oder Halbwaisen sind. Ihre Religion spielt keine Rolle, auch muslimische Kinder werden aufgenommen. Das Heim hat 36 Plätze, die zur Zeit erhöht werden, wegen des großen Bedarfes als Folge der AIDS-Toten in der Elterngeneration. Der Betreuerschlüssel im Heim liegt bei 1: 3 bzw. 1: 4, d.h. eine Betreuerin hat drei oder vier Säuglinge und Kleinkinder zu versorgen. Die Aufnahme wird in Erente als vorübergehend angesehen, ein Kind soll im Alter von drei Jahren wieder in eine Familie kommen, sei es zurück in die eigene Familie oder in eine Pflegefamilie, die vom Heim gesucht wird.

Die Konzeption sieht eine finanzielle Beteiligung der Familie vor, die monatlich 1500 TSh. beträgt (etwa 15 Euro), ein symbolischer Beitrag zu den tatsächlichen Kosten, mit dem die Familie in die Sorge für das Kind eingebunden werden soll. Aber für tansanische Familien sind 1500 TSh. ein hoher Betrag. Hinzu kommen Kosten für die Besuche der Eltern oder anderer Verwandter des Kindes einmal im Monat, die im Pflegevertrag vereinbart werden. Alle sechs Monate suchen Betreuer des Heimes die Familie auf, um deren soziale und wirtschaftliche Situation zu überprüfen, mit dem Ziel der baldigen Rückkehr des Kindes in seine Familie. Bei Anna wurden die Lebensverhältnisse des Großvaters überprüft.

Als Anna drei Jahre alt war, hat das Heim geplant, das Kind in eine Pflegefamilie zu geben, wie es die Konzeption vorsieht. In Erente fand daraufhin ein Treffen statt mit den Betreuern, den potentiellen Pflegeeltern, dem Großvater und der jüngeren Schwester von Annas heutiger Pflegemutter, als den Vertretern von Annas Familie. Das Heim drängte auf eine Entscheidung und betrachtete die Situation in der leiblichen Familie als ausreichend stabilisiert, um Anna aufzunehmen. Wenn in einer Familie die Lage unverändert schlecht ist, betreut das Heim das Kind auch bis zum sechsten Lebensjahr, aber die Reintegration in die eigene Familie wird im Alter von drei Jahren als günstiger angesehen.

Nach längerer Bedenkzeit hat sich Annas Pflegemutter Monica als älteste Kreuzkusine *(binamu)* des verstorbenen Kindesvaters zur Aufnahme entschlossen, um die Übergabe des Kindes an eine fremde Pflegefamilie zu vermeiden.

114

Sie erzählt, dass es keinerlei Schwierigkeiten bei Annas Eingewöhnung gegeben habe, obwohl das Leben in der Pflegefamilie viel einfacher ist, als im Kinderheim. So hat sie z.B. in ihrem Haus weder fließendes Wasser, noch Strom. Der größte Unterschied war nach Meinung der Pflegemutter aber die Ernährung. Im Kinderheim in Erente bekommen die Kinder viel Milch und Milchprodukte, da Waisen die Muttermilch entbehren müssen und es gibt oft Obst, d.h. ein gesünderes Essen, als das in afrikanischen Familien übliche, das aus Weißbrot und Maisbrei besteht, den Babys nicht mögen. Inzwischen ist die Pflegemutter ausgesprochen glücklich mit Anna, wie sie sagt und auch das Kind fühlt sich offensichtlich geborgen bei ihrer Pflegemutter.

> Anna ist jetzt sechs Jahre alt, sie ist ein hübsches Kind, gesund und kräftig. Sie trägt ein grünes Kleidchen voller Löcher, ist sehr liebebedürftig und kuschelt sich während meines Besuches ständig an ihre Pflegemutter. Anna ist gut in die Geschwistergruppe integriert, ihre drei Pflegebrüder spielen mit ihr und gehen zärtlich mit dem kleinen Mädchen um. Die Pflegemutter betont mehrmals stolz, dass Anna sie als ihre Mutter betrachtet, „Mama" rufe und denke, die Pflegefamilie sei ihre leibliche Familie. Aber wenn Anna später einmal nach ihrer Geschichte fragen sollte, wird sie ihr die Wahrheit sagen.

Wie bei Interviews in Familien üblich, sitzen die Kinder dabei und hören zu. Erwachsene gehen offenkundig davon aus, dass Kinder Inhalt und Bedeutung des Gespräches nicht verstehen. So auch bei diesem Besuch. Anna kuschelt sich auf dem Schoß der Pflegemutter, die drei Söhne sitzen neben der Mutter, eine Gruppe Nachbarskinder steht an der Tür und alle hören dem Gespräch zu.

9.1.2 Sterbende Väter planen die Unterbringungen ihrer Kinder

Zwei Väter hatten vor ihrem Tod die zukünftige Pflege ihrer Kinder, die dann Vollwaisen sein würden, in ihrer väterlichen Familie abgeklärt. Jeweils die nächsten Angehörigen in der eigenen Generation sollten die Waisen in Pflege nehmen. So hatte der Vater von Joseph, Paul und Miriam (16,13 und 9 Jahre) ihre Aufnahme bei seinem jüngeren Bruder *(ndugu ndogo)* vorbereitet, der in einer leitenden Stelle in der Ortsverwaltung arbeitet und drei eigene Kinder (13, 8 und 5 Jahre) hat.

Der Vater der drei Waisen war drei Mal verheiratet, seine zweite Frau ist die Mutter der Kinder. Sie starb 1999 im Alter von 40 Jahren an einer Lungenentzündung. Der Vater stellte eine Haushaltshilfe für die Versorgung der Familie ein. Mit ihr hatte er ein weiteres Kind, das jetzt bei der Mutter lebt. Der Vater starb im Frühjahr 2003 im Alter von 49 Jahren, ebenfalls an einer Lungenentzündung; in der Pflegefamilie wird nicht erwähnt, dass eine Lungenentzündung eine typische Folgeerkrankung bei AIDS ist. Der Verstorbene hat als ältester Sohn der Familie die Entscheidung über die Zukunft seiner Kinder allein getroffen, sie mit seinem Bruder abgesprochen und dann die übrige Familie informiert. Keiner der Verwandten kann die Pflegekinder unterstützen, ihr Einkommen ist zu niedrig und die Zahl ihrer Kinder zu groß ist, wie der Pflegevater sagt.

Der Vaters hat mit seiner Familie in Arusha gelebt. Die beiden jüngeren Kinder sind nach dem Tod des Vaters nach Pangani übergesiedelt, der ältere Sohn besucht in Moshi ein Internat und kommt an den Wochenenden zur Pflegefamilie. Die Kinder waren gut vorbereitet auf den baldigen Tod des Vaters und sie wussten, dass sie danach in der Familie ihres Onkels aufgenommen werden. Die drei Kinder haben das Sterben ihrer Eltern miterlebt, sogar die kleine Tochter, damals vier Jahre alt, erinnert sich noch an den Tod der Mutter. Die Kinder wissen, dass sie Waisen sind, in der Familie wird offen darüber gesprochen und sie rufen ihre Pflegeeltern „mama" und „baba".

Auf etwas andere Weise hatte auch der Vater des Pflegekindes Simon vor seinem Tod 2001 in Dar es Salaam über die Zukunft seines Sohnes entschieden. Er hatte in seinem Testament (wozia) niedergelegt, dass seine ältere Schwester (dada) Franziska Simon aufnehmen soll, denn sie sei als VaterSchwester (shangazi) die nächste Verwandte des Jungen in der väterlichen Familie. Im Interview sagte die Pflegemutter, es sei auch ihr Wunsch gewesen, das Kind zu sich zu nehmen.

Simon ist der Sohn des jüngeren Bruders (ndugu ndogo) der Pflegemutter, der 33 Jahre alt war, als er starb. Er war Muslim und mit zwei Frauen verheiratet. Seine Eltern hatten den Kindern die Wahl der Religion freigestellt, weil die Mutter Muslimin und der Vater Christ war. Alle Kinder entschieden sich für die lutherische Kirche, nur der Bruder wählte den Islam. Simon ist das Kind der ersten Frau des Bruders, die ein Jahr später, 2002 in starb, nach den beschriebenen Symptomen wohl an AIDS, wie auch Simons Vater. Sie war vorher zu krank, um für Simon zu sorgen und die zweite Frau des Vaters, die zwei kleine Söhne von ihm hat, hatte schon zu Lebzeiten des Vaters erklärt, sie wolle Simon später nicht in Pflege nehmen.

Nach der traditionellen Trauerzeit von 40 Tagen bei muslimischen Bestattungen brachte ein Freund des Vaters den sechsjährigen Simon mit dem Bus aus Dar es

116

Salaam nach Pangani und gab ihn bei der Pflegemutter ab. Franziska sagt, dass sie sich noch genau an diesen Tag erinnert und ihn nie vergessen wird. Sie fügt hinzu, dass Simon vom Erbe seines Vaters, das allerdings nicht groß war, nichts erhalten habe. 40 Eisenstangen, die wohl mal für einen Hausbau gekauft worden sind, hat die mütterliche Familie genommen, die Einrichtungsgegenstände hat die zweite Frau behalten.

9.1.3 Letzte lebende Verwandte übernehmen die Waisenpflege

Die traditionelle Waisenversorgung in der Familie wird jedoch auch ohne vorherige Abklärung übernommen, wie in den übrigen drei Pflegefamilien. Die Pflegepersonen waren die letzten lebenden Verwandte der Waisen, zwei von ihnen praktizierten auf selbstverständliche Weise verwandtschaftliche Solidarität, sie nahmen die Kinder bereitwillig auf, ungeachtet der eigenen knappen Ressourcen und ihrer schwierigen Lebenssituation, so Pflegevater Paulo die vier Waisen seiner beiden Schwestern und Bibi Sofie ihre beiden Enkel. Dagegen wollte der ältere VaterBruder *(baba mkubwa)* Musa nicht zu sich nehmen. Der Abkärungsprozess für seine Inpflegenahme war während der Feldforschung in vollem Gange.

Mein erster Besuch nach dem Tod von Musas Vater fand im Haus des VaterBruders statt. Das Gespräch war schwierig, es herrschte eine gespannte Atmosphäre. Der VaterBruder ist 57 Jahre alt und seit kurzem mit einer jungen Frau wiederverheiratet. Er wollte seinen jüngeren Bruder und dessen zwei Kinder nicht aufnehmen, als dieser im terminalen Stadium seiner AIDS-Erkrankung nach Pangani kam. Musas Vater war 39 Jahre alt, als er letzte Woche starb. Er hat in Tanga gelebt, dort in einer Zementfabrik gearbeitet, zuletzt als Wachmann. Vor drei Jahren erkrankte er an AIDS, wie zuvor seine zweite Frau, die 2002 gestorben war. Der Bruder nimmt an, dass sie ihn angesteckt hat. Aus der Ehe stammt ein dreijähriger Sohn.

Der VaterBruder lebt mit seiner neuen Frau in einem kleinen Häuschen mit zwei Räumen am Ortsrand von Myongeni. Hier musste Musas schwerkranker Vater gepflegt und die beiden Kinder versorgt werden, worüber der Bruder sehr verärgert war. Das bekam der Kranke deutlich zu spüren, seine Pflege wurde stark vernachlässigt. Der Pfleger der TAWG, der den Kranken mit Kräutermedizin versorgte, ermahnte den Bruder und seine Frau nachdrücklich, woraufhin sich die Situation etwas besserte. Musa war nach der Schule an der Pflege seines

Vaters beteiligt und wenn es dem Vater besonders schlecht ging, holte er den Pfleger der TAWG, im Endstadium auch nachts.

Nachdem der Vater gestorben war, forderte der VaterBruder den Großvater des kleinen dreijährigen Sohnes auf, umgehend aus seinem Dorf bei Tanga zu kommen und das Enkelkind abzuholen, was auch geschah. Bei Musa gab es keine mütterlichen Verwandten, dem der Junge hätte übergeben werden können. Musas Mutter war Kenianerin, die Eltern hatten zusammen gelebt ohne verheiratet zu sein. Gleich nach Musas Geburt hat die Mutter den Säugling und den Vater verlassen, ohne wenigstens die Stillzeit abzuwarten, wie der VaterBruder voller Entrüstung mehrmals wiederholt.

> Musa sitzt während unseres Gespräches auf dem Vorplatz des Hauses im Sand und hört seine traurige Geschichte mit an. Er ist 13 Jahre alt, sieht aber aus wie ein Achtjähriger, ist sehr mager, hat ein verquollenes Gesicht und eine starre Mimik. Er ist in zerschlissene, schmutzige Lumpen gekleidet und hustet ununterbrochen. Offensichtlich hat er eine schwere Bronchitis, „erst seit gestern nacht" wie der VaterBruder behauptet. Nachdem die Behandlungspauschale geregelt ist, wird vereinbart, dass der erwachsene Sohn des VaterBruders morgen früh vor der Schule mit Musa ins Krankenhaus geht, damit ihn ein Arzt untersucht.
>
> Mit Musa ins Gespräch zu kommen ist bei diesem Besuch recht schwierig. Der ständige Husten und wohl auch die anwesenden Verwandten, insbesondere der barsche VaterBruder reduzieren die Antworten des Kindes auf das Notwendigste: „ ja, ich habe mich in Pangani eingelebt, ja, ich habe schon Freunde gefunden, ja, ich gehe gerne zur Schule". Als ich frage, wie lange er zur Schule gehen will, antwortet Amina, seine spätere Pflegemutter schnell „bis zur siebenten Klasse", also bis zum Abschluss der Primarschule. Musa besucht jetzt mit dreizehn Jahren die 2. Klasse, denn er konnte erst nach Abschaffung der Schulgebühr vor zwei Jahren mit der Schule beginnen.

Auf dem Weg zu meinem nächsten Besuch einige Tage später werde ich von dem erwachsenen Sohn Aminas, der geschiedenen Frau des VaterBruders abgefangen und zu ihrem Haus begleitet. Sie hat Musa inzwischen aufgenommen, er wird bei ihr leben „für immer, denn er hat doch sonst niemand" wie sie sagt. Eine gute Nachricht. Bei ihr ist das Kind besser aufgehoben, als im Haus des cholerischen VaterBruders. *Shangazi Amina*, wie Musa die Pflegemutter ruft, berichtet, der Arzt habe bei Musa eine Bronchitis festgestellt und Antibiotika gegeben. Mit Einverständnis des Jungen wurde ein HIV-Test gemacht, weil Musa jahrelang eng mit seinem infizierten Vater und der Stiefmutter zusammengelebt hat. Der Test war negativ. Die zweite gute Nachricht. Der Arzt will Musa wegen seines schlechten gesundheitlichen Zustands gründlich untersuchen, sobald die Bronchitis abgeklungen ist. Musa geht es schon viel besser, er hustet kaum noch und sagt stolz, er habe trotz der Bronchitis keinen Tag in der Schule gefehlt. Vom *Second-Hand* Markt habe ich eine Hose und ein T-Shirt für Musa mitgebracht. Musa verschwindet mit der Tüte im Haus und als er die neuen Sachen vorführt, passen sie ihm gut, er sieht völlig verändert aus und lächelt sogar.

„Das Leben ist nicht einfach" *(maisha siyo rahisi kabisa)* sagte Pflegevater Paulo bei meinem ersten Besuch, denn er hatte als Mutterbruder die vier Kinder Johannes, Mathews, Simon und Justina seiner beiden jüngeren Schwestern in Pflege genommen, weil keiner seiner Brüder dazu in der Lage war. Vor sechs Monaten sind seine eigenen etwa gleichaltrigen drei Söhne, die er bis dahin allein aufgezogen hatte, zu ihrer geschiedenen Mutter nach Songea übergesiedelt, weil Paulos Haus zu klein und das Geld zu knapp geworden war.

Paulos Schwestern waren nicht verheiratet. Die ältere starb 1996 im Alter von 32 Jahren in Pangani, wo sie als Krankenschwester im Hospital gearbeitet hatte. Über die Todesursache wird nicht gesprochen. Sie hatte vier Kinder von vier Männern. Ein Kind starb bei der Geburt. Die anderen drei Jungen sind heute 22, 16 und 13 Jahre alt und leben seit sieben Jahren beim Pflegevater. Der älteste Pflegesohn hat die Sekundarschule abgeschlossen, bekommt aber sein Zeugnis nicht ausgehändigt, weil das Schulgeld nicht bezahlt ist. Er hat jetzt verschiedene Jobs in einer Garage, mal eine Reparatur, mal das Be- oder Entladen eines LKWs. Lohn erhält er pro Auftrag. Der sechzehnjährige Pflegesohn geht in die Sekundarschule, ist gut in der Schule und wird den Abschluss schaffen. Der Jüngste besucht die Primarschule; es bleibt unerwähnt, dass sein Vater in der Mara Region Polizist ist und dort seine Familie hat, wie der Junge mir im Interview erzählte, denn sein Berufswunsch war es, auch Polizist zu werden, wie sein Vater.

Die zweite Schwester des Pflegevaters starb 1998, nach den Symptomen wohl an AIDS. Sie hatte zwei Töchter, die elfjährige Justina lebt in der Familie des Pflegevaters und ihre Schwester bei Verwandten in der Kagera-Region. Justina kam mit ihrer kranken Mutter 1996 aus Morogoro, wo diese als *barmaid* gearbeitet hatte. Bei ihrer Rückkehr war die Mutter gesundheitlich schon in sehr schlechter Verfassung, zwei Jahre später starb sie im Haus ihres Bruders Paulo. Justina hat als Fünfjährige Krankheit und Sterben der Mutter miterlebt und sie tagsüber gepflegt, wenn der Pflegevater bei der Arbeit war. Sie ist das einzige

Mädchen in der Familie und es ist jetzt ihre Aufgabe das Baby Mariama von Paulo und seiner neuen Ehefrau zu betreuen.

Bibi Sofie ist die Pflegegroßmutter ihrer Enkel Thomas (17) und Lukas (13). Thomas lebt bei ihr, seit Bibi Sofies Sohn vor zehn Jahren „oder länger" im Alter von etwa 50 Jahren starb, seine Frau kurze Zeit später. Die Todesursache ist unbekannt. Thomas Eltern hatten zehn Kinder und Thomas ist das jüngste. Die Familie lebte in Tanga, wo ihn die Großmutter nach dem Tod der Mutter abholte. Bibi Sofie hat sich bei AFRIWAG um Beihilfe für die Sekundarschulgebühr von Thomas als „AIDS-Waise" bemüht. Die Pflegefamilie ist so arm, dass die Großmutter den AIDS-Tod ihres Sohnes behauptete, weil AIDS das Vergabekriterium für die Unterstützung der NGO ist, aber sie hatte keinen Erfolg (vgl. Abschnitt 5.3).

Lukas ist das Kind des zweiten Sohnes von Bibi Sofie, der vor 11 Jahren starb, mit unbekannter Todesursache. Lukas lebte bis vor zwei Jahren in Dodoma bei seiner Mutter, bis auch sie starb. Zunächst wurde er in Dodoma von mütterlichen Verwandten betreut, aber die Versorgung war nicht gut. Als Bibi Sofie und Tante Mira davon hörten, entschlossen sie sich, Lukas in Pflege zu nehmen. Die Tante fuhr nach Dodoma und holte den Jungen nach Pangani. Seit einigen Tagen hat die Großmutter Lukas bei dem katholischen Priester untergebracht, weil es erzieherische Probleme gab. „Er ist unter schlechten Einfluss geraten" wie Tante Mira sagte.

Die Familie gehört zur Volksgruppe der Warange aus der Region Dodoma. Die Großeltern kamen vor Jahren nach Pangani, weil es hier Arbeit in den Sisalplantagen gab. Der Großvater starb vor sechs Jahren. Die Großeltern hatten drei Söhne, zwei sind gestorben, die Väter von Thomas und Lukas; der dritte Sohn ging vor einigen Jahren nach Uganda, um Arbeit zu suchen, seitdem hat er nichts mehr von sich hören lassen.

9.2   Soziale und ökonomische Lage in Pflegefamilien

Alle interviewten Pflegefamilien, bis auf die des Pflegevaters Simon, lebten in einer Situation Mangels, denn für die Größe ihrer (Pflege-)Familie war ihr Einkommen nicht ausreichend und der zur Verfügung stehende Wohnraum zu beengt. Die beiden älteren alleinstehenden Pflegemüttern Amina und Bibi Sofie verfügten über kein regelmäßiges Einkommen, in ihren Haushalten war die finanzielle Lage besonders prekär und beide Pflegefamilien lebten in Armut.

9.2.1 Berufstätige Pflegemütter

Simons Pflegemutter Franziska ist alleinstehend und berufstätig. Sie ist 38 Jahre alt, sieht viel jünger aus, gehört zur Volksgruppe der Bondei, ist lutherische Christin und stammt aus einem Dorf im Distrikt Muheza. Sie lebt seit 16 Jahren in Pangani, war *barmaid* in mehreren Hotels und arbeitet jetzt in einer Touristen-Lodge. Zuvor war sie einige Jahre in Dar es Salaam verheiratet mit einem Reiseführer, von dem sie sich kinderlos trennte. Vor dieser Ehe hatte sie schon eine Tochter, die jetzt siebzehn Jahre alt ist. Die Tochter hat keine Arbeit, sie kümmert sich um Simon, kocht und führt den Haushalt, sodass die Pflegemutter ganztags bis in den späten Abend arbeiten gehen kann.

Franziska erzählt, wie die kleine Familie seit Simons Ankunft lebt. Sie hat günstig ein Zimmer im Zentrum von Pangani gemietet, für das sie 6000 TSh. im Monat (etwa 6 Euro) zahlt, mit Wasser und Strom. Im Zimmer steht ein großes Doppelbett *(„kingsize"* wie sie betont), in dem alle drei schlafen. Zur Zeit geht das noch, wenn Simon älter wird, möchte sie ein zweites Zimmer im Haus mieten, das jetzt noch nicht frei ist. Das Zimmer von Franziskas Familie liegt nahe der Touristen-Lodge und so kann sie ihre Arbeitsstelle im Hotel gut erreichen.

> Simon ist jetzt acht Jahre alt und besucht die 2.Klasse der Primarschule. Er ist ein hübscher, kräftiger und intelligenter Junge, dem nicht anzumerken ist, dass er bis vor zwei Jahren das terminale Stadium der AIDS-Erkrankung und das Sterben seines Vaters miterlebt hat. Über das Erlebte spricht er mit niemanden, will aber auf keinen Fall die Verwandten in Dar es Salaam besuchen, weil er sich – so seine Begründung – nicht mehr an sie erinnern kann. Er verbringt an Nachmittagen und Wochenenden viel Zeit in der Lodge, in der die Pflegemutter arbeitet. Dort beschäftigen sich weibliche Touristinnen mit dem Jungen und unterrichten ihn bspw. in Englisch.

Franziska arbeitet von morgens 6 bis abends 22 Uhr in der Touristen-Lodge, zusammen mit zwei anderen Frauen und sie erledigen alle anfallenden Arbeiten. Sie erhält hierfür 20.000 TSh. im Monat (etwa 20 Euro), was ist ein guter Lohn für diese Arbeit ist. Zusätzlich verdient sie etwas am Verkauf von Bier, das sie in Kommission nimmt, etwa 2500 TSh. pro Kasten. Manchmal kommen Trinkgelder von Touristen hinzu. Franziska hat einen festen Freund *(rafiki)*, der sie monatlich mit 10.000 TSh. unterstützt. Er ist verheiratet und hat drei Kinder. Wegen seiner Familie hat er abends kaum Zeit zu ihr zu kommen und sie kann andere Männer empfangen, was aber der Freund nicht wissen darf. Sie erhält zwischen 2000 bis 5000 TSh. für eine Nacht (etwa 2-5 Euro). Die meisten ihrer „Kunden" sind Bus- und LKW-Fahrer, die nur eine Nacht in Pangani verbringen, aber auf ihren Touren immer mal wieder in den Ort kommen.

Bars und Hotels gehören zu den wenigen Arbeitsfeldern für junge Frauen ohne Ausbildung und die Konkurrenz ist groß. In Pangani gibt es sechs große Bars mit jeweils drei Barfrauen, in einer Bar arbeiten sogar sieben Frauen. Nach allgemeinem Verständnis, das auch *barmaids* und Kunden teilen, stehen diese Frauen für sexuelle Dienstleistungen gegen Bezahlung zur Verfügung. Da das normale Gehalt einer Barfrau nur 5000 TSh. (5 Euro) im Monat beträgt, sind sie gezwungen hinzuzuverdienen. Das Gehalt von Franziska in der Lodge ist mit 20.000 TSh. ungewöhnlich hoch für diese Branche, sie hat aber eine lange Arbeitszeit und ist für alle Arbeiten zuständig, Waschen der Bettwäsche, Putzen, Zimmervermietung, Getränkeverkauf an der Bar usw.

Franziska erzählt, sie habe Mitte Juli zum ersten Mal einen HIV-Test gemacht, nicht in Pangani (wo er kostenlos ist), sondern in Muheza. Das Ergebnis war negativ. Sie soll im Oktober einen weiteren Test machen. Der AIDS-Berater sagte ihr, sie solle niemals Sex ohne Kondom haben. „Aber die Männer wollen kein Kondom nehmen" sagt sie und fügt wenig überzeugend hinzu, sie weigere sich aber Sex ohne Kondom zu haben.

Von ihren Einkünften muss sie auch ihre Familie in Muheza unterstützen. Ihr älterer Bruder und seine Frau sind an AIDS gestorben, sie haben zwei Kinder hinterlassen, die jetzt bei ihrer Großmutter – Franziskas Mutter – in Pflege sind, die aber schon alt und krank ist. Franziskas Schwestern, 41 und 28 Jahre alt, sind beide HIV-infiziert und AIDS-Witwen. Jede hat ein Kind, das nach dem Tod der Mütter zukünftig in der Familie versorgt werden muss. Und bei ihrer jüngeren Schwester ist die Krankheit schon weit fortgeschritten.

Franziska hofft bald mit ihrer Tochter und Simon nach Muheza umzuziehen und ein *business* zu beginnen. Sie will ein kleines Grundstück an der Hauptverkehrsstrasse kaufen, dort eine Kaffeebar und einen Friseurladen zu eröffnen. Das Startgeld hierfür wird eine Lohnnachzahlung sein, um die sie zusammen mit einigen Kollegen aus einer anderen Touristen-Lodge in Pangani einen Prozess führt. Die tansanische Regierung ist Besitzerin dieser Lodge und hat jahrelang keine Löhne gezahlt. Ihre Sache steht gut bei Gericht, sie erwarten den Prozess zu gewinnen. Franziska wird wohl etwa 3 Mio. TSh. (3000 Euro) bekommen, abzüglich 10% für den Rechtsanwalt und 5% für Spesen. Das Geld möchte sie dann in die Zukunftssicherung investieren, in Muheza, wo ihre Mutter, ihre Schwestern und deren Kinder leben.

Im Vergleich hierzu ist die wirtschaftliche Situation bei Annas Pflegemutter stabiler. Monica ist 46 Jahre alt, gehört zur Volksgruppe der Zigua und ist anglikanische Christin. Sie arbeitet als Sekretärin in der Distriktverwaltung und verdient 65.000TSh. im Monat (etwa 65 Euro), für tansanische Verhältnisse ein gutes und vor allem ein sicheres Einkommen. Dennoch klagt sie darüber, dass das Geld sehr knapp sei für vier Kinder, zumal sie für die Sekundarschule ihres ältesten Sohnes 40.000 TSh. Gebühr im Jahr zahlen muss. An den Wochenenden macht sie Flechtarbeiten, insbesondere Kokosmatten, um mit ihrem Verkauf das Haushaltsgeld aufzubessern. So auch bei meinem Besuch. Gern würde sie privat Sekretariatsarbeiten übernehmen, aber dafür ist in Pangani kein Bedarf. Neben ihrem Häuschen mit zwei Zimmern steht der Zementrohbau für ein neues Haus, das drei Zimmer haben wird, wenn sie das Geld für den Weiterbau zusammen hat.

Die Pflegemutter beschreibt den Tagesablauf der Familie. Anna besucht von 7 Uhr 30 bis 12 Uhr 30 einen Kindergarten *(vidudu)*, die Zwillinge gehen in die Primar- und der älteste Sohn in die Sekundarschule. Sie selbst läuft dann zu ihrer Arbeitsstelle in der Verwaltung, die nicht weit von ihrem Haus ist, sodass sie in ihrer Mittagspause meist kurz nach Hause kommen kann, um das Mittagessen für die Kinder zu richten. An anderen Tagen wärmen sich die Kinder ein vorbereitetes Essen auf. Anna spielt am Nachmittag mit den Kindern aus der Nachbarschaft, ihre Söhne ebenfalls oder sie erledigen ihre Hausaufgaben. Gegen vier Uhr nachmittags kehrt die Pflegemutter von der Arbeit zurück und kann sich um die Kinder kümmern. Diesen Tagesablauf wird die Familie auch beibehalten können, wenn Anna im nächsten Jahr in die Schule kommt.

9.2.2 Prekäre Situation bei älteren Pflegemüttern - „Das Leben ist schwierig"

Bei meinem ersten Besuch bei Bibi Sofie sitzen Tante Mira, Thomas und ich auf dem Vorplatz vor dem Häuschen in Myongeni im Sand, es gibt im Haushalt nur einen Hocker und der ist für die Großmutter. „Das Leben ist schwierig"*(maisha ni magumu)* sagt Bibi Sofie und die Stimmung der drei ist ziemlich bedrückt, wegen der Probleme mit Lukas, aber insbesondere weil Thomas vor einigen Wochen von der Sekundarschule verwiesen wurde, denn die Großmutter konnte das Schulgeld nicht bezahlen. Die Lebensmittel für den Haushalt kommen von der *shamba* und dem Gärtchen, die der Großmutter gehören und die Tante Mira bestellt. Sie arbeitet auch gegen Entgeld auf den Feldern von Nachbarn, so dass etwas Bargeld in den Haushalt kommt. Bibi Sofie macht nur wenig im Haushalt, denn sie fühlt sich schwach und alt. Von der Kirche erhält die Familie manchmal eine Lebensmittelhilfe. Sie haben einige Hühner und Enten, die Lukas versorgt und Thomas hilft im Haus, im Garten und auf der *shamba*.

Thomas war nach der Primarschule von der Distriktverwaltung ein Platz in der Sekundarschule in Kilimanwendo zugewiesen worden, die er bis zur 3. Klasse besucht hat. Thomas Schulweg war lang und beschwerlich, für den Hin- und Rückweg brauchte er jeweils 2 Stunden, d.h. er war täglich 4 Stunden unterwegs. Er nahm die Fähre über den Pangani-Fluss, deren Benutzung für Schüler kostenlos ist und hatte von der Anlegestelle in Bweni einen 8 Kilometer langen Fußweg durch bergiges Gelände zur Schule. Morgens um 6 Uhr verließ er das Haus und kehrte gegen 17 Uhr zurück. Schularbeiten konnte er nur an Wochenenden machen.

Seit Beginn des Schulhalbjahres geht er aber nicht mehr zur Schule. Als das Gespräch auf das Thema kommt, zieht Thomas einen zerknitterten Brief der Schule aus der Hosentasche, in dem die ausstehenden Gebühren aufgelistet sind: insgesamt 156.000 TSh. (156 Euro), jeweils 40.000 TSh. für die Klassen 1 bis 3 sowie zusätzliche 36.000 TSh. für Lehrerhonorare. Die Großmutter hat nur einmal 10.000 TSh. Prüfungsgebühr bezahlt, für das Examen in der 2. Klasse.

Thomas Stellung im *ranking* der Klasse war gut, bei 70 Schülern lag er zwischen Position 10 bis 15. Wenn er bei Wiederaufnahme in die Schule das Versäumte nachholt, hätte er gute Aussichten, das Abschlussexamen zu bestehen. Und was wären seine Wünsche für die Zukunft? Er erwidert: „ein besseres Leben haben". Und in welchem Beruf möchte er arbeiten? Seine Antwort: „ich will *waziri* werden (Minister, übertragen „großer Mann") mit einem Job bei der Regierung oder einer großen Firma". Tante Mira lacht schallend, ihr erschien das wohl unrealistisch.

Bibi Sofie erzählt von ihrem vergeblichen Kampf um die Schulgebühr bzw. deren Stundung: In den ersten beiden Jahren ist sie zur Direktorin der Distriktverwaltung gegangen und hat versucht das Geld zu bekommen, ohne Erfolg, denn es gab keinen Etat hierfür. Aber die Direktorin hat in beiden Jahren ein Schreiben an den Schuledirektor geschickt und um Stundung gebeten, die auch gewährt wurde. Nachdem ab Jahresmitte ein neuer Distriktdirektor im Amt ist, beendete der Schulleiter sein Entgegenkommen und verwies Thomas der Schule. Alle Versuche der Großmutter das Geld zu beschaffen, blieben erfolglos, auch bei AFRIWAG (Abschnitt 5.3) und beim Direktor der Ortverwaltung. Hier gibt es Mittel, Familien in einer Notlage die Schulgebühren zu zahlen, aber die waren zu Beginn des Schuljahres schon ausgeschöpft. Bibi Sofie hat nun die Hoffnung, dass das Schulgeld für die 4. Klasse im kommenden Schuljahr aus diesem Etat bewilligt wird. Für die aufgelaufenen Außenstände ist aber keine Lösung in Sicht.

Thomas ist einsilbig und niedergeschlagen, neben den Belastungen der letzten Wochen leidet er schon länger an einer schweren Malaria, konnte aber nicht ins Krankenhaus gehen, weil die Familie die Behandlungspauschale von 500 TSh. nicht hatte. Jetzt wurde bei einem Bluttest ein hoher Spiegel an Malariaerregern festgestellt, die medikamentös über einen längeren Zeitraum abgebaut werden sollen. Der Wegzug seines Cousins Lukas aus der Familie bedrückt ihn sehr, er spricht nicht darüber, aber als er mir das gemeinsame Zimmer zeigt, muss er seine Tränen unterdrücken. Sein größtes Problem ist aber, dass er nicht zur Schule gehen kann. Der intelligente Junge hat jetzt nichts zu tun, außer der täglichen Bibelstunde (früher ging er nur am Wochenende) und dem Gang zur Fährstation, in der Hoffnung irgendeinen Kleinstjob zu finden.

Shangazi Amina lebte zunächst mit ihrem neuen Pflegesohn Musa in einem Zimmer, das sie für 1500 TSh. monatlich in einem zwei-Raum-Häuschen in Myongeni gemietet hat. Das Haushaltsgeld für sich und Musa verdient sie mit dem Flechten von Kokosmatten und sie hat ein kleines Feld *(shamba)*, auf dem sie Mais für den eigenen Verbrauch anbaut. Sie will jetzt in ein billigeres Zimmer umziehen, das nur 1000 TSh. Miete kostet. Amina erzählt von ihrer Familie, sie sind Zigua und Muslime. Sie ist 50 Jahre alt und stammt aus Pangani. Musas VaterBruder war ihr zweiter Ehemann, sie seine erste Frau. Sie haben fünf gemeinsame Kinder, geboren 1975, 1978, 1981, 1985 und 1990, wie sie aufzählt, d.h. Amina hat eine dreizehnjährige Tochter, die genau so alt ist wie ihr Pflegekind Musa und sie lebt als Pflegekind bei ihrer Schwester in Dar es Salaam.

Mein nächster Besuch ist in dem Häuschen mit dem neuen Zimmer, das deutlich kleiner ist als das alte und deswegen wohl billiger. Es ist Nachmittag, Shangazi Amina ist zu einer Hochzeit gegangen und Musa schläft. Als ihn die Nachbarskinder wecken sagt er, er fühle sich nicht wohl. Musa ist wieder in seine schmutzigen Lumpen gekleidet, die neuen Sachen werden wohl geschont. Im Krankenhaus stellt der Arzt einen Abszess an Musas Gesäß fest, eine typische Mangelerkrankung, wie er erklärt. Als Shangazi Amina später von der Hochzeit zurück kommt, ist sie ist nicht in einen dunkelfarbene *kanga* gekleidet wie sonst, sondern trägt ein bodenlanges Hängekleid in leuchtenden Farben. Es ist verblüffend, wie gut sie sich kleidet und wie schön sie aussieht, trotz ihrer Armut. Wir sprechen darüber, dass sie für Musa bei AFRIWAG im kommenden Schuljahr eine Unterstützung beantragen kann, was sie nächste Woche versuchen will.

Ein anderes Mal ergibt sich die Gelegenheit mit Musa behutsam über die Krankheit des Vaters sprechen. Musa sagte, er wisse, dass der Vater an AIDS gestorben ist. Wie ein Jahr zuvor seine Stiefmutter. „Das ist eine schreckliche Krankheit". Der Vater habe zuletzt ständig erbrochen und Durchfälle gehabt. Und er fügt hinzu, der Tod war eine Erleichterung für den Vater. Hat er das Sterben des Vaters am vorletzten Sonntag nachts miterlebt? „Ja" ist seine kurze Antwort. Und ist er mitgegangen zum Begräbnis in Bweni? „Ja".

Bei einem späteren Besuch spielt Musa vor dem Haus mit einem kleinen, etwa dreijährigen Mädchen aus der Nachbarschaft. Mit Wasser hat er Schlamm angerührt und baut daraus einen Brunnen, wie er sagt, ein etwa 15 cm tiefes Loch mit einem Durchmesser von etwa 20 cm. Das kleine Mädchen und Musa rühren zusammen im Schlamm herum. Das rührende Kleinkinderspiel der beiden zeigt den Nachholbedarf, den Musa nach seiner entbehrungsreichen Kindheit hat. Auch ist er wohl durch seinen dreijährigen Stiefbruder daran gewöhnt, mit kleinen Kindern zu spielen.

9.2.3 Pflegeväter und ihre Familien

Das Haus von Pflegevater Paulo am Ortsrand von Myongeni ist nicht fertig gebaut und hat nur ein provisorisches Dach aus Kokosmatten. Der Zementbau wurde 1975 von Paulos Eltern begonnen, nachdem der Vater als Polizeifahrer aus der Kagera-Region nach Pangani versetzt wurde. Seither hat das Geld nie gereicht, das Haus fertigzustellen. Der Vater starb 1981, die Mutter 1997. Paulo hat das halbfertige Haus geerbt, in dessen zwei Räumen er jetzt mit seiner Familie lebt. Er ist 45 Jahre alt, römisch-katholisch und arbeitet als Techniker in Ortsverwaltung. Seine siebenköpfige Familie ernährt er mit seinen Lohn von 51.000 TSh. (etwa 51 Euro). Er sagt, es könnte doppelt so viel sein bei der Größe seiner Familie. Außerdem zahlt die Regierung die Löhne meist erst spät im Monat aus. Um die Haushaltskasse aufzubessern, übernimmt er privat kleine technische Arbeiten, aber auch das ist nicht genug.

Nachdem Pflegevater Paulo zum zweiten Mal geheiratet hat, sind seine drei Söhne, 22, 19 und 17 Jahre alt, vor sechs Monaten zur Mutter übergesiedelt, weil die Familie mit dem Baby zu groß geworden war. Die erste Ehe hatte Paulo 1980 mit 22 Jahren geschlossen, seine Frau hat sich 1988, ein Jahr nach der Geburt des jüngsten Sohnes, von ihm getrennt. Er zog die drei Söhne allein auf und betont, dass sie alle die Primarschule abgeschlossen haben. Seine Frau ist nach der Trennung nach Dar es Salaam gegangen, um Arbeit zu suchen. Jetzt wohnt sie in Songea mit den drei Söhnen bei ihren Eltern, sucht weiter nach Arbeit und lebt von dem, was sie mit den Eltern auf deren Feld anbaut. Er vermisst seine Söhne sehr, sagt er traurig und kämpft mit Tränen. Das zweijährige Baby Mariama ist die ganze Freude des Vaters. Es ist schon getauft, wie er voller Stolz erzählt. Ihre Mutter war seine Haushaltshilfe, sie ist Muslimin, wird aber bald Christin werden, wie Paulo sagt. Die neue Frau klagt über die viele Arbeit in der Familie und dass die Pflegekinder nicht genug helfen und der Pflegevater fügt hinzu, er versuche immer zu vermitteln und auszugleichen.

Paulo ist der älteste Sohn unter den Geschwistern, er trägt die ganze Verantwortung für die vier Waisen, seine Geschwister können keine Hilfe leisten: der jüngste Bruder lebt in Dar es Salaam und hat keine Arbeit, ein anderer Bruder ist in Pangani wegen *dealings* und Drogenmissbrauch zu sieben Jahren Haft verurteilt worden und sitzt im Gefängnis in Tanga; ein Bruder ist nach Südafrika und ein anderer nach Burundi gegangen, auf der Suche nach Arbeit. Zu ihnen gibt es seither keinen Kontakt. Paulos ältere Schwester hat ein kleines Grundstück mit einem Hausrohbau hinterlassen, allerdings ohne Dach. Deshalb ist es im Moment weder bewohn- noch vermietbar. Der älteste Pflegesohn will es weiterbauen, wenn er Geld hat und dann haben die drei Pflegesöhne später wenigstens ein Erbe, wie Pflegevater Paulo sagt.

Paulos siebenköpfige Familie lebt in großer Armut in dem halbfertigen Haus. Der Pflegevater ist schmal und mager. Seine Augen glänzen fiebrig und er wirkt krank. In der Distriktverwaltung erzählt man sich, er habe TB. Eine deprimierende Information, denn es könnte die Folgeerkrankung einer HIV-Infizierung sein.

Ein völlig anderer Eindruck ergibt sich in der Familie des Pflegevaters Simon, in der drei Pflegekinder und drei eigene Kinder leben. Der Pflegevater ist 41 Jahre, seine Frau 30 Jahre alt, sie stammen aus Muheza, sind Zigua und anglikanische Christen. Er ist seit 14 Jahren in der Ortsverwaltung in Pangani tätig, seit sechs Jahren leitet er eine Abteilung und bezieht ein Gehalt von 120.000 TSh. (120 Euro), ein gutes Gehalt für tansanische Verhältnisse, selbst für eine achtköpfige Familie.

Seine drei eigenen Kinder, ein Junge und zwei Mädchen im Alter von 13, 8 und 5 Jahren gehen in die 7. und 1. Klasse der Primarschule, das Jüngste in den Kindergarten *(vidudu)*. Die Pflegekinder sind zwei Jungen, 16 und 13 Jahre alt und ein neunjähriges Mädchen; die beiden jüngeren besuchen die 6. und in die 3. Klasse der Primarschule, der ältere Junge lebt wochentags im Internat und geht in die 3. Klasse der Sekundarschule. Das Internat kostet 100.000 TSh. im Jahr, hat aber keinen so guten Ruf und der Pflegevater denkt an einen Wechsel in eine bessere Schule. Er betont, dass alle Kinder gute Schulnoten haben. Im Haushalt helfen nur die beiden dreizehnjährigen Jungen, ihre Aufgabe ist es, Eingangsbereich und Umgebung des Hauses regelmäßig zu fegen und sauber zu halten. Die anderen Kinder sind noch zu klein für Hausarbeiten, wie der Pflegevater sagt.

Das Haus der Familie ist ein properer weißer Zementbau am östlichen Rand von Pangani, das ihm als höheren Regierungsangestellten für eine Miete von 10.000 TSh. monatlich zur Verfügung gestellt wird; es hat fließendes Wasser und Strom. Auf der Rückseite ist ein kleiner Hof, in dem sich Küche, Bad und Toilette befinden. Dort stehen etliche große Kochtöpfe und Schüsseln nach dem Abwasch vom Mittagessen zum Trocknen aufgereiht, die Mutter und eine Haushaltshilfe waschen gerade Wäsche und die Kinder spielen ausgelassen vor dem Haus.

Der größte Raum im Haus ist das Wohnzimmer, das wohnlich und hübsch eingerichtet ist. An den vier Wänden stehen zehn Sessel mit rotweisskariertem Polster und Holzarmlehnen, gruppiert um einen Couchtisch. Für das abendliche Beisammensein hat somit jedes Familienmitglied einen Sessel und zwei weitere stehen für Besucher bereit. Auf allen liegen weiße bestickte Deckchen *(vitambaa)* zur Dekoration. Das eheliche Doppelbett mit Moskitonetz passt gerade noch in eine Zimmerecke, ein Fernseher – einer der wenigen in Pangani - steht auf einem Tischchen in der anderen Ecke. Obwohl das Zimmer vollgestellt ist, wirkt es ausgesprochen wohnlich und die Katze der Familie streckt sich in einem der Sessel. Die offenstehende Tür gibt Einblick in die beiden anderen Zimmer, in denen je drei Betten für die Kinder stehen, durch schmale Zwischenräumen voneinander getrennt. Die drei Mädchen schlafen in einem Zimmer, im anderen die drei Jungen.

Der verstorbene Kindesvater hatte mit einem Hausbau in Muheza begonnen, dem Herkunftsort der Familie und der Pflegevater lässt es jetzt fertig bauen. Es ist das Erbe der Pflegekinder und bis zu ihrer Volljährigkeit kann es vermietet werden, sodass in den kommenden Jahren, wenn die Gebühren für die Sekundarschule für die beiden anderen Pflegekinder und Simons eigene Kinder aufgebracht werden müssen, hierfür ein kleines Zusatzeinkommen zur Verfügung steht.

9.3 Verwandtschaftliche Solidarität bei der Waisenversorgung: gelebte Moral

In den sechs Pflegefamilien ist in beeindruckender Weise verwandtschaftlich solidarisch bei der Inpflegenahme der zwölf Vollwaisen gehandelt worden, obwohl in allen Familien schon vorher die finanzielle Situation angespannt bzw. die Armut groß war, außer in der Familie des Pflegevaters Simon. Fünf der Pflegeeltern gehören zur väterlichen Familie der Waisen; mit vier Pflegemüttern und zwei Pflegevätern ergibt sich auch in diesen Pflegefamilien eine etwas stärkere Beteiligung weiblicher Pflegepersonen. Keine der sechs Pflegefamilien sind Swahili und das bedeutet, dass auch in anderen Volksgruppen in Tansania Pflegschaften für Waisen praktiziert werden. Das ist möglicherweise der Grund für die stärkere Beteiligung der väterlichen Familien bei den Inpflegenahmen, als sie bei den kognatischen Swahili-Familien der interviewten Waisen festzustellen war, bei denen überwiegend weibliche Mitglieder der mütterlichen Familie, einschließlich der Großmutter, die Waisenpflege übernommen hatten (vgl. Abschnitte 6.4 und 8.1).

Andererseits waren die Mütter dieser Pflegekinder schon verstorben und die Kinder waren bei ihrer Inpflegenahme Vollwaisen. Nur bei drei Waisen gab es überhaupt noch Kontakte zu Verwandten der mütterlichen Familie. Bei zwei von ihnen, Anna und Lukas, sahen die jetzigen Pflegeeltern aus der väterlichen Familie die Versorgung bei den mütterlichen Verwandten aber als problematisch an, weshalb sie die Waisen selbst in Pflege nahmen. Nur Pflegevater Paulo gehörte mit seinen vier Pflegekindern als Mutterbruder zur mütterlichen Familie. Vier Pflegeeltern sind Zigua und Bondei aus dem Küstengebiet, wie die Pflegemutter Franziska und der Pflegevater Simon bzw. aus Pangani, wie Annas und Musas Pflegemütter. Die Familie von Bibi Sofie ist aus Dodoma zugewandert und die Familie von Pflegevater Paulo wurde aus Kagera nach Pangani versetzt, denn der Vater war Regierungsangestellter.

Der traditionellen Inpflegenahme von Waisen liegt eine moralische Haltung der Angehörigen in der erweiterten Familie zugrunde, die gemeinhin als verwandtschaftliche Solidarität bezeichnet wird (Abschnitt 11.2). Diese verwandtschaftliche Solidarität sichert auch bei großer Armut und in den Zeiten von AIDS die Versorgung der Waisen, zumindest im ländlichen Tansania. Weder Gesetze noch staatliche Kontrollen sind hierfür notwendig oder vorhanden[62]. Jedoch erhalten Waisen und ihre Pflegefamilien auch keinerlei Unterstützung vom tansanischen Staat oder von einer NGO, abgesehen von den etwa hundert „AIDS-Waisen", für die AFRIWAG einmal im Jahr die Schulausstattung zur Verfügung stellt.

An der Lebenssituation der Pflegefamilien, auch der von Pflegevater Simon mit seinem guten Einkommen, wurde deutlich, wie sich die Existenzsicherung der Familie durch die Aufnahme von Pflegekindern verschlechtert. Die Pflegeeltern haben in ihren alltäglichen Strategien mit häuslicher Mehrarbeit und durch die Übernahme zusätzlicher Jobs (Mattenflechten, Feldarbeit, technische Reparaturen, Vollendung des Hausbaus zur Vermietung) ständig an der Absicherung der Lebensgrundlagen ihrer vergrößerten Familie gearbeitet.

Im tansanischen Kontext ländlicher Armut waren die Pflegeverhältnisse gut und gedeihlich und die Waisen waren zufrieden mit ihrer Pflegesituation. Die meisten Pflegekinder leben mit leiblichen Kindern der Familie zusammen, eine guter Umstand, sofern es nicht zu Benachteiligungen der Pflegekinder kommt, wofür es keine Anzeichen gab. Alle Pflegeltern haben sich für die Schulbildung ihrer Pflegekinder eingesetzt. Bibi Sofie und Pflegevater Paulo haben ihre älteren Pflegekinder auf die Sekundarschule geschickt, obwohl beide die Schulgebühr nicht aufbringen konnten und sie als Schulden anhäuften. Auch die anderen Pflegeeltern werden ihren Pflegekindern voraussichtlich den Besuch der Sekundarschule ermöglichen, nur *Shangazi* Amina und Bibi Sophie werden es bei Musa und bei Lukas wegen der Schulgebühr wohl nicht schaffen.

Das Ende der Schulbildung und Zukunftssorgen bzgl. Arbeit und Einkommen markieren bei den älteren Waisen Thomas und Johannes den Übergang zum Erwachsenenleben, wie ihn in Tansania viele Heranwachsende erleben: sie haben keinen Schulabschluss bzw. kein Zeugnis über den erreichten Schulabschluss, weil es ihnen wegen der Gebührenschuld nicht ausgehändigt wird, sie können keine weiterführende Schule besuchen und werden der Armut in Zukunft kaum entkommen können.

---

[62] Als Vergleich hierzu siehe Blandow (2004) über Pflegekinder in Deutschland. Auf die beiden Kinderrechtskonventionen, die Tansania ratifiziert hat, wird in Abschnitt 11.4.1 eingegangen.

9.4   Krankheit und Sterben der Eltern

Die meisten Pflegeeltern beschrieben Symptome von HIV/AIDS oder eine der typischen Folgeerkrankungen wie eine Lungenentzündung als Todesursache der Eltern ihrer Pflegekinder ohne HIV/AIDS beim Namen zu nennen. Auch die nicht erwähnte Todesursache von Paulos Schwester 1996 wird wohl der AIDS-Epidemie zuzuordnen sein; sie war Krankenschwester in Pangani, wo im Krankenhaus noch Jahre später beim Umgang mit der Seuche Infizierungen möglich waren (vgl. Abschnitt 4.4). Unklar ist, ob Bibi Sofie wirklich annahm, dass ihre Söhne vor 10 und 11 Jahren an der Seuche starben, die damals im ländlichen Tansania kaum bekannt war oder ob sie das nur bei AFRIWAG angab, um eine Unterstützung für Thomas zu erhalten. Allein Musas Verwandte sprachen offen über AIDS, das qualvolle Sterben des Vaters lag auch erst wenige Tage zurück.

Aus diesem Grunde wusste nur Musa, dass seine Eltern an „der schrecklichen Krankheit" AIDS gestorben waren. Die anderen Pflegekinder könnten die Todesursache aufgrund der Symptome und ihres Wissens über die Seuche aus dem Schulunterricht erahnen. Alle Kinder, bis auf die kleine Anna, haben das Sterben der Eltern miterlebt und sich an der Krankenpflege beteiligt, obwohl die meisten noch sehr jung waren. Keine Waise ist infiziert, obgleich nur Musa getestet wurde; da die übrigen Kinder seit ihrer Geburt gesund sind, ist davon auszugehen, dass sie nicht seropositiv sind.

Musas Verwandte erklärten die Infizierung seines Vaters mit ihrem städtischen Ursprung und als eine Krankheit der anderen (vgl. Abschnitt 2.5): „er hat sich bei seiner zweiten Frau infiziert" und „er lebte in Tanga". Bei dem Gebrauch dieser Metaphern ist es interessant, dass die meisten Eltern der Pflegekinder tatsächlich in Städten gelebt haben, so in Tanga, Arusha, Dar es Salaam, Dodoma und Morogoro. In Pangani ansässig waren nur die Eltern von Anna und die Mutter von drei Pflegekindern Paulos, die sich bei ihrer Arbeit als Krankenschwester infiziert haben könnte.

10 Lebenswelten infizierter verwitweter Frauen und ihrer Kinder

Über die Hausbetreuung der TAWG hatte ich fünf infizierte und verwitwete Mütter kennen gelernt, die ich mit ihren Kindern, die Halbwaisen sind, regelmäßig besucht habe. Während dieser Besuche habe ich die Lebenswelten der Frauen und die alltäglichen Freuden und Sorgen in den Familien miterlebt und konnte beobachten, wie die Frauen mit ihrer Infizierung bzw. mit der akuten Erkrankung umgingen, wie sie mit der Armut und den Widrigkeiten des Alltags zurecht kamen, ihre Kinder versorgten, Verwandte zu Besuch hatten und, wenn sie sich noch gesund fühlten, das Familieneinkommen erarbeiteten.

Die Frauen waren zwischen 39 und 48 Jahren alt und gehörten zur reproduktiven mittleren Generation, die besonders stark von HIV/AIDS betroffen ist. Zwei Frauen waren Swahili und lebten im östlichen Stadtgebiet; beide waren am Vollbild AIDS erkrankt und eine von ihnen starb während der Feldforschung. Bei beiden Frauen bestimmte die Erkrankung und das physische Leiden ihr Leben und das der pflegenden Angehörigen. Drei Frauen waren Migrantinnen und wohnten im westlichen Stadtteil Myongeni. Sie waren noch ohne Symptome, ihre Infizierung spielte in ihrem Leben kaum eine Rolle und sie erledigten ihre tägliche Arbeit mit fast unerschöpflicher Kraft und großem Optimismus.

10.1 Tansanische Frauenleben - Autobiographische Erzählungen

Als sich während meiner ersten Besuche bei den Frauen ein Vertrauensverhältnis zwischen uns aufbaute, entstand bei mir der Wunsch auch ihre Stimmen hörbar werden zu lassen und die Lebenswelten der Frauen mit ihren persönlichen Erzählungen zu dokumentieren. Meine Inspiration hierfür waren weiblichen Lebensgeschichten, die seit den 80er Jahren des vergangenen Jahrhunderts aufgezeichnet worden sind und die Frauen, ihrem Leben und ihren spezifisch weiblichen Erfahrungen erstmals Raum in der sozialwissenschaftlichen Forschung gaben (vgl. u.a. Babre et al, 1989). Auch in sub-Sahara Afrika sind seither Frauenleben von Frauen erzählt und von Ethnologinnen aufgezeichnet worden, bspw. die Lebensgeschichte der !Kung Frau Nisa (Shostak, 1981) und die von drei Swahili-Frauen aus Mombasa (Mirza, Strobel, 1989). Beide Arbeiten vermitteln im afrikanischen Kontext die eindeutige *gender*-Prägung der Lebenszusammenhänge dieser Frauen, ihrer Erfahrungen und Sichtweisen. Andere Beispiele für die ethnologische Arbeit mit autobiographischen Erzählungen sind erzählte Familiengeschichten, insbesondere die der Kalanga in Simbabwe (Werbner, 1991) und die des Swahili Bauern Mohammed von der Insel Mafia (Caplan, 1997).

In den Zeiten von AIDS in sub-Sahara Afrika sind bislang die ganz alltäglichen Lebensgeschichten von Frauen, die auf mehrfache Weise von den Auswirkungen der Epidemie betroffen sind, vernachlässigt worden. So waren die fünf Frauen in Pangani aufgrund der AIDS-Epidemie selbst infiziert und Witwen, vier ihrer Ehemänner waren aufgrund von AIDS gestorben und ihre Kinder sind Vaterwaisen, für die die Mütter allein sorgen, unterstützt im sozialen Sicherungsnetz ihrer Familie. Meine Motivation war, für diese fünf Frauen die Gelegenheit zu schaffen, ihre Lebensrealität und die ihrer Kinder im Kontext ihrer erweiterten Familie aus eigner Sicht und mit eigenen Worten zu beschreiben und ihre persönlichen Strategie für die soziale Sicherung der eigenen Zukunft als Pflegebedürftige und die ihrer Kinder als Waisen darzustellen.

Nachdem die Frauen bereit waren über ihr Leben zu sprechen, boten narrative Interviews hierfür den geeigneten Rahmen, in dem sie in autobiographischen Steggreiferzählungen über lebensgeschichtliche Ereignisse und Erfahrungen sprechen konnten. Meine Rolle habe ich dabei weitgehend als Zuhörerin verstanden und später einige Nachfragen gestellt, bspw. zu bestimmten Zusammenhängen, lückenhaften Berichtsteilen, zum familiären Personal in der Erzählung und zu Jahreszahlen von Ereignissen (vgl. Schütze, 1983).

Dieser ideale Ablauf liess sich nicht immer durchhalten, weil es für die Frauen ungewöhnlich war über längere Zeit allein zu sprechen und weil Nachbarinnen, Verwandte und Kinder hinzukamen oder dringende Arbeiten im Haushalt zu erledigen waren. Da ich die Frauen über drei Monate besucht habe, ergab sich dann einige Tage später für sie wieder die Gelegenheit, die Erzählung ihrer Lebensgeschichte aufzugreifen und fortzusetzen. Bei Fatma und Zanana, den beiden akut erkrankten Frauen waren unsere Zusammenkünfte Krankenbesuche, die zeitlich begrenzt waren, aus Rücksicht auf die Kranke.

Die erzählten Lebensgeschichten zeigen, dass in einer armen, *gender*-asymmetrischen Gesellschaft wie der in Pangani, Frauen nur geringe Handlungsspielräume haben. Die Erzählungen zeigen aber auch, dass die Frauen diese Handlungsspielräume einfallsreich und voller Energie zu nutzen wissen. Bei der materiellen Versorgung und bei Überlegungen zur Zukunft wird deutlich, dass sich die verwandtschaftliche Kontakte bei allen Frauen nur auf die eigene mütterliche Familie bezogen, Kontakte zu den Familien der verstorbenen Väter ihrer Kinder gab es nicht. Hier sind wiederum matrifokale Tendenzen erkennbar, wie sie sich auch in anderen Zusammenhängen gezeigt haben (Kapitel 6 und 7).

Die Frauen erzählten alle sehr faktische Lebensgeschichten. Sie liessen ihre Gefühle und Einschätzungen weitgehend unausgesprochen. Die Ausnahme war Zanana, sie hatte sich zu den Ereignissen in ihrem Leben ihre Meinung gebildet und sprach sie offen aus. Bei Mariam war diese Haltung in Ansätzen zu erkennen. Die Einstellung der anderen Frauen war von ihrem Glauben geprägt, das Leben sei von Gott vorbestimmt. Die autobiographischen Erzählungen der Frauen werden hier verkürzt wiedergegeben.

10.1.1 Fatma – „Wir sehen uns nächste Woche"

Als ich Fatma das erste Mal begegne ist sie 39 Jahre alt und ist trotz der fortgeschrittenen Erkrankung eine schöne Frau, in deren Gesichtszügen auch arabischen Vorfahren deutlich erkennbar sind. Sie ist groß, sehr schlank und in einen dunkelfarbenen *kanga* gekleidet. Fatmas Familie lebt in einem geräumigen Haus mit einem kleinen Gehöft direkt am Hafen, nahe dem ehemaligen Sklavendepot. Das Haus vermittelte den Eindruck eines gewissen lokalen Wohlstands, es gehört Fatmas Mutter, Bibi Fatuma, die hier mit Fatma, deren beiden Kindern und der Familie ihrer jüngeren Tochter lebt. Bibi Fatuma sagte, die Familie sei Swahili und „schon sehr lange hier". Meine Einschätzung war, dass die Familie väterlicherseits aus dem Oman zugewandert ist, im Sklavenhandel aktiv war und im Ort zur Oberschicht gehört. Wie es für die Küstenkultur typisch ist, hatte die Familie einen Kokospalmenhain *(mnazi)* und der Innenhof des Gehöftes lag immer voller Kokosnüsse *(nazi),* die für den Verkauf vorbereitet wurden.

Fatma ist sehr zurückhaltend, nur langsam kommt das Gespräch in Gang. Nein, sie will nicht, dass unsere Unterhaltung *(mazungumzo)* auf Band aufgezeichnet wird, aber mit Notizen ist sie einverstanden. Sie war 34 Jahren alt, als sie 1998 geheiratet hat, es war ihre erste Ehe und die vierte des Ehemannes. Er war Regierungsangestellter in der Distrikt-Verwaltung, zunächst in Pangani, später in Korogwe, wohin die Familie zog, als er versetzt wurde. Fatma lebte mit der dritten Frau und deren Kind in einem Haushalt, die anderen Ehefrauen waren getrennt vom Ehemann. Fatma hat zwei Kinder, Riya und Faride, ein dreieinhalbjähriges Zwillingspärchen *(mapacha)*.

Fatma erkrankte 2001 nach der Geburt der Zwillinge an Tuberkulose und die verordneten Medikamente hatten keine Wirkung. Nachdem ein Test ein positives Ergebnis hatte, war sie sich über ihre Erkrankung im Klaren. Seither hat sie oft Husten, ist ständig müde und ihr Befinden wechselt häufig. Bis vor einem Jahr hat sie noch im Haushalt mitgearbeitet, danach kaum noch. Sie brüht höchsten einmal Tee oder wärmt ein fertiges Essen auf, aber an der Vor- und Zubereitung einer Mahlzeit kann sie nicht mehr beteiligen, das muss alles ihre Mutter machen - und die beiden kleinen Kinder sind viel Arbeit, wie Fatma sagt. Die Mutter macht auch ihre Krankenpflege, zusammen der jüngsten Tochter, die gerade ihr zweites Kind bekommen hat.

Während des Besuches wird Fatma zunehmend zugänglicher, sie lächelt sogar manchmal, auch die Mutter beteiligt sich an der Erzählung, vor allem bei den Themen Haushalt, Familie und Kinder. Die beiden Frauen sind sich einig, dass die Kinder sehr lebhaft sind, „ständig im Training" *(mazoezi)* wie Fatma sagt; aber wenn sie vier Jahren alt sind, werden sie in den Kindergarten *(vidudu)* gehen.

Ich frage Fatma, an welcher Krankheit ihr Ehemann verstorben ist. Ob sie sich bei ihm infiziert hat, will ich nicht fragen, es erscheint so offensichtlich, außerdem hat Fatma HIV und AIDS bislang nicht beim Namen genannt. Sie erzählt, ihr Mann habe vor ihrer Ehe ein bisschen gekränkelt, aber es war nichts Ernstes. Zwei Jahre nach der Heirat bekam er Tuberkulose und wurde arbeitsunfähig, ein Jahr später starb er.

Beim nächsten Besuch lerne ich Fatmas Kinder kennen, zwei hübsche Lockenköpfe. Der Junge wirkt auf mich recht zart und schmal, hatte ich doch nach Fatmas Schilderung ein kleines Energiebündel erwartet. An diesem Tag ist er sehr verstört, denn der Zustand seiner Mutter hat sich erheblich verschlechtert, sie kann das Bett nicht mehr verlassen. Zudem ist die Großmutter zur Diagnose eines Rückenproblems seit einigen Tagen in einer Spezialklinik in Moshi. Die Kinder leiden sichtlich darunter, dass Mutter und Großmutter für ihre Betreuung ausfallen, der Junge bringt kein Wort heraus. Die jüngere Schwester von Bibi Fatuma, die sonst bei der Familie ihres Sohnes lebt, ist jetzt im Haus und versorgt die Kinder und die Kranke.

Bei allen weiteren Besuchen liegt Fatma im Bett, meist umgeben von weiblichen Verwandten und von Freundinnen, die alle in schwarze *buibui* (Körperschleier) gekleidet sind. Fatma wurde immer kränker und verfiel zusehends. Sie konnte nicht mehr essen, hatte ständig Brechreiz und Durchfälle, es fiel ihr immer schwerer zu sprechen, sie lag bleich und durchsichtig wie Pergament im Bett. Eine Infusion verbesserte ihren Zustand nur für kurze Zeit. Die Familie überlegte, sie ins Krankenhaus zu bringen, aber Fatma weigerte sich strikt „wenn ihr mich loswerden wollt, dann schickt mich nur ins Krankenhaus".

„*Tutaonana wiki ya kesho*" sagte sie zum Abschied mühsam, als ich sie das letzte Mal sah „wir sehen uns nächste Woche". Es gab kein Wiedersehen mehr, Fatma starb vier Tage später. Meine Besuche waren nun Kondolenzbesuche bei Fatmas Familie und der untröstlichen Bibi Fatuma, die nicht aufhören konnte zu weinen. Die Familie trauerte drei Tage im Haus *(matanga),* hierzu waren auch die beiden anderen Schwestern Fatmas aus Sansibar gekommen, wo sie verheiratet sind.

Als Fatma auf dem muslimischen Friedhof jenseits des Flusses bestattet wurde *(zika),* begleiteten über hundert Männer den Trauerzug, ein Zeichen für das hohe Ansehen der Familie. Frauen dürfen bei muslimischen Beerdigungen nicht teilnehmen, sie trauern im Haus der Toten. Und so stand ich am Hafen, während der Trauerzug mit der Bahre *(machela)* und dem in weiße Tücher *(sanda)* gehüllten Leichnam Fatmas mit der Fähre zum anderen Ufer des Pangani übersetzte, nach islamischem Gebot schweigend. In dem geschäftigen Hafen wurde es für einige Momente vollkommen still.

10.1.2 Zanana – „Das Glück ist zu Ende"

Zanana lebt jenseits der Hauptstrasse Panganis in einem halb zerfallenen Haus, in dem nur noch ein Zimmer bewohnbar ist. Bei den ersten Besuchen leidet sie an starkem Hautausschlag, der typisch für eine akute AIDS-Erkrankung ist und die Kräuter der TAWG bessern ihren Zustand nur sehr langsam.

Zanana ist resolut und erzählt mit großer Offenheit über ihr Leben und die Krankheit. Ihr Aussehen ist das einer Sechzigjährigen. Die Beantwortung meiner Frage nach ihrem Alter fällt ihr schwer und zieht sich über mehrere Besuche hin. Ist sie nun 55 Jahre, wie sie zunächst sagte oder ist 1955 ihr Geburtsjahr? Auch die Erinnerungslücken sind ein Zeichen ihrer fortgeschrittenen AIDS-Erkrankung. Zanana ist 48 Jahre alt, wie wir schließlich mit Hilfe ihrer Tochter errechnen.

Ihre Eltern stammen aus Pangani, waren Moslems und Swahili und auch sie fühlt sich als Swahili, so wie ihre drei Ehemänner und ihre neun Kinder. Bei ihrer ersten Heirat 1968 war Zanana 13 Jahre alt. Es war eine arrangierte Ehe und natürlich wurde ein recht hoher Brautpreis *(mahari)* vom Bräutigam und seinen Eltern gezahlt, wie sie sagt. Der Ehemann stammte aus Lindi. Die junge Familie lebte zunächst in Dar es Salaam, dann in Tanga, als der Ehemann dort im Hafen Arbeit gefunden hatte, später zogen sie nach Lindi zur Familie des Mannes. In dieser Ehe hatte Zanana sechs Kinder, drei Söhne und drei Töchter. 1982, nach der Geburt des sechsten Kindes fuhr sie mit ihren sechs Kindern nach Pangani zu ihren Eltern und vollzog so die Ehescheidung.

„Riziki imekwisha" lautete die kurze Mitteilung, die sie in einem Brief an den Ehemann schickte, „das Glück ist zu Ende" in Abwandlung eines Swahili-Sprichwortes vom Glück eines Mannes, der eine Ehefrau hat. Zanana blieb mit ihren Kinder in Pangani und sie erzählt stolz, sie habe jetzt schon sieben Enkelkinder, die sie oft besuchen.

Im Jahr darauf, 1983, ging Zanana ihre zweite Ehe ein. Der Ehemann stammte aus Pangani und auch er war Swahili. Er zahlte ebenfalls einen Brautpreis *(mahari),* aber nur einen kleinen. Er starb zwei Jahre später an einem Leberleiden, im selben Jahr wurde das einzige Kind aus dieser Ehe und Zananas siebentes geboren, ein Sohn, der bei ihrer Tochter im Haus gegenüber lebt und die vierte Klasse der Sekundarschule in Kilimanwendo besucht.

Zananas Erinnerung zufolge war das Jahr 1985 besonders bewegt: sie wurde Witwe, gebar ihr siebentes Kind, heiratete zum dritten Mal und bekam im gleichen Jahr ihr achtes Kind. 1987 folgte die Geburt ihres letzten Kindes. Der dritte Ehemann stammte aus Bweni jenseits des Flusses und Zananas Erzählungen über ihn haben einen unüberhörbar negativen Unterton: er zahlte keinen Brautpreis, er hatte einen schlechten Charakter, er war schon mehrmals verheiratet, nach der Scheidung 1991 heiratete er erneut, Arbeit hatte er nicht, er lebte vom Geld seiner Mutter, die ein kleines Geschäft hat. Als sie von ihren beiden Söhnen aus dieser Ehe erzählte, sagte sie mehrmals, der ältere gehe in die erste Klasse der Primarschule, der jüngere in den Kindergarten *(vidudu).* Sie erinnert sich an ihre beiden jüngsten Kinder offenkundig nur zur Zeit der Scheidung

1991, als sie sechs und vier Jahre alt waren. Es ist anzunehmen, dass die Jungen in der Familie des Vaters aufwachsen, was Zanana aber nicht erzählte.

Nach ihrer letzten Scheidung hat Zanana einen Fischhandel betrieben und mit dem Bau eines größeren Hauses begonnen. 1998 musste sie den Fischhandel aufgeben, weil sie zu krank war und auch den Hausbau abbrechen, denn nun hatte sie kein Einkommen mehr. Sie vertraut jetzt auf die Versorgung durch ihre Kinder. An einem ihrer guten Tage laufen wir zum Rohbau ihres Hauses, den sie mir mit Stolz zeigt. Er hat sechs Räume, aber kein Dach und verwittert zusehends. Als ich frage, ob sie schon überlegt habe, wer das Haus erben soll, erwidert sie: „natürlich habe ich ein Testament *(wozia)* gemacht".

Ohne Umschweife erklärt Zanana, sie habe die Krankheit von ihrem dritten Ehemann. Zanana wird umsichtig von ihrer ältesten Tochter gepflegt, die bei jedem Besuch vorbeikommt, um ein bisschen am Gespräch teilzunehmen. Sie ist eine stattliche Erscheinung, immer in afrikanische Kleider mit passender Kopfbedeckung gekleidet. Sie ist 32 Jahre alt, resolut wie ihre Mutter, verheiratet, hat zwei Kinder (zwei weitere sind gestorben) und wohnt mit ihrer Familie und der Familie ihrer Schwester im Haus gegenüber.

Bei meinem Abschiedsbesuch lag Zanana im Bett, hatte Fieber und bekam Antibiotika. Erregt erzählte sie, vorvorige Nacht sei eine Außenmauer ihres Hauses eingestürzt. Sie war gestern den ganzen Tag unterwegs auf der Suche nach einem Handwerker *(fundi)*, der die Mauer schnell wieder errichtet. Dabei hat sie sich wohl überanstrengt.

10.1.3 Sarah – „So ist das Leben"

Sarah ist 42 Jahre alt und seit zwei Jahren Witwe. Sie lebt mit ihrer 14 jährigen Tochter in Myongeni in einem Zimmer eines zwei-Raum-Häuschens, für das sie 2000 TSh. Miete im Monat zahlt. In dem Raum stehen zwei Betten, eine kleine Couch mit Tischchen, einige Hocker und eine versenkbare Nähmaschine, ihr kleiner Schatz *(hazina)*, wie sie sagt. Alles ist äußerst adrett, überall liegen kleine bestickte Deckchen *(vitambaa)*, die beim nächsten Besuch gegen Deckchen mit anderer Stickerei ausgetauscht sind. In einer Ecke mit Vorräten steht der Kerosinkocher. Wasser wird bei einem Nachbarn geholt und 15 Familien teilen sich die Wasserrechnung.

Sarah verdient das Geld für ihren Haushalt mit Schneiderarbeiten, die gut nachgefragt sind. Für das Nähen eines Kleides nimmt sie 2000 bis 3000 TSh., für das Säumen eines Kangas 100 TSh. Sie trägt immer hübsche selbstgeschneiderte Kleider, jedes Mal ein anderes und stets mit passender Kopfbedeckung. Sarah und ihr Mann stammen aus der Volksgruppe der Ngoni und sind römisch-katholisch. Er war Maurer und sie haben 1985 in Morogoro geheiratet. Sarah hat noch eine zweite Tochter von einem anderen Mann, die 1979 geboren wurde und bei ihrer Mutter in Morogoro aufwuchs; sie ist heute *business woman*. Während ihrer Ehe hatte Sarah dann mehrere Fehlgeburten, vor und nach der Geburt ihrer 14 jährige Tochter.

„Nimefika hapa ili kupata maisha mazuri zaidi", um ein besseres Leben zu finden migrierte das junge Paar nach der Hochzeit nach Pangani. Im Jahr 2000 wurde ihr Mann krank, zuerst hatte er Hautauschlag, dann Typhus und hohes Fieber. Nach einem Test kannte er den Grund seiner Erkrankung. Ihr Mann starb 2002, nachdem er über ein Jahr lang bettlägerig und schwer krank war. Drei Monate nach seinem Tod hat auch Sarah einen Test gemacht, mit positivem Ergebnis. Bislang hat sie keine Symptome und erhält die Kräuter-Behandlung der TWAG zur Stärkung des Immunsystems. Und wie hat sich der Ehemann infiziert? Auf diese Frage hat Sarah keine Antwort.

1992 war Sarahs Mann nach sieben Jahren monogamer Ehe zum Islam konvertiert, um eine zweite Frau heiraten zu können. Sie war 24 Jahre alt, Muslimin, gehörte zur Volksgruppe der Bondei und stammte aus Pangani. In der Ehe wurden 1993 und 1997 zwei Kinder geboren. Alle wohnten mit den Eltern des Mannes in deren Haus. Vier Jahre lang führte Sarah mit der zweiten Frau den Haushalt, es war eine schwierige Zeit mit vielen Streitereien, wie sie sagt. Ihr Mann kümmerte sich nur noch um seine zweite Frau und diese forderte Sarah wiederholt auf, auszuziehen; Sarah müsse gehen, denn sie habe ihren Mann nicht glücklich gemacht, deswegen habe er sie doch geheiratet. Nach einigen Jahren zog die zweite Frau mit ihren Kindern aus, besuchte den gemeinsamen Ehemann aber öfter. Heute lebt sie mit den Kindern bei ihren Eltern in Tanga.

Sarah blieb bei ihrem Mann und pflegte ihn. Nachdem er gestorben war, zwangen die Schwiegereltern sie, das Haus zu verlassen. Sie warfen ihr vor, ihren Sohn nur gepflegt zu haben, um an das Erbe zu kommen. Es gab zwar ein Testament *(wozia)* des Mannes, in dem Sarah als Erbin eingesetzt war, aber es war nicht unterschrieben und hat deshalb keine Gültigkeit. Bei unserem ersten Zusammentreffen wollte Sarah noch bei Gericht gegen ihre Schwiegereltern um das Erbe ihres Ehemannes streiten, aber diesen Plan hat sie im Laufe der nächsten Wochen aufgegeben, weil sie ihre Erfolgsaussichten als zu gering einschätzte. Sarah kommentiert die Ereignisse der letzten 10 Jahre mit den Worten „*maisha ndivyo yalivyo*", „so ist das Leben".

Sarah wird in einigen Monaten nach Morogoro zurückzukehren, sobald ihre Tochter in die Primarschule beendet hat. Sie spart für das Fahrgeld und will die Einrichtung verkaufen, aber ihre Nähmaschine wird sie mitnehmen. In Morogoro hat sie ihre ältere Tochter und ihre acht Geschwister, die ihr helfen werden, sich wieder ein Einkommen zu erarbeiten. Vielleicht wird sie bei der Tochter leben, die unverheiratet ist und wird dort wieder ihre Schneiderei betreiben. Oder sie versucht ein kleines Restaurant zu eröffnen, hierfür könnte sie eine Hütte der Familie nutzen. Finanzielle Unterstützung der Geschwister kann sie nicht erwarten, sie haben alle zu viele Kinder und müssen selbst für den Unterhalt ihrer Familien kämpfen.

10.1.4 Mariam – „Fisch zu verkaufen ist einfacher"

Mariam lebt am Rand von Mnyongeni im letzten Lehmhäuschen dort, das sie selbst gebaut hat. Sie ist 43 Jahre als, römisch-katholisch, seit 1999 Witwe und hat fünf Kinder zwischen sechzehn und 1 ½ Jahren. Mariams ganzer Tatendrang gilt ihrem Fischhandel, von dessen Einkünften die sechsköpfige Familie lebt. Das Geschäft geht gut, aufgrund ihres unermüdlichen Einsatzes. Sie geht bei beginnender Flut, wenn die Fischer mit ihrem Fang zurückkehren, zum Fluss und kauft so viel Fisch ein, wie sie am gleichen und dem folgenden Tag verkaufen kann, denn sie hat keinen Kühlschrank und in Mnyogeni gibt es ohnehin keinen Strom. Sie betreibt ihren Fischhandel *(genge)* unter einem Baum, der in Myongeni gut bekannt ist. Meist verkauft sie den gesamten Einkauf noch an demselben Tag, wenn die Flut am Morgen oder am Vormittag war. Kommt sie vom Einkauf erst am Nachmittag zurück, geht der Verkauf am nächsten Tag weiter. Bleiben Fische übrig, konserviert sie diese mit Salz und hängt sie vor ihrem Häuschen zum Verkauf aus. Die Kundinnen kaufen meist nur einen, selten zwei Fische, die sie zu einer Soße verarbeiten für den *ugali,* den Maisbrei und das Standardgericht der Region.

Mariam war dreizehn Jahre alt, als sie 1973 geheiratet hat, nachdem sie ihren Mann bei einer Hochzeit von Verwandten kennengelernt hatte. Die Ehe war nicht arrangiert, aber beide Eltern gaben ihr Einverständnis und es wurde ein kleiner Brautpreis *(mahari)* von zwei Ziegen vereinbart. Der Ehemann stammte wie sie aus Morogoro, gehörte zur Volksgruppe der Ngoni, war evangelisch und Arbeiter in einer Sisalplantage. Sie bekamen vier Töchter im Abstand von jeweils zwei Jahren. 1999 starb Mariams Mann an den Folgen einer Schlägerei.

Die älteste Tochter ist 16 Jahre alt, sie hat die Primarschule ohne einen Abschluss beendet und hat jetzt keine Arbeit, sie hilft der Mutter im Haushalt und bei der Betreuung der Geschwister. Die drei anderen Töchter besuchen die Primarschule. Mariams kleiner Sohn hat große Angst vor mir und weint immer ganz fürchterlich, weil ich als Weiße „alle Farbe verloren habe". Das erschwert meine Besuche bei der Familie etwas. Auch mitgebrachte süße Tröster, Kekse und Bananen halfen nicht viel.

Mariam hatte dann eine Beziehung zu einem Mann aus der Nachbarschaft, der der Vater ihres Sohnes ist. Sie haben sich inzwischen getrennt, er wohnt weiterhin in der Nähe, trägt aber nicht zum Unterhalt des Kindes bei. Mariam meint, sie müsse sich bei ihm angesteckt haben, obwohl er keine Symptome zeigte und keinen Test gemacht hat. Nach der Geburt des Sohnes war sie sehr krank, hatte hohes Fieber und eine schwere Pneumonie, später noch Malaria und musste wochenlang im Krankenhaus bleiben. Ein Test war dann positiv.

„So ist das Leben" (*„ maisha ndivyo yalivyo"*) lautet auch Mariams Fazit zu ihrer Lebensgeschichte. Mariam ist eine kleine zierliche Person, sie wirkt auf den ersten Blick zerbrechlich, ist aber zäh und voller Energie. Sie erhält die Kräuter der TAWG zur Stärkung des Immunsystems und fühlt sich zur Zeit nicht krank. Sie kann ohne Probleme ihren Fischhandel betreiben, den Haushalt machen und die Kinder versorgen. Sie erzählt, dass ihr kleiner Sohn häufig krank ist. Er neigt zu Erkältungen und hatte schon eine schwere Malaria. Aber seit drei Monaten ist er gesund. Als ich nachfrage, ob sie bei dem Kind einen HIV-Test machen liess, verneint sie das, dafür hatte sie noch keine Zeit. Einige Tage später hat sie dann das Kind testen lassen – und das Ergebnis war positiv.

„Kuuza samaki ni rahisi zaidi", „Fisch zu verkaufen ist einfacher" kommentiert Mariam ihren Versuch als Beraterin für HIV/AIDS tätig zu werden. Über die Vermittlung der TAWG nahm sie vor einiger Zeit an einem neuen Programm im Bombo- Krankenhaus in Tanga teil, in dem Infizierte zu ehrenamtlichen Beratern ausgebildet werden, mit dem Ziel, Leute in der Nachbarschaft zum Thema „Vorbeugung" anzusprechen. Mariam fiel ihr erster praktischer Versuch mit ei-

ner Nachbarin beim Wasserholen sehr schwer und ihr Fazit lautete, dass es einfacher ist mit Fisch zu handeln. Aber sie will es weiter versuchen, vielleicht läßt sich die Beratung später zu einer richtigen Arbeit ausbauen - mit Bezahlung.

Mariam hat keine Schule besucht, weil die damals Schulgeld kostete, was die Eltern nicht aufbringen konnten, wie sie sagt. Sie bedauert das sehr, eine Schulbildung zu haben wäre für ihr Leben besser gewesen. Lesen hat sie sich selbst beigebracht, schreiben kann sie nicht, um das zu lernen, z.B. von den Töchtern, hat sie heute keine Zeit mehr. Als sie über den Schulbesuch ihrer Töchter spricht, sagt sie, nach ihrem *ranking* werde wohl keine den Abschluss schaffen. Und wie wird die Heirat ihrer vier Töchter später ablaufen, arrangiert, mit einem Brautpreis? Lachend erwidert sie, den Partner werden die Töchter sicher selbst finden, aber einen Brautpreis erwartet sie schon.

Mariams Eltern kamen 1968 mit ihr und zwei Geschwistern aus Morogoro nach Pangani, auf der Suche nach Arbeit. In Pangani wurden noch zwei Kinder geboren; heute leben die beiden Brüder in Morogoro, eine Schwester in Tanga, Mariam und ihre jüngere Schwester in Pangani – und zusammen haben sie 20 Kinder, wie Mariam voller Stolz erzählt.

Die jüngere Schwester wohnt nur wenige Häuschen entfernt und zu ihr hat Mariam ein enges Verhältnis. Nach jedem meiner Besuche gehen wir zusammen noch für einen kurzen Schwatz bei der Schwester vorbei und werden immer herzlich begrüßt. Die Schwester ist vor vier Jahren zum zweiten Mal Witwe geworden, sie hat sechs Kinder, vier vom letzten Ehemann, zwei von ihrem ersten. Mehrmals täglich sehen sich die beiden Frauen, besprechen alles miteinander und unterstützen sich gegenseitig.

10.1.5 Hadija – „Es ist Gottes Wille"

Hadija wohnt in Myongeni in einem halbfertigen großen Zementhaus. Bei den Besuchen sitzen wir im einzigen fertigen Raum des Hauses, dem Wohnzimmer mit einer Durchreiche zur Küche, wie ich sie im Ort noch nicht gesehen habe. Sechs bequeme Sessel stehen um einen Couchtisch, unter dem auch ein Teppich liegt. Hadija ist 48 Jahre alt, Muslimin, gehört zur Volksgruppe der Bena und stammt aus Iringa. Ihr Vater arbeitete bei Tanesco und wurde nach Pangani versetzt, als Hadija drei Jahre war. Die Eltern hatten acht Kinder, die heute in Iringa, Dar es Salaam und Tanga leben; Hadija ist als einzige der Geschwister in Pangani geblieben. Sie hat 1973 geheiratet und ist seit 1990 Witwe; ihr Ehemann gehörte zur Volksgruppe der Zaramo, für beide war es die einzige Ehe und sie haben fünf Töchter.

Hadija erzählt ausführlich von ihren Töchtern. Die älteste Tochter ist 28 Jahre alt und geschieden, sie lebt mit ihren elf und vier Jahre alten Söhnen hier in Hadijas Haus. So auch Hadijas jüngste Tochter, die in die vierte Klasse der Primarschule geht. Die beiden älteren Töchter leben in Iringa bei den beiden Familien von Hadijas Brüdern. Sie gehen dort auf die Sekundarschule, wofür Hadija und ihre Brüder das Schulgeld gemeinsam aufbringen. Eine Tochter will Hebamme werden, die andere Polizistin oder Soldatin bei der tansanischen Armee. Die dritte Tochter lebt in Dar es Salaam bei Hadijas jüngerer Schwester, die *business woman* ist und arbeitet bei ihr im Haushalt. Ein weiterer Schulbesuch war für sie nicht möglich, denn sie hatte das Abschlussexamen der Primarsschule nicht bestanden. Erwartet Hadija später einen Brautpreis für ihre fünf Töchter? „Ja, aber nur soviel wie der Mann aufbringen kann".

„Mungu akipenda", „es ist Gottes Wille" ist Hadijas Erklärung für ihre Infizierung. Ihr Ehemann hatte keinen Test gemacht, aber die Symptome, mit denen Hadija seine Erkrankung beschreibt, sind die von AIDS. Nachdem er 1990 gestorben war, hat sie bei der Geburt ihrer jüngsten Tochter im gleichen Jahr einen Test gemacht, der positiv war. *„Mungu akipenda"* mehr kann sie dazu nicht sagen. Die jüngste Tochter wurde nicht getestet, sie ist nach Hadijas Meinung nicht infiziert, denn sie ist nie krank. Nach der Geburt erhielt Hadija Kräutermedizin zur Stärkung ihres Immunsystems, zunächst vom Krankenhaus, seit 2002 von der TAWG und der Pfleger kommt einmal die Woche bei ihr vorbei.

Sie erzählt von ihrer Ehe, die von den Eltern arrangiert worden war, es wurde auch ein Brautpreis (*mahari*) gezahlt, der damals klein war, nicht so hoch wie die Brautpreise heute sind. Ihr Mann hat als Sicherheitsbewacher gearbeitet, zunächst in Songea, wo auch das erste Kind geboren wurde. Ab Ende der siebziger Jahre lebte die Familie in Iringa, als ihr Mann dort Arbeit gefunden hatte und die beiden nächsten Kinder wurden in Iringa geboren.1983 kehrten sie nach Pangani zurück, aber ihr Mann war bald zu krank, um arbeiten zu können. Hadija hat die Familie mit den Einnahmen aus ihrem Handel mit Tüchern (*vitenge*) aus Iringa unterhalten. Das Leben war schwierig, sie musste ihre Kinder versorgen, den immer kränker werdenden Mann pflegen und Geld verdienen.

Den Bau des neuen Hauses hat sie erst vor sechs Jahren begonnen, mit dem Geld aus dem Tuchhandel. Das Haus hat sieben Räumen, weil vor sechs Jahren noch alle Töchter und ihre eigene Mutter im Haushalt gelebt haben, ebenso die ältesten Tochter mit Ehemann und Kindern. Die wirtschaftliche Lage ist in den letzten Jahren immer schlechter geworden und sie kann heute kaum noch *vitenge*-Tücher verkaufen. Deshalb musste sie den Hausbau abbrechen, jedenfalls vorerst. Die älteste Tochter betreibt einen Kleinhandel mit Lebensmitteln, der jetzt die wichtigste Einnahmequelle des Haushaltes ist; ab und zu unterstützen sie die Brüder aus Iringa mit etwas Geld.

10.2 Umgang mit der Infizierung – Erzählungen und Schweigen

Bei den Frauen war der Umgang mit der eigenen Infizierung unterschiedlich, das (Ver-) Schweigen war aber bei allen Teil ihrer Strategie. Einzige Ausnahme war Zanana, die offen über ihre Erkrankung sprach. Ihre erwachsenen Kinder wussten, dass sie an AIDS leidet und hatten versprochen, sie immer zu unterstützen. Zanana genoss es durchaus aufgrund ihrer Erkrankung im Mittelpunkt der familiären Aufmerksamkeit und Zuwendung zu stehen. Und sie hob die pädagogische Wirkung ihrer Infektion hervor, sie habe als Aufklärung und Abschreckung gewirkt, denn keines ihrer Kinder ist infiziert. In ihrer resoluten Art hatte sie auch den Schuldigen für ihre Infizierung ausgemacht und auch darüber sprach sie offen: den dritten Ehemann. Zum Thema antiretrovirale Medikamente sagte Zanana, gerne würde sie diese Medikamente nehmen, wenn sie dann länger leben könnte.

Die anderen vier Frauen waren mir gegenüber bzgl. ihrer Infizierung nur moderat offen, obwohl ich über die TAWG offenkundig davon wusste. Sie sprachen über ihr Befinden, beschrieben Symptome, erwähnten den Test, aber ohne HIV/AIDS beim Namen zu nennen. Bei Fatma war in dem akuten Stadium der Grund ihrer Erkrankung offensichtlich, aber auch sie sprach nicht von HIV/AIDS, weder bei ihrer Infizierung, noch bei der ihres verstorbenen Ehemannes. Trotz dieser Strategie des Schweigens hatte sich aber ihre Familie bereit gefunden, die TAWG für Fatmas Pflege hinzuzuziehen und damit eine gewisse Öffentlichkeit zu akzeptieren.

Von (Ver-) Schweigen geprägt war das Verhalten der anderen drei Frauen, auch ihren Verwandten und Kindern gegenüber, allerdings war keine von ihnen akut krank oder zeigte wahrnehmbare Symptome. Mariam sprach im Interview über die eigene Infizierung, aber Nachbarinnen gegenüber kann sie sich als potentielle HIV-Beraterin dazu nicht durchringen. Auch ihren Kindern hat sie nichts von ihrer Infizierung gesagt, sie denkt aber manchmal, die älteste Tochter ahne etwas. Gesprochen wird darüber zwischen Mutter und Tochter nicht. Als Mariam nach der Geburt ihres Sohne vor eineinhalb Jahren schwer erkrankte, hat sie nur ihre Mutter über die Krankheitsursache eingeweiht und ihre jüngere Schwester, die einige Häuser weiter lebt, nicht aber ihre Brüder.

Sarah und Hadija erwähnten auch mir gegenüber nur mit knappen Andeutungen ihre Infizierung und die des verstorbenen Ehemannes. Beide Frauen haben weder ihre Kinder – von denen einige volljährig sind - noch Verwandte über ihre Infizierung in Kenntnis gesetzt. Sarah will später, wenn es ihr gesundheitlich schlechter gehen sollte, ihre Brüder informieren und fügt – auf Nachfrage hinzu – ja, auch die beiden Töchter. Bei Hadija ist nur die Mutter eingeweiht, denn sie hat bis vor kurzem in Pangani gelebt und sie nach der letzten Geburt, als die Infizierung festgestellt wurde, gepflegt und den Haushalt versorgt. Hadija war in den 13 Jahren, die seitdem vergangen sind, nicht mehr krank, sie fühlt sich gesund und kann alle Arbeiten erledigen. Als im Gespräch die Idee aufkommt, einen neuen HIV-Test zur Abklärung zu machen, lehnte sie das ab, aus Angst vor der Nadel, wie sie sagt; einige Tage später vereinbarte sie einen Termin bei der TAWG, hat ihn aber dann nicht wahrgenommen.

Für Hadija ist Ungewissheit und die damit bewahrte Hoffnung eher zu akzeptieren, als ein eindeutiges Testergebnis. Schweigen, auch gegenüber ihren Kindern und engsten Verwandten und das Vertrauen in Gottes Entscheidung – *Mungu akipenda* – bestimmen ihren Umgang mit der Infizierung. Die gleiche Einstellung hat Sarah in ihrem christlichen Glauben und auch Mariam und beide Frauen drückten es säkular aus „*maisha ndivyo yahivyo*", „so ist das Leben".

Das Schweigen über HIV/AIDS in der Gesellschaft Panganis setzte sich bei vier der infizierten Frauen und in ihren Familien fort. Nur die engsten weiblichen Verwandten wussten von der Infizierung, wie bei Fatma, Mariam und Hadija, vor allem ihre Mütter, denn sie hatten die Pflege während der akuten Erkrankungsphase jeweils nach der letzten Geburt der Frauen übernommen. In dieser Situation des (Ver-) Schweigens wurde aber in Anwesenheit der Kinder über Krankheitssymptome gesprochen, wie insbesondere bei Mariam, wenn auch ohne HIV/AIDS beim Namen zu nennen. Hier spiegelt sich die eingeschränkte soziale Rolle wider, die Kindern in der Gesellschaft zugewiesen wird und die auch im Schweigen über die eigene Infizierung zwischen Müttern und ihren

Kindern deutlich wird und auch in der Vorstellung, Kinder verstünden Gespräche über die Symptome einer Infizierung nicht.

10.3 Strategien zur Zukunftssicherung – Vertrauen in das familiäre Netz

Eine Sicherung für die Zukunft der Frauen war in zwei sozialen Feldern vordringlich, für ihre eigene Betreuung und Krankenpflege als spätere Pflegebedürftige und für die Versorgung ihrer Kinder, die nach dem Tod der Mutter Vollwaisen sein werden.

In keiner Familie der infizierten Mütter ist die zukünftige Versorgung der Kinder besprochen oder abgeklärt worden. Konkrete Pläne über den eigenen Tod hinaus zu machen und diese mit ihren Brüdern als den Entscheidungsträger in der Familie abzusprechen, war für die Frauen nicht vorstellbar. Sie hätten dann auch ihre HIV-Infizierung offen legen müssen. Für die Lösung der zukünftigen Waisenpflege vertrauten sie auf das familiäre Netz, das auf die eigene, mütterliche Familie beschränkt war, denn die Beziehungen zum väterlichen Teil der Verwandten waren nach dem Tod des Ehemannes und Vaters der Kinder abgerissen.

Eine andere Strategie wurde bei der sozialen Absicherung ihrer eigenen Zukunft von den drei Frauen verfolgt, die nicht akut erkrankt waren. Alle drei waren Migrantinnen. Zwei von ihnen hatten in Pangani ein Haus gebaut, lebten hier mit ihren Kindern und verstanden diesen Ort als ihren Lebensmittelpunkt. Die dritte Migrantin kehrte mit ihrer Tochter an ihren Herkunftsort und in die Nähe ihrer Familie zurück. Die Zukunftsszenarien der drei Frauen bauten auf der spätere Fürsorge ihrer Töchter auf, auf die sie vertrauten, obwohl sie ihre Infizierung vor ihnen verschwiegen.

Nur in Zananas Familie wurde über die Zukunft gesprochen, aber es mussten keine minderjährigen Kinder nach ihrem Tod versorgt werden. Der jüngste Sohn in ihrer Obhut war 18 Jahre alt und lebte bei ihrer ältesten Tochter im Haus gegenüber. Alle Kinder hatten der Mutter lebenslange Hilfe versprochen, die Tochter pflegte sie fürsorglich, unterstützt von ihrer Schwester und ihre Enkelkinder besuchten sie häufig. Zanana war im sozialen Netz ihrer Familie geborgen und das Verhältnis der Generationen war traditionell, die Töchter und Söhne sorgten für ihre alte, hilfsbedürftige Mutter.

Umgekehrt war es bei Fatma; ihre alte Mutter musste die schwierige Krankenpflege ihrer ältesten Tochter und die Versorgung der kleinen Zwillinge übernehmen und sie blieb nach Fatmas Tod fassungslos und verzweifelt zurück. Das generationale Verhältnis hatte sich umgekehrt. Gleichwohl war auch Bibi Fatuma – wie zuvor die kranke Fatma - im familiären Netz geborgen und konnte auf die tatkräftige Unterstützung ihrer drei jüngeren Töchter vertrauen, auch bei der Waisenversorgung der Enkel, deren Entscheidungsprozess ich während der Feldforschung miterlebt habe und der überraschend begann.

Die Großmutter erschien eine Woche nach Fatmas Tod mit den Zwillingen bei der TAWG und ließ sie auf HIV testen. Überraschend war es, weil der Pfleger nach dem positiven Ergebnis bei Fatmas Test vor zwei Jahren dazu geraten hatte, die Kinder zu testen, aber die Familie hatte sich damals dagegen entschieden. Jetzt bei der Inpflegegabe der Waisen wollten die Angehörigen offenkundig Gewissheit haben, ob die Zwillinge infiziert sind oder nicht. Das Testergebnis der Kinder war negativ. In ihrer Trauer konnte die Großmutter diese gute Nachricht kaum glauben. Sie suchte eigens den Pfleger bei der TAWG noch einmal auf, um zu fragen „ist das wirklich wahr?".

Die Familie entschied daraufhin, den Sohn Faride in die Familie von Fatmas Schwester nach Sansibar zu geben und die kleine Riya bei der Großmutter in Pangani zu lassen. Die Begründung war, dass Faride ein Ortswechsel zu den gleichaltrigen Kindern der Schwester gut tun würde, denn er trauerte sehr um seine Mutter und für die Großmutter wäre es eine zu große Bürde, beide Kinder zu versorgen. Die emotionale Bindung der Zwillinge zueinander, der Erhalt der Geschwisterbeziehung und der vertrauten familiären Lebenswelt in Pangani spielte bei der Entscheidung keine Rolle.

Mariam vertraute auf ihre beiden Brüder und deren Familien in Morogoro, die später für ihre Kinder sorgen werden, wenn sich ihr gesundheitlicher Zustand verschlechtert. Sie steht in ständigem telefonischem Kontakt mit ihrem ältesten Bruder und wenn Probleme entstehen, weiß sie, er wird sich um Lösungen kümmern. Für ihre eigene Krankenpflege vertraut sie auf ihre Schwester im Häuschen nebenan und auch auf ihre Töchter. Mariam will in Pangani bleiben und hier beerdigt werden. Auch ihr Vater wurde nach seinem Tod nicht nach Morogoro zur Bestattung überführt, wie es in vielen Migranten-Familien noch üblich ist. Trotz der Migration und der Teilung der Familie zwischen Morogoro und Pangani, sieht Mariam das familiäre Netz als funktionsfähig an, wenn ein Notfall eintritt.

Die gleiche Einstellung hat auch Hadija. Wenn sie pflegebedüftig wird, werden ihre beiden Töchter in Pangani sie versorgen, denn auch Hadija will nicht nach Iringa zurückkehren. Sie hat eine ausreichende familiäre und soziale Sicherung mit ihren beiden Töchtern in dem halbfertigen Haus und fühlt sich in Pangani gut aufgehoben. Ihre beiden Brüder und die zwei Töchter in Iringa werden die Familie hier nach ihren Möglichkeiten finanziell unterstützen. Hadija erwähnt als einzige die Hausbetreuung der TAWG, die ihr das Gefühl relativer Sicherheit gibt, wenn sich gesundheitliche Probleme entwickeln sollten.

Sarah dagegen kehrt mit ihrer jüngeren Tochter in ihren Heimatort Morogoro zurück, wo ihre ältere Tochter und die Familien ihrer Geschwister leben. Nach dem Tod ihres Ehemannes und dem Bruch mit seiner Familie gibt es für sie in Pangani kein familiäres Netz mehr. Sarah vertraut darauf, dass ihre beiden Töchter später in Morogoro die Krankenpflege und ihren Unterhalt sichern und dass Sarahs Brüder und deren Kindern sie dabei unterstützen werden.

Die fünf Biographien der infizierten Frauen zeigen, dass die soziale Reproduktion in Bezug auf ihre eigenen Pflege und der späteren Versorgung ihrer Kinder als Waisen im Netz ihrer mütterlichen Familien gesichert ist bzw. sein wird, auch in den Zeiten von AIDS und unter den Bedingungen der Migration, wie bei drei der Frauen, deren Verwandte in einem anderen Landesteil Tansanias leben.

Bei ihren Strategien zur eigenen Zukunftssicherung hatten Sarah, Mariam und Hadija ihren Verwandten und ihren Kindern zwar ihre Infizierung verschwiegen, gleichwohl hatten sie die Tragfähigkeit des familiären Netzes für ihre eigene Versorgung abgesichert und dies in ihre Lebensplanung einbezogen: Mariam und Hadija in Pangani im eigenen Häuschen und Sarah mit ihrer Rückkehr nach Morogoro und alle drei im Kreis ihrer nächsten weiblichen Verwandten, der Töchter und bei Mariam auch ihrer jüngeren Schwester.

Für die zukünftige Inpflegenahme ihrer Waisen vertrauten die Frauen auf die traditionelle Pflegeinstitution und das familiäre Sicherungsnetz und haben Einzelheiten nicht abgesprochen, anders als es zwei Väter bei den Pflegefamilien getan hatten (Abschnitt 9.1.2). Das ist eine Konsequenz und ein Spiegel der Stellung der Frau in Familie und Gesellschaft in Tansania, denn offenkundig können Schwestern ihren Brüdern, die in der Familie die Entscheidungen treffen, nicht auftragen, später ihre Kinder in Pflege zu nehmen. Gleichwohl sind sie aber sicher, dass die Brüder die Waisen versorgen werden, aufgrund der gelebten familiären Moral.

For the understanding of any aspect of the social life of an African people – economic, political and religious – it is essential to have a thorough knowledge of their system of kinship and marriage (Radcliff-Brown, 1950).

The evidence points to the fact that culture is more resilient than many have previously supposed.......and in studying such phenomena the anthropological tradition shows itself to be of particular value (Forster, 1995).

It is not accidental that a view of relatedness as essentially processual should also highlight the importance of children, who not only 'represent continuity`, but who may be said to embody processes of growth, regeneration, and transformation (Carstens, 2000).

11 Soziale Reproduktion in den Zeiten von AIDS

In den Zeiten von AIDS ist bedeutend mehr soziale Reproduktion notwendig als in normalen Zeiten, insbesondere bei der Versorgung von Waisen und Halbwaisen. Diese Forschung hat deutlich gemacht, dass hierfür keine neuen Formen der sozialen Sicherung erforderlich sind, sondern dass Waisen und Halbwaisen in der traditionellen Institution der Pflegschaft - überwiegend von weiblichen - Verwandten und im erprobten sozialen Sicherungsnetz der erweiterten Familie in Obhut genommen und versorgt werden. Dies zeigte sich in vergleichbarer Weise auch in anderen ländlichen Regionen im östlichen sub-Sahara Afrika, aus denen Erhebungen zur Waisenversorgung vorliegen (Foster et al, 1995; Kamali et al, 1996; Ntozi, 1997; Urassa et al, 1997; Nyambedha et al, 2003).

Die große Bedeutung der Pflegschaften für die soziale Reproduktion wird erst aufgrund der AIDS-Epidemie und ihrer sozialen Folgen deutlich, zumindest in der Rezeption der Ethnologen und Sozialwissenschaftlern aus den Ländern des Nordens. Seit der Kolonialzeit gab es keine vergleichbare Pandemie, sodass die soziale Reproduktion in Form der Waisenpflegschaften und die große Belastbarkeit des familiären Sicherungsnetzes erst jetzt ein Forschungsfeld geworden ist. Dabei zeigt sich, dass die „häusliche Domäne", d.h. Frauen und Kinder und die gegenseitige verwandtschaftliche Unterstützung unter Frauen, bislang kein großes Interesse gefunden hat. Eine Ausnahme sind die Arbeiten von Goody (u.a.1970; 1982), die das Thema „fostering" in der ethnologischen Arbeit in Westafrika etablierten (vgl. Abschnitt 7.1.2), anders als im östlichen sub-Sahara Afrika, wo „fostering" in der ethnographischen Forschung nur am Rande wahrgenommen wurde, vor allem bei den Swahili auf der Insel Mafia (Caplan, 1975: 48-51) und in Mombasa (Swartz, 1991: 85-86).

Gerade in den Zeiten von AIDS wird deutlich, dass die *ulezi*-Institution der Pflegschaften im mittleren Küstengebiet Tansanias der zentrale Bereich der sozialen Reproduktion ist und ein nachhaltiger Bestandteil des intergenerationalen Sicherungsnetzes in der erweiterten Familie.

11.1 Pflegschaften als zentrale Institution der sozialen Reproduktion

"Having a child is like planting a coconut tree. When you have planted it, it starts bearing fruits" lautet das Gleichnis über die Reproduktion des Menschen und die der Kokospalme bei den Swahili auf der Insel Mafia (Caplan,1997: 42). Kokoshaine sind ein charakteristischer Teil der Wirtschaft bei den Swahili an der ostafrikanischen Küste Jede Palme trägt ab dem achten Jahr nach Pflanzung 60 Jahre lang 40 Kokosnüsse jährlich und das Gleichnis formuliert auch die Erwartung der Eltern auf reziproke Zuwendungen ihrer Kinder[63].

Teilhabe an der Reproduktion der erweiterten Familie ist bei Eltern als biologische Reproduktion gegeben und kulturell als soziale Reproduktion für Angehörige in der Familie über drei Generationen möglich, indem sie als Pflegeeltern verwandte Kinder aufnehmen. Kinder werden ab ihrem zweiten Lebensjahr in einer Vielfalt von Formen und Anlässen für einige Zeit oder dauerhaft ausgetauscht und so gemeinsam aufgezogen, ganz überwiegend von den Frauen in der erweiterten Familie, für die Pflegschaften auch einen Bereich ihrer sozialen Politiken darstellen. Bei den Swahili werden Pflegschaften in der *ulezi*-Institution praktiziert und bei den benachbarten Zigua und Bondei in einer vergleichbaren Tradition, ebenso bei anderen Volksgruppen, die als Migranten nach Pangani zugewandert sind.

Sind Kinder Waisen geworden, werden sie in dem gleichen erprobten sozialen Netz der erweiterten Familie in Pflege genommen, auch bei der steigender Zahl der Waisen und Halbwaisen in den Zeiten von AIDS, zumindest im ländlichen Gebiet dieser Studie. Die bei Waisen nicht mehr freiwillige, sondern notwendige

---

[63] Zur Bedeutung des Gleichnisses tragen auch die vielseitigen Erzeugnisse der Kokospalme bei: Kokosmilch, Kokosöl und Kokosfett, Kokosfasern für Dächer, geflochtene Matten und als Brennmaterial und ihr Holz als Baumaterial, vor allem für die Stangen (fito) beim Hausbau, zwischen die der Lehm eingefügt wird.

Aufnahme erfolgt nicht nach festen Regeln oder strukturellen Vorgaben, sondern wird in der erweiterten Familie pragmatisch ausgehandelt, u. a. nach Kriterien der verwandtschaftlichen Nähe und der realen Lebenssituation potentieller Pflegeeltern. Ist nur noch ein(e) Verwandte(e) am Leben, nimmt sie/er die Waise(n) auf, auch bei großer Armut, wie in Pangani deutlich wurde. Bei der sozialen Reproduktion in Form der Waisenversorgung zeigte sich im Küstengebiet eine soziale Kreativität, denn an ihr beteiligen sich auch weibliche Verwandte aus polygamen Verbindungen (bspw. die zweite Ehefrau, die geschiedene Ehefrau, die Tochter aus einer früheren Ehe).

Lokal wurden bei den Waisenpflegschaften zwei Trends deutlich: weibliche Verwandte und vorwiegend aus der mütterlichen Familie beteiligen sich in stärkeren Maß an der Waisenpflege, einschließlich der Großmutter. Auf den gleichen Trend bei der gegenwärtigen Waisenversorgung ist auch in anderen Gebieten Ostafrikas hingewiesen worden, unabhängig von patrilinearen Verwandtschaftsstrukturen und Dezendenzregeln, bspw. in Zimbabwe (Foster, et al, 1995: 3), bei den Sukuma in Tansania (Urassa, et al,1997:151) und den Luo in Kenia (Nyambedha et al, 2003: 306).

Im Zusammenhang mit der Praxis der Pflegschaften im Küstengebiet soll noch einmal auf das Ergebnis der Umfrage von Page in sieben Ländern sub-Sahara Afrikas hingewiesen werden: trotz gelegentlicher individueller Unzufriedenheiten wurde die Institution der Pflegeschaft von niemanden und nirgends in Frage gestellt (1989: 404). Die gleiche Erkenntnis ergab sich auch bei den Interviews mit den Akteuren der Waisenversorgung in Pangani – den Waisen, den Pflegeeltern und den infizierten, verwitweten Müttern.

Pflegschaften für Kinder, Halbwaisen und Waisen sind im Untersuchungsgebiet der zentrale intergenerationelle Bereich der sozialen Reproduktion in der erweiterten Familie. Soziale Reproduktion wird definiert als die Herstellung und der stetige Erhalt sozialer Ressourcen und Sicherheiten. Der Begriff „Reproduktion" geht auf Engels zurück, der sie als „ständige Wiederherstellung der gesellschaftlichen Lebensbedingungen" und als das untrennbare Gegenstück zur „Produktion" beschrieb. Nach Engels ist Reproduktion „einerseits die Erzeugung von ...Nahrung, Kleidung, Wohnung..., andererseits...die Fortpflanzung der Gattung" (1896:VIII /Orig.1884).

Ethnologische Theorien zur Reproduktion haben Bourdieu (1976, franz. Orig. 1972) und Meillassoux (1976, franz. Orig. 1975) am Beispiel der Kabylen in

Algerien und der Gouro an der Elfenbeinküste entwickelt. Beide Autoren sahen die zentrale Bedeutung in der biologischen Reproduktion und in der Arbeit der Frau, eingebettet im kulturellen Kontext von Heiratsstrategien und Verwandtschaft - und damit unter der Kontrolle von Männern. Feministisch inspirierte Autorinnen kritisierten diese Theorien, insbesondere die von Meillassoux (z.B. Harris, Young, 1981) und stellten mit *gender* das soziale Geschlecht der Frau und seine Bedeutung für die Familie und die soziale Reproduktion in ihren Studien heraus (u. a. Ortner, Whitehead, 1981; Yanagisako, Collier,1987; Grosz-Ngate, Kokole, 1997).

Die maßgebliche Beteiligung von Frauen an der sozialen Reproduktion bei ihrem großen Bedarf in den Zeiten von AIDS, führt zu einer Herausbildung matrifokaler Tendenzen, insbesondere bei der Kinder- und Waisenpflege. Vor allem Frauen in der Familie übernehmen bei schwerer Krankheit, wie bspw. bei AIDS, die Krankenpflege und leisten soziale Hilfen. Auch bei wirtschaftlicher Not und finanziellem Mangel unterstützen Verwandte einander im Rahmen ihrer Möglichkeiten, bei Kindern und Waisen bspw. mit der Sekundarschulgebühr. Aufgrund dieser Prozesse wird die erweiterte Familie zum sozialen Sicherungsnetz. Das zeigte sich bei Swahili, Bondei und Zigua an der mittleren Küste und dort auch bei Migranten aus anderen Landesteilen, d.h. die erweiterte Familie ist in Tansania das verlässliche Sicherungssystem (vgl. auch Steinwachs, 2006).

11.2 Reziprozität und verwandtschaftliche Moral in der Generationsfolge

Pflegschaften als zentraler Bereich der sozialen Reproduktion und des umfassenderen familiären Sicherungsnetzes beinhalten Anrechte und Verpflichtungen für alle Beteiligten – Eltern, Pflegeeltern und Pflegekinder. Für Pflegekinder ergeben sich langfristige Reziprozitätserwartungen sowohl der Eltern wie auch der Pflegeeltern, insbesondere für Hilfen im Alter. Dies sind intergenerationelle und spezifische persönliche Erwartungen und Verpflichtungen der Reziprozität, wie auch die zwischen Kindern und ihren leiblichen Eltern, und sie addieren sich mit der generalisierten Reziprozität von Unterstützungsleistungen im Sicherungsnetz der erweiterten Familie.

Grundmuster der Reziprozität ist die Bereitschaft zum ‚Geben' und ‚Annehmen', das nach einer längeren, sozial definierten Zeitspanne mit ‚Erwidern' beantwortet wird. Der Diskurs über Reziprozität begann in der Wirtschaftethnologie mit dem *kula*-Gabentausch in Melanesien. Reziprozität ist das sozial ordnende Prinzip des Tausches, denn der Akt des Gebens ist nicht einmalig und folgenlos, sondern zieht ein Verpflichtungsverhältnis nach sich, bei dem der Empfänger einer Gabe angehalten ist, diese zu erwidern (Malinowski,1922; Mauss, 1925; Thurnwald, 1932; Polanyi, 1944). Sahlins differenzierte Reziprozität sozial weiter und definierte u.a. die generalisierte Reziprozität, bei der die materielle Seite der Transaktion von der sozialen Seite unterdrückt wird und die Erwartung einer Gegenleistung unbestimmt und höchstens implizit vorhanden ist (1999, engl. Orig. 1965).

Die generalisierte Reziprozität ist das Kernprinzip verwandtschaftlicher Solidarbeziehungen in traditionellen Gesellschaften, so auch bei den Familien im Untersuchungsgebiet: Verwandte unterstützen einander, ohne eine konkrete Gegenleistung zu erwarten, aber im Vertrauen zukünftig ebenfalls Empfänger von Hilfe zu werden, wenn sie diese benötigen. In diesem generalisierten verwandtschaftlichen Unterstützungsnetz entstehen ausserdem spezifische persönliche Reziprozitätsbeziehungen, vor allem intergenerationell zwischen Kindern und Eltern und zwischen Pflegekindern und Pflegeeltern, sowie bei Pflegschaften auch intragenerationell zwischen Eltern und Pflegeeltern. Persönliche Reziprozitätsbeziehungen als Folge von Pflegschaften sind sozial hergestellt, nicht primär biologisch bedingt, wie bei Eltern-Kind Beziehungen. Diese spezifischen persönlichen Reziprozitäten bilden zusammen mit der generalisierten Reziprozität in komplexen Verflechtungen das soziale Sicherungsnetz der erweiterten Familie.

Diese Verflechtungen verwandtschaftlicher Reziprozitäten werden von weiteren Faktoren beeinflusst, die das soziale Handeln von Verwandten mitbestimmen, wie die Fallgeschichten dieser Forschung gezeigt haben: verwandtschaftliche Nähe, insbesondere bei den zentralen sozialen Solidarleistungen - Pflegschaften und Krankenpflege - an denen sich nahe mütterliche Verwandte stärker beteiligen; *gender*, denn es sind meist Frauen in der erweiterten Familie, die sich bei der sozialen Reproduktion engagieren; räumliche Nähe im gemeinsamen Haushalt, am Wohnort oder in der Region, die die Hilfe erleichtert; Migration mit dem typischen Stadt – Land Austausch in der Familie, d.h. finanzielle versus soziale Unterstützung; die wirtschaftliche Situation und soziale Kriterien wie Alter, Kinderzahl oder Krankheit des/der hilfeleistende/n Verwandten. Diese Faktoren können – auch gleichzeitig – bei Entscheidungen zur Übernahme sozialer Reproduktionsleistungen für die Akteure relevant sein.

In ethnologischen Erforschung der traditionellen verwandtschaftlichen Solidarität blieb die Reziprozität der sozialen Ressourcen weitgehend unbeachtet, ebenso Differenzierungen zwischen der generalisierten und der persönlicher Reziprozität und zwischen ihren intergenerationellen und intragenerationellen Formen (z.b. Elwert,1980). Auch Goody erwähnt bei ihrer Diskussion von Eltern- und Pflegeelternschaft in Westafrika Reziprozität nur zwischen Kindeseltern und Pflegeeltern (1982: 277).

Im mittleren Küstengebiet beinhalten Pflegschaften keine Kosten-Nutzen Kalkulation, gleichwohl verdichten sie das Netz intergenerationaler Reziprozitäten und verfestigen gegenseitige intragenerationale Unterstützerbeziehungen. Motive für Pflegschaften entwickeln sich aus einer komplexen Mischung aus sozialer Motivation und Eigeninteresse im Geflecht der generalisierten Reziprozität der erweiterten Familie. Sie ergeben sich nicht aufgrund rationaler Überlegungen zur Zukunft, sondern sind gegenwartsbezogen und basieren emotional auf der Liebe zu Kindern. Gleichzeit sind sie auch Teil der sozialen Politiken von - überwiegend weiblichen - Verwandten innerhalb der erweiterten Familie: für abgebende Eltern sind sie eine (ökonomische) Entlastung, für annehmende Verwandte der Zugewinn an sozialen Bindungen und an Unterstützung bei häuslichen Arbeiten, für Pflegekinder eine Bereicherung ihrer Sozialisation, in Städten oft verbunden mit dem Besuch einer weiterführenden Schule.

Bei Doppelwaisen reduziert sich die spezifische Reziprozitätsbeziehung auf das Pflegekind und die Pflegeeltern, sie ist gleichermaßen eingebunden in die generalisierte Reziprozität im Sicherungsnetz der erweiterten Familie. Auch Pflegepersonen in ungesicherten Lebensverhältnissen und ohne ein festes Einkommen, haben durchaus ein Interesse an der Inpflegenahme einer Waisen zur Komplettierung ihres persönlichen Unterstützersystems für eine langfristige Perspektive der sozialen Sicherung, bspw. die Pflegemütter Amina und Franziska (Kapitel 9).

Grundlage der Pflegschaften wie des sozialen Handelns in der erweiterten Familie ist eine moralische Haltung, die üblicherweise verwandtschaftliche Solidarität genannt wird. Ansätze des sozialwissenschaftlichen Diskurses über „Moral" und „Solidarität" gehen auf Durkheim zurück, der beide Begriffe kongruent gebraucht hat (1988:162f; franz. Orig.:1893). Der Begriff „Moral" leitet sich vom lateinischen Wort „mos", Sitte, Gewohnheit ab und bezeichnet in seiner gegenwärtigen Bedeutung wertneutral „die sozial repräsentierten und in den Individuen verankerten regelhaften Handlungsorientierungen und Verhaltenserwartungen" (Werner, 2006).

Moralisches Handelns ist in ethnologischen Arbeiten bei der Erforschung des Umganges mit Krankheit, AIDS und Sterben in den Fokus gerückt (vgl. Kleinman, 1995: 45; Dilger, 2005: 35f). Bislang fehlt noch ein ethnologisches Konzept für die Darstellung der komplexen Werte und Normen von Moral und des moralischen Handelns; erste ethnographische Beschreibungen dieser Themen bezeugen vielfältige Möglichkeiten für die künftige Forschung (vgl. Howell, 1997).

Lokal war in Pangani zu beobachten, dass moralisches Handeln nicht ausformuliert und begründet wurde, keinen festgelegten Strukturen oder Regeln folgte und nicht aus dem religiösen Glauben hergeleitet wurde. Verwandtschaftlich-solidarisches Handeln erfolgte aufgrund der überlieferter sozialen Tradition, meist nach einer kurzen Abwägung, manchmal auch nach einem Aushandlungsprozess zwischen Verwandten, immer dann, wenn ein Verwandter insbesondere ein Kind in der erweiterten Familie Hilfe benötigte. Ein in hohem Maße moralisches Handeln war bei den Inpflegenahmen von Doppelwaisen offenkundig, vor allem bei Waisenpflegschaften von Großeltern, die aufgrund ihres Alters keine Erwartungen auf eine persönliche Reziprozität für die Zukunft haben und bei dem Pflegevater Paulo, der vier Waisen in Pflege hatte und deswegen seine eigenen drei Söhne zu ihrer geschiedenen Mutter schicken musste.

Moralisch zu handeln bedeutet auch in den Zeiten von AIDS mit den überlieferten sozialen Werten die Praxis der verwandtschaftlich-solidarischen Hilfen weiterzuführen, um das massive Leid durch Krankheit und Tod und die schwerwiegenden sozialen Folgen der Epidemie zu lindern, insbesondere Waisenkinder in Pflege zu nehmen – was gegenwärtig in vielen Familien notwendig ist.

Es waren aber auch Ambivalenzen bzgl. des moralischen Handelns festzustellen, bis hin zu seiner Verweigerung. Bei einzelnen Akteuren waren sie in einem dynamischen Prozess zwischen den moralischen Werten und der sozialen Praxis zu beobachten. Diese Prozesse brachten dann meist neue soziale Potenziale bei anderen Verwandten hervor und das bezeugt das familiäre Zusammengehörigkeitsgefühl. Wenn in Einzelfällen bei Doppelwaisen die Weiterführung der Pflegschaft nicht mehr möglich war, dann waren andere Verwandte zum moralischen Handeln bereit. So bspw. bei Musa, für den der VaterBruder die Pflegschaft rundweg abgelehnte, die dann seine geschiedene erste Frau übernahm (Abschnitt 9.1.3) und bei dem sechzehnjährigen Simon, der nach zwei Pflegefamilien aus der mütterlichen Linie in und bei Pangani zu seinen dritten Pflegeeltern, den VaterBrüdern nach Songea, wechselte (Abschnitt 8.2).

Ein anderes Beispiel einer ambivalenten Haltung war bei der Pflegemutter Monica zu beobachten. Sie hat mehr als drei Jahre über die Inpflegenahme der Waise Anna nachgedacht. Da sie ganztags berufstätig und alleinerziehend war, sah sie sich außerstande, zusätzlich das Baby zu versorgen. Monica lebte als Witwe ein relativ modernes Leben, jedenfalls für die Lebensverhältnisse im ländlichen Pangani. Sie hatte als Sekretärin einen Beruf der Mittelschicht, führte einen zwei-Generationen Haushalt mit ihren drei Söhnen und hatte keine verwandtschaftliche Hilfe im Haus. Schließlich nahm sie Anna auf, als diese drei Jahre alt war und halbtags in den Kindergarten gehen konnte, sodass die Versorgung des Kindes mit ihrer beruflichen Arbeit zu vereinbaren war. Anna wäre sonst von dem Heim als Pflegekind in eine fremde Familie vermittelt worden und das wollte Monica auf jeden Fall verhindern. Letztendlich war bei ihr das familiäre Zusammengehörigkeitsgefühl stärker, als die wirtschaftlichen Sorgen (Abschnitt 9.1.1).

11.3 Soziale Transformationsprozesse in der lokalen Moderne ? - „Die Leute wollen sich nicht ändern"

Armut, Migration und auch AIDS haben bislang die traditionelle soziale Sicherung in der erweiterten Familie im ländlichen Tansania nicht wirklich gefährden können, sie werden durch Umgestaltungen im Unterstützersystem und Anpassungen der Sicherungsstrategien in den Familien aufgefangen. Armut gehört zur Lebensrealität im ländlichen Tansania, wo fast jedes Familienmitglied zum *pooling* der Ressourcen im Haushalt beitragen muss, auch Kinder. Materiell beeinträchtigt die Armut kaum die familiären Hilfen, emotional führt eher zu einer Stärkung der verwandtschaftlichen Solidarität, denn die erweiterte Familie ist das einzige verlässliche Sicherungsnetz, das die Menschen haben, denn es gibt keine staatlichen Hilfen bei Notlagen.

Die Land-Stadt-Migration der vergangenen Jahrzehnte erschwert zwar die verwandtschaftliche Unterstützung, weil die Angehörigen an zwei oder mehreren Orten leben. Aber das familiäre Zusammengehörigkeitsgefühl und die gegenseitige Hilfsbereitschaft sind erhalten geblieben, zumindest über drei Generationen (vgl. Abschnitt 10.3). Die geographischen Distanzen werden mit den Mitteln der Moderne überwunden: der Kommunikation und des Transportes. Per Handy, mit Busreisen und gegenseitigen Besuchen wird der Kontakt zwischen den Verwandten aufrechterhalten. Die Migration hat die verwandtschaftliche Solidarität insoweit verändert, als Stadt- und Landbewohner in der Familie einander meist mit typischen Hilfen unterstützen, materiellen oder sozialen, je nach Wohnort. In einigen ländlichen Haushalten war jedoch ein Anwachsen der Belastungen und der Ambivalenz zu beobachten, wenn ein schwer AIDS-kranker Verwandter aus der Stadt zur Pflege zu Verwandten im Herkunftsort zurückgekehrte.

AIDS und die sozialen Folgen haben das Potenzial die familiäre Solidarität und Reziprozität zu gefährden, sie sogar zu zerstören, wenn die Seuche sich weiter ausbreitet, mehr Infizierte akut erkranken und sterben und mehr Kinder Waisen werden. Ein solches Szenario der Zukunft könnte die internationale Gemeinschaft verhindern, wenn sie das Leiden und Sterben der Menschen in sub-Sahara Afrika mit antiretroviralen Medikamenten behandelbar macht und lindert und für Waisen und ihre verwandten Pflegefamilien konkrete Hilfen bereit stellt, mit denen die verwandtschaftliche Solidarität unterstützt und erhalten wird.

„Die Leute wollen sich nicht ändern" – so beschrieb der Direktor der lokalen Verwaltung die konservative Grundhaltung der Gesellschaft in Pangani. Diese Einstellung bezieht sich auf die Veränderung der Lebensumstände, mit denen die Menschen auf moderne Einflüsse reagieren, sie bezieht sich aber vor allem auf Transformationenprozesse, die von außen initiiert werden. Im Kontext der AIDS-Epidemie erfahren das die AIDS-NGOs im Ort, insbesondere die TAWG. Nur wenn unbedingt nötig, nimmt man ihre Angebote in Anspruch, aber ihr Einfluss bleibt marginal, obwohl ihre Politiken, wie auch die staatliche AIDS-Politik, darauf gerichtet sind, die Einstellung der Gesellschaft zur Epidemie und den Umgang der Menschen mit HIV/AIDS zu verändern.

Lokale Transformationsprozesse in die Moderne verlaufen langsam und Veränderungen werden nur zögerlich und selektiv angenommen. Bei den sozialen Akteuren, ihrer Identität und ihrer Lebenswelt zeigen sich enge Verbindungen traditioneller Bestandteile, bspw. das verwandtschaftlich-solidarische Handeln, mit Elementen der Moderne, bspw. der Migration in die Städte und den Auswirkungen der AIDS-Epidemie in den Familien. So enthält die lokale Moderne einzelner Akteure neue und überkommene Elemente, bei den materiellen Gütern und bei ihren Erfahrungen, Vorstellungen und Wünschen.

Diese Elemente werden bei ihren Interaktionen miteinander verknüpft. In den so konstruierten Lebenswelten differieren die Relationen dieser Verknüpfungen je nach Alter, Geschlecht und sozialer Lebenssituation der Akteure - sie unterscheiden sich bspw. bei Erwachsenen und Kindern und bei Mädchen und Jungen.

Diese lokale Moderne fügt sich ein in neuere theoretische Konzepte der Moderne, die sich weiter entwickelt haben seit der frühen Moderne kultureller Strömungen europäischen Ursprungs im 18./19.Jhdt., die mit der Idee des Fortschritts verbunden waren und seit den Modernisierungstheorien der zweiten Hälfte des 20. Jhdts., denen die Vorstellungen von Unterentwicklung und Entwicklung zugrunde lagen. In den letzten Jahren haben Ethnologen zu den Erkenntnissen über die Moderne der Gegenwart beigetragen, denn mit ihrer weltweiten Zuständigkeit für das Lokale haben sie gezeigt, dass Prozesse der Modernisierung und der globalen Vernetzung nicht zu einer Homogenisierung der menschlichen Erfahrungswelten und der Kulturen geführt haben.

Appadurai hat das Bild einzelner „Landschaften" *(scapes)* gezeichnet, in denen sich spezifische Transformationsprozesse herausbilden zwischen Überliefertem und neuen, globalen Einflüssen. So entstehen *„ethnoscapes"*, Landschaften der Gruppenidentität, in denen Menschen ihre soziale, territoriale und kulturelle Identität neu festlegen und reproduzieren (Appadurai, 1998: 32-50; 2000). Dabei wird deutlich, es gibt keine einheitliche weltweite „Moderne", es haben sich viele Modernen gebildet (Comaroff, Comaroff, 1993), miteinander „verwobene Modernen" (Randeria, 1999) und es zeigt sich eine große kulturelle Pluralität bei den Modernen (Acre, Long, 2000).

Die regionale Moderne der Swahili an der ostafrikanischen Küste ist eine solche *ethnoscape*, die multiple Modernen umfasst (Caplan, 2004a: 3). Die Küstenbevölkerung ist in ihrem Selbstverständnis modern und Swahili. Aus ihrem kulturellen Repertoire wählen die Menschen das aus, was sie gebrauchen können und verwenden wollen, zu unterschiedlichen Zeiten, an unterschiedlichen Orten und in unterschiedlichen sozialen Kontexten (Caplan, 2004a: 12). Die Küste ist im Verlauf des vergangenen Jahrtausends eine Region des ständigen Wandels gewesen, sie ist mit unzähligen Einflüssen aus den Gebieten um den Indischen Ozeans, aus dem afrikanischen Hinterland und aus Europa in Berührung gekommen. Die Kultur der Swahili war immer charakterisiert durch eine differenzierte Annahme und Zurückweisung neuer Einflüsse und der gleichzeitigen Bewahrung von Traditionen (Parkin, 2001: 142). Zu den zahllosen Veränderungen gehört auch die Tatsache, dass die Swahili heute aufgrund der Migration in die Küstengebiete in den Siedlungen oft nur noch eine Minderheit sind.

Swahili verbinden die Vorstellung von Moderne mit den Begriffen *maendeleo*, „Entwicklung" und *kwenda na wakati,* „mit der Zeit gehen". Beide werden kritisch gesehen, *maendeleo* hat keinen Verbesserung des Lebensstandards gebracht, sondern eine fortschreitende Verarmung (Caplan, 2004b) und das „mit der Zeit gehen" wird als ein von den traditionellen Swahili Werten - Respekt, Vertrauenswürdigkeit, Ehrlichkeit und Ehre (*heshima, uaminifu, uadilifu, ari*) - abweichendes Verhalten verstanden beim Zurechtkommen mit der schwierigen Lebensrealität, bis hin zur Korruption (Saleh, 2004).

11.4 Die Moderne der Kinder

Kinder repräsentieren die Kontinuität der Gesellschaft und sie verkörpern auch ihre Transformationen (Carstens, 2000:16). Die Hälfte der Bevölkerung sub-Sahara Afrikas ist heute unter 18 Jahren alt und diese Kinder werden in den kommenden Jahren als Erwachsene ein großes Potential für Veränderungen sein. In Pangani war zu beobachten, dass die Transformationsprozesse bei Kindern umfassender und nachhaltiger sind, als bei den Erwachsenen. Die Schule ist dabei die Agentur der Moderne, verbunden mit der Pflicht sie zu besuchen, auch wenn diese noch nicht völlig durchgesetzt ist. Zur lokalen Moderne der Kinder gehört auch die Arbeit der beiden AIDS-NGOs im Ort, MEUSTA und AFRIWAG, deren Programme sich an Kinder richten, sowie alternative Unterbringungsmöglichkeiten für Waisen und Halbwaisen in vier Heimen in der Region.

Die Institution Schule erreicht die Kinder mit ihren Lerninhalten und dem Prinzip des *ranking* über Jahre in ihrem lernwilligsten Alter. Sie hat neues ein kulturelles Kapital gebracht (Bourdieu,1983), das Kindern ein besseres Leben und gute Jobs in der Zukunft verheißt, was sich aber bei den Primarschülern nur für wenige erfüllen wird. Einigen Jugendlichen, vor allem Jungen und vor allem denjenigen, deren Familien die Gebühren für weiterführende Schulen zahlen und später ein Studium finanzieren können, eröffnet die Schulbildung neue Möglichkeiten am Arbeitsmarkt, meist verbunden mit einer Land-Stadt-Migration. Auf längere Sicht wird die mit dem *ranking* von der Schule geförderte Individualität und die fortschreitenden Urbanisierung zu einer Loslösung von den Werten und Pflichten im sozialen Sicherungsnetz der erweiterten Familie führen, wenn nicht in den Curricula gegengesteuert wird.

Moderne Einflüsse haben für Mädchen und Jungen unterschiedliche Auswirkungen. Der Schulbesuch hat de facto das Heiratsalter erhöht, das 1971 auch gesetzlich auf 18 Jahre festlegt wurde. Aber etwa ein Drittel der Mädchen ist bei der ersten Heirat jünger, wofür die Eltern eine Ausnahmegenehmigung beantragen. Für viele Mädchen bleibt die normative Volljährigkeit mit 18 Jahren ein politisches Ziel, von dem ihre Lebensrealität abweicht.

Im Lebenszyklus der jungen Menschen hat der Schulbesuch Transformationen ausgelöst, bspw. das Ende der Initiationsriten *(unyago/jando)*, mit denen sie früher in der Sexualität und in ihrer *Gender*rolle bei der Reproduktion unterwiesen wurden (Tumbo-Masabo, Liljeström, 1994). Diese Unterweisung fehlt heute, die Schule hat sie nicht übernommen und zwischen Eltern und Kindern wird über Sexualität traditionell nicht gesprochen, sodass junge Menschen unvorbereitet auf ihre sozial akzeptierte reproduktive Rolle sind – und das in den Zeiten von AIDS. Unsicherheiten und Konflikte sind die Folge, die sich bspw. bei den Schwangerschaften minderjähriger Schülerinnen zeigen, die der Schule verwiesen und von der Gesellschaft allein gelassen werden. Schule und Familie arbeiten kulturell häufig gegeneinander, wie am Beispiel der Schularbeit und der häusliche Mitarbeit deutlich wird und auch hier sind vor allem die Mädchen betroffen (Abschnitte 8.2 und 8.3).

HIV/AIDS ist auch für die Jugend eine Bedrohung. Zur Aufklärung über die Epidemie leistet die kleine NGO MEUSTA mit dem *awareness-training* zu HIV/AIDS, eine wichtige Arbeit. Die 11-13 jährigen Primarschüler der Klassen 5 bis 7 erhalten im Unterricht in altersgerechter Form Informationen über alle Aspekte von HIV/AIDS. Die Teilnahme ist damit an die Schulpflicht gebunden und so werden alle Kinder erreicht. Lehrer erhalten für das *awareness-training* eine Zusatzausbildung von MEUSTA. Die von den Waisen verwendeten Codes für die Beschreibung der möglichen Todesursache AIDS bei ihren Eltern (Abschnitt 7.5) ist wohl auf den Einfluss von MEUSTA zurückzuführen. Ein nachhaltiger Erfolg dieses Trainings wird sich aber erst zeigen, wenn die jungen Menschen sexuell aktiv werden.

Die NGO AFRIWAG leistet eine sinnvolle Hilfe für ausgewählte AIDS-Waisen im jüngeren Primarschulalter unter der Voraussetzung, dass beide Eltern des Kindes an AIDS gestorben sind. Diese Kinder erhalten jedes Jahr eine Schulausstattung, eine Schuluniform, Schuhe und Schreibmaterial, um ihnen den Schulbesuch zu ermöglichen. Diese konkrete Einzelfallhilfe von AFRIWAG trägt auch zur Stabilisierung der Pflegbeziehungen bei und damit des sozialen Sicherungsnetzes der erweiterten Familie. Die Unterstützung ist gebunden an das Kriterium „AIDS-Waise" und an dessen Offenlegung. Als „AIDS-Waise" bekannt zu sein, birgt jedoch die Gefahr einer Stigmatisierung. Auch ist der Versuch auf Kosten der Ärmsten der Armen – Waisen und ihren Pflegeeltern – über diese Hilfen einen offenen Umgang mit AIDS in der Gesellschaft zu bewirken, kaum zu erreichen und kritisch zu sehen.

Alternative Versorgungen für Waisen außerhalb der erweiterten Familie können die verwandtschaftliche Moral schwächen, wenn Familienmitglieder als potentielle Pflegeeltern die Möglichkeit einer Heimunterbringung für ein verwandtes Waisenkind haben und nutzen. Andererseits ist für ein Kind, das nicht von verwandten Pflegeeltern versorgt werden kann, jedes Heim besser als die Strasse. In Tansania gibt es 52 Waisenhäuser, in denen etwa 3000 Kinder betreut werden; ein Heim wird vom Staat betrieben, die anderen von NGOs und religiösen Wohlfahrtsorganisationen. In den letzten Jahren sind zudem eine Reihe kleinerer Waisenhäuser eröffnet worden, von religiösen Gruppen und von Privatpersonen, die oft ausländischer Herkunft sind; sie finanzieren sich mit Spenden, für die über das Internet geworben wird.

In der weiteren Region um Pangani gab es neben dem Kleinkinderheim in Lushoto (Abschnitt 9.1.1) noch drei Heime, zwei muslimische Waisenhäuser in Tanga und in Pangani ein kleines Kinderhaus, das ein Deutscher privat betreibt. Im diesem Kinderhaus wurden Vollwaisen aus dem Distrikt Pangani aufgenommen. Die Kinder, die ich dort interviewte, sind vorher - so wie üblich - bei MutterSchwestern oder Großmüttern in Pflege gewesen. Das bedeutet, sie haben alle bei Verwandten gelebt, die sie vor allem wegen der vermeintlich besseren Versorgung in das Kinderhaus gegeben hatten. Der deutsche Heimvater liess in den Dörfern des Distriktes durch einen Mittelsmann Waisen suchen und die Zahl der Kinder im Haus fluktuierte zwischen drei und fünf, d.h. im Distrikt mit etwa 45.000 Einwohnern gab es keine unversorgten Waisen ohne ein familiäres Netz. Bei der Waisensuche gab es zudem einen kleinen Skandal, als bekannt wurde, dass der Mittelsmann Geld von den Verwandten fordert für die Unterbringung ihrer Pflegekinder in dem Kinderhaus.

Die beiden Heime in und bei Tanga werden von islamischen Glaubensgemeinschaften unterhalten und die Aufnahme eines Kindes ist an seinen islamischen Glauben gebunden. Das Waisenhaus in Makarola, Tanga liegt in einem dichtbesiedelten muslimischen Wohngebiet, beherbergt 68 Mädchen und Jungen zwischen 5 bis 15 Jahren, die Vollwaisen sind. Das Heim wird von der konservativ-sunnitischen *Ansar-al-Sunna* Glaubensgemeinschaft betrieben. Das andere Heim „Al Noor" wurde 1997 außerhalb Tangas auf dem großen Gelände eines islamischen Schul- und Studienzentrums eröffnet; hier sind 112 Jungen im Alter von 10-15 untergebracht, die Vaterwaisen sind und nach islamischer Vorstellung als Waisen gelten. Die Jungen tragen einheitliche Kleidung und schlafen in Stockbetten in zwei großen Schlafsälen. Sie haben keinen Ausgang und erhalten nur einmal im Jahr anläßlich des Schulfestes Besuch von ihren Müttern. Einmal im Jahr machen sie als Gruppe einen Ausflug, den immer einige Jungen zur Flucht aus dem Heim nutzen, wie mir ein Betreuer berichtete. Bei meinem Besuch stellte sich heraus, dass einige der Jungen aus Pangani stammen. Die Anlage mit ihren Schulen vermittelt den Eindruck einer Elite-Anstalt, sie wird von der African Muslim Agency betrieben, die 1981 in Kuwait gegründet wurde und sich als transafrikanische NGO für Entwicklung und Islamisierung bezeichnet.

11.4.1 Kinderrechtskonventionen in Tansania: die normative Moderne

Tiefergehende Transformationsprozesse könnten zwei Konventionen auslösen, die Tansania ratifiziert hat, die UN-Kinderrechtskonvention von 1989 (KRK)[64], 1991 ratifiziert und die Afrikanische Charta über die Rechte und das Wohl des Kindes von 1990 (ACRWK)[65], die 2003 ratifiziert wurde. Beide Konventionen sind ähnlich, sie betonen die Kinderrechte und die Bedeutung der Familie für das Kindeswohl. Beide Konventionen verfolgen drei Leitprinzipien: das Diskriminierungsverbot, das Kindeswohlprinzip und die Beteiligungsrechte des Kindes an Entscheidungen, die es selbst betreffen (Wanitzek, 2007a: 184).

Die Implementierung dieser Normen würde die Rechtswirklichkeit und den traditionellen Umgang mit Kindern in der Familie und in der Schule nachhaltig verändern. Einige Beispiele verdeutlichen das: wenn bei der Inpflegenahme von Waisen das Kindeswohlprinzip und die Beteiligungrechte des Kindes zugrunde zu legen wären, entspräche das nicht der Lebensrealität. In der erweiterten Familie werden die Entscheidungen zur Inpflegenahme nach anderen Kriterien ge-

---

[64] http://www.ohchr.org/english/law/crc.htm
[65] http://www1.umn.edu/humanrts/africa/afchild.htm

troffen, insbesondere in den Zeiten von AIDS, wie die Fallgeschichten gezeigt haben. Auch das Diskriminierungsverbot, bspw. angewandt auf die Bildung der Mädchen, wäre in der Gesellschaft schwer umsetzbar.

Auf die besonderen Bedingungen unter denen Kinder in Afrika leben weist die ACRWK in ihrer Präambel hin: einerseits sei die Lebenssituation von Kindern wegen der ökonomischen und kulturellen Umstände sehr ernst, andererseits hätten Kinder in afrikanischen Gesellschaften eine einzigartige Stellung und dieses Erbe sei zukünftig zu berücksichtigen. In der ACRWK sind auch Pflichten der Kinder niedergelegt (Art. 31). Das Kind hat die Pflicht für den Zusammenhalt der Familie zu arbeiten, seine Eltern, Übergeordnete und Ältere zu jeder Zeit zu achten und ihnen zu helfen. Diese Normen entsprechen der kulturellen Tradition wie auch der Lebenswirklichkeit, denn Kinder schulden den Erwachsenen Respekt (*heshima*) und die Reziprozität ist das Prinzip der Hilfen zwischen den Generationen im Sicherungsnetz der Familie.

Beide Konventionen waren auf Ortsebene unbekannt, d.h. die normative Moderne für Kinder ist lokal nicht angekommen. Die Umsetzung der Normen und Prinzipien der Konventionen ist in Tansania, wie auch in anderen Ländern sub-Sahara Afrikas bislang kaum vorangekommen (Temba, de Waal, 2002; Wanitzeka, 2007a). Auch kleine Veränderungen, die kostenneutral wären, wie die Abschaffung der körperlichen Züchtigung in der Schule und der Schulverweise schwangerer Mädchen sind in Tansania nicht umgesetzt worden (UNCRC, 2006).

In den Jahren seit der Verabschiedung der beiden Konventionen hatten die Länder in sub-Sahara Afrika mit fortschreitender Armut und der Ausbreitung der AIDS-Epidemie und ihren Folgen zu kämpfen. So wird das Kindeswohl in der gegenwärtigen wirtschaftlichen und sozialen Situation von einigen Autoren mit der Befriedigung der elementarsten materiellen Bedürfnisse gleichgesetzt (vgl. Armstrong, 1994; Rwezaura, 1994: 100f). Lokal wäre „Schule und *ugali*" die minimale Definition des Kindeswohles und derart begrenzt auf Primarschule und Maisbrei wäre es wohl in Pangani bei fast allen Kindern durchgesetzt.

Die Diskrepanz zwischen der schnellen Ratifizierung beider Konventionen durch Tansania und der bislang kaum begonnenen Implementierung ihrer Normen und Inhalte ist groß. Andererseits sind Kinderrechte in der tansanischen Gesellschaft aber nicht isoliert durchsetzbar. Die Autonomie des Kindes als Individuum, die ein Ziel beider Konventionen ist, steht in einem beträchtlichen

Spannungsverhältnis zum Gemeinschaftsbezug in den Familien und ihre Umsetzung würde einen Bruch mit den kulturellen Traditionen bedeuten.

Unverständlich bleibt, dass der tansanische Staat in den Jahren der AIDS-Epidemie nichts zur Unterstützung der Waisenpflegschaften in ihren Familien getan hat und auch keine Maßnahmen für die Kinder entwickelt hat, die keine Verwandten und keine Versorgung haben (vgl. Rwezaura, 1994). Die Probleme der Kinder und des Kindschaftsrechts in Tansania sind seit mehr als zehn Jahren in den zuständigen Ministerien bekannt, sie sind in zwei ausführlichen Berichten formuliert und mit zahlreichen Empfehlungen versehen worden (URT; 1994; URT, 1996).

11.5 Schluss

Die erweiterte Familie erwies sich im ländlichen Tansania als eine unerschöpfliche soziale Ressource, vor allem im Kontext der Waisenversorgung. Das familiäre Sicherungsnetz war lokal nicht ernsthaft gefährdet, weder aufgrund der Belastungen durch Armut und AIDS, noch wegen der Auswirkungen der Migration. Längerfristig haben aber HIV/AIDS und die Institution Schule - aus völlig unterschiedlichen Gründen - das Potential weitergehende soziale Transformationsprozesse und die Destabilisierung der Familiennetzwerke mit ihren solidarischen Hilfen zu bewirken.

In der Großstadt Dar es Salaam scheinen solche Transformationsprozesse schon in vollem Gange zu sein, wenn man der Entwicklungsexpertin Klemp folgt, die feststellt: „Die vielbeschworene solidarische Praxis in Großfamilien ist oftmals zu sozialer Heuchelei verkommen und hat sich in das Gegenteil verantwortungsbewusster Hilfe verkehrt". Und: „Die wachsende Zahl der Menschen, die durch das familiäre Sicherheitsnetz fallen, entzaubert langsam den Mythos der afrikanischen Großfamilie" (Klemp, 1995: 85). Auch von der Waisenversorgung in den Städten Dar es Salaam, Arusha, Mwanza und Kagera zeichnet Rwezaura ein negatives Bild und charakterisiert sie als Mißbrauch, Vernachlässigung und Benachteiligung auf zwei Ebenen, in der Familie, der erweiterten Familie und der lokalen Gemeinde sowie durch den Staat. Andererseits wurden bei seinen Recherchen Ende der 90er Jahre in diesen vier Städten fast alle Waisen und Halbwaisen traditionell im Netz der erweiterten Familie versorgt, 55% in der erweiterten Familie, 25% von ihrem verwitweten Elternteil, 15% von älteren

Geschwistern und 5% von Menschen, mit denen sie nicht verwandt waren (2000: 412- 415).

Nachdem ausführliche Informationen über die Lebenssituation von Waisen und ihrer Versorgung in der erweiterten Familie vorliegen, ist zu hoffen, dass die tansanische Regierung gemeinsam mit Vertretern der Entwicklungspolitik und den NGOs Konzepte für eine konkrete Unterstützung von Waisen und Halbwaisen und ihrer (Pflege-)Familien entwickeln, um deren Kapazitäten zu stärken und so zum Erhalt des traditionellen sozialen Sicherungsnetzes beizutragen. Hilfen müssten alle Waisen erhalten, ohne sie an das Kriterium „AIDS-Waise" zu knüpfen. Auch „gefährdete Kinder", bspw. Kinder mit AIDS-kranken Eltern und Halbwaisen sollten in eine Förderung mit einbezogen werden. Außerdem müßten vordringlich - zumindest für Waisen und gefährdete Kinder – die Gesundheitsvorsorge und die medizinische Betreuung kostenfrei sein und die Gebühren für die Sekundarschule abgeschafft werden. In Gemeinden könnten Nachbarschaftshilfen entwickelt werden zur Unterstützung der Haushalte mit Waisen, um deren soziales Netz zu erweitern und zu festigen (vgl. Foster et al, 1996). Hierbei könnte kulturell an die *majamaa* der Swahili angeknüpft werden und an andere lokale Ansätze, wie sie in Pangani bei der Versorgung der beiden Waisen Sophia und Paulo praktiziert wurden (Abschnitt 6.5).

Abkürzungsverzeichnis

ACRWK	Afrikanische Charta über die Rechte und das Wohl des Kindes
AFRIWAG	African Women and AIDS Group
AIDS	Acquired Immunodeficiency Syndrome
ART	Antiretroviral Therapy
CHAWATIATA	*Chama cha Waganga na Wakunga wa Tiba Asili Tanzania* (Vereinigung der traditionellen Heiler in Tansania)
GTZ	Deutsche Gesellschaft für Technische Zusammenarbeit
HIV	Human Immunodeficiency Virus
ILO	International Labour Organization
IWF	Internationaler Währungsfond
KRK	UN-Kinderrechtskonvention
MEUSTA	*Mpango wa Elimu ya Ukimwi Shule ya Msingi mkoa wa Tanga* (Unterrichtsplan über HIV/AIDS in Primarschulen der Region Tanga)
NACP	National Aids Control Programme
PRSP	Poverty Reduction Strategy Papers
TACAIDS	Tanzanias Commission for AIDS
TAWG	Tanga AIDS Working Group
TSh	Tanzanian Shilling
UNAIDS	Joint United Nations Programme on HIV/AIDS
UNICEF	United Nations Children`s Fund
UNDP	United Nations Development Programme
WB	World Bank / Weltbank
WHO	World Health Organization

Literatur

Abu-Lugard, L., 1993: Writing against Culture. In: Fox, R.G. (ed.): Recapturing Anthropology. Santa Fee: 137-162.

Acre, A., Long, N., 2000: Reconfiguring modernity and development from an anthropolo-gical perspective. In: dies.: Anthropology, Development and Modernities. London: 202-222.

African Charter on the Rights and Welfare of the Child, 1990: http:// www1.umn.edu/humanrts/africa/afchild.htm.

Aguga, Christine, 2000: Memory Book für Everlyn Akoth. In: Mankell, H., 2006: Ich sterbe, aber die Erinnerung lebt. München: 97-136.

Ainsworth, M., 1967: Infancy in Uganda. Baltimore.

Alber, E., 2003a: Denying biological parenthood. Child Fostering in Northern Benin. Ethnos, 68, 4: 487-506.

Alber, E., 2003b: Großeltern als Pflegeeltern. Veränderungen der Pflegschaftsbeziehungen zwischen Großeltern und Enkeln bei den Baatombu in Nordbenin. Anthropos 98: 445-460.

Alber, E., 2004a: Soziale Elternschaft in Westafrika. In: Egli, W., Krebs,U.(Hg.): Beiträge zur Ethnologie der Kindheit. Münster.

Alber, E., 2004b: Grandparents as foster-patents: transformations in foster relations between grandparents and grandchildren in northern Benin. Africa 74,1: 28-46.

Alber, E., 2004c: 'The real parents are the foster parents`: social parenthood among the Baatombu in Northern Benin. In: Bowie, F. (ed.): Cross-Cultural Approaches to Adoption. New York: 33-47.

Alber, E., van der Geest, S., Reynolds Whyte, S. (eds.), 2008: Generations in Africa. Connections and Conflicts. Münster.

Albert, T., 2003: Entwicklungszusammenarbeit mit Ostafrika. Modell einer neuen Koordination zwischen Gebern und Nehmern. E+Z, 2003: 276-279.

Alpers, E.A., 1969: The Coast and the Development of the Caravan Trade. In: Kimambo, I.N., Temu, A.J. (eds.): A History of Tanzania. Nairobi: 35-56.

amnesty international, 2003: Jahresbericht Tansania. www2.amnesty.de

Ankrah, M.E., 1993: The impact of HIV/AIDS on the family and other significant relationships: the African clan revisited. AIDS Care 5 (1): 5-22.

Appadurai, A., 1998: Modernity at Large: cultural dimension of globalisation. Minneapolis.

Appadurai, A., 2000: Grassroot Globalization and the Research imagination. Public Culture 12,1: 1-19.

Armstrong, A., 1994: School and Sadza: Custody and the Best Interest of the Child in Zimbabwe. In: Alston, P. (ed.): The Best Interest of the child: reconciling culture and human rights. Oxford: 150-190.

Armstrong Schellenberg, J., Victora, C.G., Mushi, A., de Savigny, D., Schellenberg, D., Mshinda, H., Bryce, J., 2003: Inequities among the very poor: health care for children in rural southern Tanzania. Lancet Vol. 361:561-566.

Arnfred, S. (ed.), 2004: Re-thinking Sexualities in Africa: Introduction: 7- 34. Uppsala.

Asche, H., 2003: Multilateralismus versus Bilateralismus in der EZ. E+Z: 110-115.

Atto, U., 1996: Verpflichtung, Belastung, Freude: Pflegekinder und ihr Verständnis von Hausarbeit. In: Beck, K., Spittler, G.(Hg.): Arbeit in Afrika. Hamburg: 225-242.

Atwine, B., Cantor-Graa, E., Bajunirwe, F., 2005: Psychological Distress among AIDS Orphans in Rural Uganda. Social Science and Medicine, 61, 3: 555-564.

Barbre, J.W. and The Personal Narrative Group (ed.): Interpreting women's lives: feminist theory and personal narratives. Bloomington, 1989.

Baxter, H.C., 1944: Pangani, Trade Centre of Ancient History. Tanganyika Notes and Records 17: 15-25.

Baylies, C., 2000: Perspectives on Gender and AIDS in Africa. In: Baylies, C., Bujra, J. (eds.): AIDS, Sexuality and Gender in Africa: collective strategies in Tanzania and Zambia. London: 1-24.

Beck, K., Spittler, G., 1996 (Hg.): Arbeit in Afrika. Hamburg.

Beck, R. M., 2002: Verbale und non-verbale Kleiderkommunikation am Indischen Ozean (Swahili, Ostafrika). Femistische Studien 2: 339-354.

Behrend, H., Luig, U. (eds.), 1999: Spirit Possession. Modernity and Power in Africa, Madison, Wisc.

Beidelman, T.O., 1967: The Matrilineal Peoples of Eastern Tanzania. London.

Blandow, J., 2004: Pflegekinder und ihre Familien. Geschichte, Situation und Perspektiven des Pflegekinderwesens. Weinheim.

Bledsoe, C., Isingo-Abanike, U., 1989: Strategies of Child-Fosterage among the Mende Grannies in Sierra Leone. In: Lesthaeghe, R.J. (ed): Reproduction and Social Organisation in Sub-Saharan Africa. Berkeley: 442-474.

Boerma, J.T., Ngalula, J., Isingo, R., Urassa, M., Senkero, K., Gabone, R., Mkumbo, E.V., 1997: Levels and causes of adult mortality in rural Tanzania with special reference to HIV/AIDS. Health Transition Review, Suppl. 2, Vol. 7: 63-74.

Boland, M.G., Oleske, J., 1995: Health Care Needs for Infants and Children: An Epidemiological Perspective. In Boyd-Franklin, N., Steiner,G., Boland, M.G. (eds.): Children, Families and HIV/AIDS. Psychosocial and Therapeutic Issues. New York: 19-29.

Boddy, J., 1989: Wombs and Alien Spirits. Women, Men and the Zar Cult in Northern Sudan. Madison, Wisc.

Bourdieu, P., 1976 (franz. Orig. 1972): Entwurf einer Theorie der Praxis auf der ethnologischen Grundlage der kabylischen Gesellschaft. Frankfurt.

Bourdieu, P., 1983: Ökonomisches Kapital, kulturelles Kapital, soziales Kapital. In: Kreckel, R. (Hg.): Soziale Ungleichheiten. Göttingen: 183-198.

Bourdillon, M.F.C.(ed.), 2000: Earning a Life: Working Children in Zimbabwe. Harare.

Bourguignon, E., 1987: Alternierende Persönlicheit, Besessenheitstrance und die psychische Einheit der Menschen. In: Duerr, H.P.(Hg.): Zur Ethnopsychoanalyse von Georges Devereux. S. 331-347.

Bowie, F. (ed.), 2004: Adoption and the circulation of children: a comparative perspective. In: dies.:Cross-Cultural Approaches to Adoption. New York: 3-20.

Bowlby, J., 1993 (engl.Original 1980): Verlust, Trauer, Depression. Frankfurt.1980.

Boyd-Franklin, N., Drelich, E.W., Schwolsky-Fitch, E., 1995: Death and Dying/ Beravement and Mourning. In: Boyd-Franklin, N., Steiner,G., Boland, M.G.(cds.): Children, Families and HIV/AIDS. Psychosocial and Therapeutic Issues. New York:179-195.

Bryceson, D.F., 1995a: Gender relations in rural Tanzania: power politics or cultural consensus? In: Creighton, C., Omari, C. K. (eds.): Gender, Family and Household in Tanzania. Aldershot: 37-69.

Bryceson, D.F. (ed.) 1995b: Women Wielding the Hoe: lessons from rural Africa for feminist theory and development practice. Oxford, 1995.

Bujra, J., 2000: Risk and Trust: unsafe Sex, Gender and AIDS in Tanzania. In: Caplan, P. (ed.): Risk revisited. London: 59-84.

Bujra, J., Baylies, C., 2000: Responses to the AIDS epidemic in Tanzania and Zambia. In: Baylies, C., Bujra, J. (eds.): AIDS, Sexuality and Gender in Africa: collective strategies in Tanzania and Zambia. London: 27-58.

Bundesministerium für wirtschaftliche Zusammenarbeit (BMZ), 2003: Harmonisierung von Geberpraktiken in der deutschen Entwicklungszusammenarbeit: 25 S. http://www.bmz.de

Butterwegge, C., Holm, K. et al (Hg.), 2004: Armut und Kindheit. Ein regionaler, nationaler und internationaler Vergleich. Opladen.

Caplan, P., 1969: Cognatic Descent Groups on Mafia Island, Tanzania. Man, 4(3): 419-431.

Caplan, P., 1975: Choice and Constraint in a Swahili Community. London.

Caplan, P., 1979: Spirit possessions on Mafia Island, Tanzania. Kenya Past and Present, 10: 41-44.

Caplan, P., 1982: Gender, Ideology and Modes of Production. Paideuma, 28: 29-43.

Caplan, P., 1984: Cognatic Descent, Islamic Law and Women`s property on the East African Coast. In: Hirschon, R. (ed.): Women and Property, Women as Property. New York: 23-43.

Caplan, P., 1992: Spirits and Sex: A Swahili informant and his diary. In: Okely, J., Callaway, H. (eds.):Anthropology and Autobiography. London: 64-81.

Caplan, P., 1997: African Voices, African Lives. Personal Narratives from a Swahili Village. London.

Caplan, P., 2004a: Introduction. In: Caplan, P., Topan, F. (eds.): Swahili Modernities. Culture, Politics, and Identity on the East Coast of Africa. Trenton, NY.: 1-18.

Caplan, P., 2004b: 'Struggling to be modern': Recent letters from Mafia Island. In: Caplan, P., Topan, F. (eds.): Swahili Modernities. Culture, Politics, and Identity on the East Coast of Africa. Trenton, NY.: 43-60.

Carsten, J., 2000 (ed.): Cultures of Relatedness. New Approaches to the Study of Kinship. Cambridge: Introduction: 1-36.

Castle, E.B., 1966: Growing up in East Africa. London.

Cattell, M.G., 1994: "Nowadays it isn't easy to advise the young": Grandmothers and Granddaughters among the Abaluyia of Kenya. Journal of Cross-Cultural Gerontology 9, 2: 157-178.

Chin, J., 2007: The AIDS-Pandemic. The collision of epidemology with political correctness. Oxford.

Christensen, P., James, A. (eds.), 2000: Research with Children. Aldershot.

Clifford, J., 1986: Introduction: Partial Truths. In: Clifford, J., Marcus, G. (eds.): Writing Culture. The Poetics and Politics of Ethnography. Berkeley: 1-26.

Cochrane, R., 2000: Das große Schweigen. Warum Mütter in Südafrika lieber sterben als reden. In: darum 3: 6-10.

Collier, J.F., Yanagisako, S.J. (eds.), 1987: Gender and Kinship: Essays toward a unified analysis. Stanford.

Comaroff, J., Comaroff, J., 1993: Introduction. In: Modernity and its Malcontents. Ritual and Power in Postcolonial Africa. Chicago: XI- XXXVII.

Cook, A.S., Oltjenbruns, K.A., 1998: Dying and Grieving. Lifespan and Family Perspectives. Fort Worth (2nd ed.).

Cook, A.S., Fritz, J.J., Mwongya, R., 2003: Understanding the Psychological and Emotional Needs of AIDS Orphans in Africa. In: Singhal, A., Howard, S., (eds.): The Children of Africa Confront AIDS. From Vulnerability to Possibility. Ohio UP, Athens: 85-105.

Cooper, F., 1977: Plantation Slavery on the East African Coast. New Haven, London.

Cooper, F., 1981: Islam and Cultural Hegemony: The Ideology of Slaveowners on the East African Coast. In: Lovejoy, P.E. (ed.): The Ideology of Slavery in Africa. Beverly Hills, London: 271-307.

Corsaro, W., 1997: The Sociology of Childhood. London.

Creighton, C., Omari, C. K. (eds.), 1995: Gender, Family and Household in Tanzania. Aldershot.

Department for Antiquities/Catholic Museum Bagamoyo, 2001: Descendants of Former Slaves and Slave Owners tell about Slavery in Bagamoyo.

Dilger, H., 1999: Besser der Vorhang im Haus als die Fahne im Wind, AIDS und Moral im ländlichen Tansania. Hamburg.

Dilger, H., 2000: „AIDS ist ein Unfall": Metaphern und Bildlichkeit in AIDS-Diskursen Tansanias. Africa spectrum, 35, 2: 165-182.

Dilger, H., 2003: Sexuality, AIDS, and the lures of modernity: reflexivity and morality among young people in rural Tanzania. Medical Anthropology, 22: 23-52.

Dilger, H., 2005: Leben mit AIDS. Krankheit, Tod und soziale Beziehungen in Afrika. Frankfurt/M.

Dilger, H., 2008: "African Sexualities" Revisited: The Morality of Sexuality and Gender in the Era of Globalisation and AIDS in Tanzania. In: Pope, C., White, R. (eds.): HIV/AIDS: Global Frontiers in Prevention / Intervention. London (im Druck).

Drackle, D., 1996: Kulturelle Repräsentationen von Jugend in der Ethnologie. In: Dies.(Hg.): Jung und wild: Zur kulturellen Konstruktion von Kindheit und Jugend. Berlin: 14-53.

Durkheim, E., 1988 (franz.Orig.: 1893): Über soziale Arbeitsteilung. Frankfurt.

Elwert, G., 1980: Die Elemente der traditionellen Solidarität. Eine Fallstudie in Westafrika. Kölner Zeitschrift für Soziologie und Sozialpsychologie, 4: 681-704.

Engels, F., 1896 (Orig. 1884): Der Ursprung der Familie, des Privateigentums und des Staates, im Anschluss an Lewis H. Morgan`s Forschungen. Stuttgart

Erny, P., 2004: Einleitung. In: Egli, W., Krebs, U. (Hg.): Beiträge zur Ethnologie der Kindheit. Münster: 5-29.

Evans-Pritchard, E.E., 1937: Witchcraft, Oracles, and Magic among the Azande. Oxford.

Feierman, S., 1985: Struggles for Control: The social roots of health and healing Modern Africa. African Studies Review 28, 2-3: 75- 147.

Feierman, S., Janzen, J. (eds.), 1992: The Social basis of health and healing in Africa. Berkeley.

Fiala, C., 1998: Die Statistik Seuche. Zweifelhafte Diagnosen und Zahlenbeispiele zeichnen eine AIDS-Katastrophe in Afrika. iz3w, Heft 231:8-10.

Forster, P.G., 1995: Anthropological study of kinship in Tanzania. In: Creighton, C., Omari, C. K. (eds.): Gender, Family and Household in Tanzania. Aldershot: 70-117.

Foster, G., Shakespeare, R., Chinamana, F., Jackson, H., Gregson, S., Marange, C., Mashumba, S., 1995: Orphan prevalence and extended family care in a peri-urban community in Zimbabwe. AIDS care 7: 3-17.

Foster, G., Makufa, C., Drew, R., Kambeu, S., Saurombe, K., 1996: Supporting children in need through a community-based orphan visiting programme. AIDS care 8: 389-403.

Foster, G., Makufa, C., Drew, R., Kralovec, E., 1997: Factors leading to the establishment of child headed households: the case of Zimbabwe. Health Transition Review, Suppl. 2 to Vol. 7: 155-168.

Frankl, P.J.L., 1990: The word for "God" in Swahili. Journal of Religion in Africa 20, 3: 269-275.

Franklin, N., Steiner, G. and M.G. Boland (eds.), 1995: Children, Families and HIV/AIDS. Psychosocial and Therapeutic Issues. New York.

Fredland, R.A., 1998: AIDS and development: an inverse correlation? The Journal of Modern African Studies 36, 4: 547-68.

Geertz, C., 1987: Dichte Beschreibung. Beiträge zum Verstehen kultureller Systeme. Frankfurt/M.

Geider T., 1998: Swahilisprachliche Ethnographien (ca.1890 – heute): Produktionsbedingungen und Autoreninteressen. In: Behrend, H.(Hg.): Afrikaner schreiben zurück. Texte und Bilder afrikanischer Ethnographen. Köln: 41-80.

Geissler, P.W., Prince, R.J., 2004: Shared Lives: exploring practices of amity between grandmothers and grandchildren in western Kenya. Africa 74,1: 95-120.

Geissler, P.W., Alber, E., Whyte, S. (eds.): 2004: Grandparents and Grandchildren. Special Issue: Africa, 74, 1

Ghosh, J., Kalipeni, E., 2004: Rising Tide of AIDS Orphans in Southern Africa. In: Kalipeni, E., Craddock, S., Oppong, J.R., Ghosh. J. (eds.): HIV& AIDS in Africa. Beyond Epidemiology. London: 304- 315.

Giles, L., 1995: Sociocultural Change and Spirit Possession on the Swahili Coast of East Africa. Anthropological Quaterly 68, 2: 89-106.

Giles, L., 1999: Spirit Possession and the Symbolic Construction of Swahili Society. In: Behrend, Luig, (eds.): a.a.O.: 142-164.

Girtler, R., 1989: Die „teilnehmende unstrukturierte Beobachtung" - ihr Vorteil bei der Erforschung des sozialen Handelns und des in ihm enthaltenen Sinns. In: Aster, R. (Hg.): Teilnehmende Beobachtung: Werkstattberichte und methodologische Reflexionen. Frankfurt/M: 103-122.

Glassman, J., 1995: Feasts and Riots: Revelry, Rebellion and Popular Conciousness on the Swahili Coast, 1856-1888. London.

Goody, E., 1970: Kinship Fostering in Gonja. Deprivation or Advantage? In: Mayer, P. (ed.): Socialization. The Approach from Social Anthropology. London: 51-74.

Goody, E., 1982: Parenthood and Social Reproduction. Fostering and Occupational Roles in West Africa. Cambridge.

Grassly, N.C., Timoeus, 2005: Methods to Estimate the Number of Orphans as a Result of AIDS and Other Causes in Sub-Saharan Africa. Epidemiology and Social Science 39,3: 365-375.

Grathoff, R., 1989: Milieu und Lebenswelt. Frankfurt.

Gray, R.F., 1969: The Shetani Cult among the Segeju of Tanzania. In: Beattie, J., Middleton, J. (eds.) : Spirit Mediumship and Society in Africa. London: 171-187.

Gregory, R., 1993: South Asians in East Africa. An Economic and Social History, 1890-1980. Boulder, Col.

Gronemeyer, R., 2002: So stirbt man in Afrika an AIDS. Frankfurt/M.

Grosz-Ngate, M., Kokole, O. H. (eds.), 1997: Gendered Encounters: challenging cultural boundaries and social hierachies in Africa. London.

Guest, E., 2001: Children of AIDS. Africa`s orphan crisis. London.

Gwassa, G.C.K., 1969: German Intervention and African Resistance in Tansania. In: Kimambo, I.N., Temu, A.J. (eds.): A History of Tanzania. Nairobi: 85-122.

Hahn, R.A., Kleinman, A.,1983: Biomedical Practise and Anthropological Theory: Frameworks and Directions. Annual Review of Anthropology 12: 305-333.

Hammer, A., 1999: AIDS and Tabu. Zur soziokulturellen Konstruktion von AIDS bei den Luo in Westkenia. Münster.

Haram, L., 1995: Negotiating Sexuality in Times of Economic Want: The Young and Modern Meru Women. In: Klepp, K.-I., Biswalo, P.M., Talle, A.: Young People at Risk. Fighting AIDS in Northern Tanzania: 31-48.

Haram, L., 2004: 'Prostitutes` or Modern Women? Negotiating Respectability in Northern Tanzania. In: Arnfred, S. (ed.): Re-thinking Sexualities in Africa. Uppsala: 211-232.

Haram, L., 2005: AIDS and risk: The handling of uncertainty in northern Tanzania. Culture, Health & Sexuality, 7 (1): 1-11.

Harris, O., Young, K., 1981: Engendered Structures: Some Problems in the Analysis of Reproduction. In: Kuhn, J.S., Llobera, J.R. (eds.): The Anthropology of Pre-Capitalistic Societies. London: 109-147.

Heald. S., 1995: The Power of Sex: Some Reflection on Caldwell`s "African Sexuality" Thesis. Africa 65, 4: 489-505.

Heald. S., 2004: AIDS und Ethnologie in Afrika. Peripherie 93/94, 2004: 113-138.

Heinzel, F. (Hg.), 2000: Methoden der Kindheitsforschung. Ein Überblick über Forschungszugänge zur kindlichen Perspektive. Weinheim, München.

Heinzel, F., 2003: Qualitative Interviews mit Kindern, In: Friebertshäuser, B., Prengel, A. (Hg.): Handbuch Qualitative Forschungsmethoden in der Erziehungswissenschaft. Weinheim: 396-413.

Hengst, H., Zeiher, H., 2000: Unter Legitimationsdruck. Das Arbeitsverbot im Kindheitsprojekt der Moderne. In: Dies. (Hg.): Die Arbeit der Kinder: Kindheitskonzepte und Arbeitsteilung zwischen den Generationen. Weinheim: 7-22.

Hildenbrand, B., 1983: Alltag und Krankheit. Ethnografie einer Familie. Stuttgart.

Hirschfeld, L.A., 2002: Why don`t Anthropologists like Children? American Anthropologist 104, 2:611-627.

Honig, M., Lange, A., Leu, H. R., 1999: Aus der Perspektive von Kindern? Zur Methodologie der Kindheitsforschung. Weinheim.

Horton, M., Middleton, J., 2000: The Swahili. The Social Landscape of a Mercantile Society. London.

Howell, S., 1997: Introduction. In: Dies. (ed.): The Ethnography of Moralities. London:1-22.

HDR/ Human Development Report, 2006: www.undp.org/hdi/TZA.html

Human Rights Watch, 2001: In the Shadow of Death. HIV/AIDS and Children Rights in Kenya: 30 S.

Hunter, S., 1990: Orphans as a Window on the AIDS Epidemic in Sub-Sahara Africa: Initial results and Implications of a Study in Uganda. Social Science and Medicine 31, 6: 681-690.

Hunter, S., Williamson, J., 2000: Children on the brink: Strategies to support children isolated by HIV/AIDS. Arlington (USAID): 32 pp.

Huntingford, G.W. B., 1980 (ed.): The Periplus of the Erythrean Sea. London.

Ingstad, B., 2004: The value of grandchildren: changing relations between generations in Botswana. Africa 74,1: 62-75.

James, A., Prout, A., 1990: Constructing and Reconstructing Childhood. London.

James, A., Jenks, C., Prout, A., 1998: Theorizing Childhood. Cambridge.

Janzen, J., 1978: The quest for Therapy in Lower Zaire. Berkeley.

Janzen, J., 1987: Therapy Management: Concept, Reality, Process. Medical Anthropology Quarterly 1,1: 68-84.

Janzen, J., 1992: Ngoma. Discourses of Healing in Central and Southern Africa.Berkeley.

Jerman, H., 1997: Between Five Lines: The Development of Ethnicity in Tanzania with special Reference to the Western Bagamoya District. Uppsala.

Kamali, A., Seeley, J.A., Nunn, A.J., et al., 1996: The orphan problem: experience of a sub-Saharan African rural population in the AIDS epidemic. AIDS care 8:509-15.

Kelly, J.M., 2003: Reducing the Vulnerability of Africa`s Children To HIV/AIDS. In: Singhal, A., Howard, S. (eds.): The Children of Africa Confront AIDS. From Vulnerability to Possibility. Ohio UP, Athens: 59-84.

Kim, C.C., 2004: Islam among the Swahili in East Africa. Nairobi.

Klaits, F., 2001: Making a good Death: AIDS and Social Belonging in an Independent Church of Gaberone. Botswana Notes and Records 30: 101-119.

Kleinman, A., 1980: Patients and Healers in the Context of Culture. An Exploration of the Borderland between Anthropology, Medicine and Psychiatry. Berkeley.

Kleinman, A., 1995: Writing at the Margin. Berkeley.

Klemp, L., 1995: Soziale Sicherheit für Frauen in Tanzania – zwischen Tradition und Moderne. Nord-Süd aktuell, 1. Quartal: 83-90.

Knappert, J., 2005: Swahili Culture. Book 1. Lewiston, N.Y.

Knecht, U., Welz, G., 1995: Ethnographisches Schreiben nach Clifford. In: KEA, Zeitschrift für Kulturwissenschaften, Sonderband 1, hg.v. Hauschild, T.: Ethnologie und Literatur: 71-91. Bremen.

Koda, B. O., 1995: The economic organisation of the household in contemporary Tanzania. In: Creighton, C., Omari, C. K. (eds.): Gender, Family and Household in Tanzania. Aldershot: 139-155.

Koritschoner, H., 1936: Ngoma ya Sheitani: an east African native treatment for psychical disorder. Journal of the Royal Anthropological Institute 66: 209-217.

Kotanyi, S., 2005: Zur Relevanz indigener Konzepte von Krankheit und Ansteckung - für eine wirksamere HIV/AIDS-Prävention im soziokulturellen Kontext am Beispiel von Mosambik. Curare, 28, 2+3: 247-263.

Kusimba, Ch., 1999: The rise and fall of Swahili States. Walnut Creek.

Lallemand, S., 1993: La circulation des enfants en societe traditionelle. Pret, don, echange. Paris.

Lallemand, S., 1994: Adoption et marriage: les Kotokoli du centre de Togo. Paris.

Lambek, M., 1996: The Past Imperfect: Remembering as Moral Practice. In: Antze, P., Lambek, M.: Tense Past: Cultural Essays in Trauma and Memory. London: 235-254.

Landsberg, P., 1986: Widows and divorced Women in Swahili Society. In: Potash, B. (ed.): Widows in African Societies: Choices and Constraints. Stanford: 107-130.

Liebel, M., 2001: Kindheit und Arbeit. Wege zum besseren Verständnis arbeitender Kinder in verschiedenen Kulturen und Kontinenten. Frankfurt/M.

Liebel, M., Overwien, B., Recknagel, A. (Hg.), 1998: Arbeitende Kinder stärken. Plädoyers für einen subjektorientierten Umgang mit Kinderarbeit. Frankfurt/M.

Liljeström, R., Masanja, P., Mkai, C.P.B., Tumbo-Masabo, Z., 1994: The Pubescent girl – past and present. In: Tumbo-Masabo, Z., Liljeström, R. (eds.): Chelewa, Chelewa: The Dilemma of Teenage Girls. Uppsala:35-53.

Lewis, I.M., Al-Safi, A., Hurreiz S. (eds.), 1991: Women`s Medicine. The Zar-Bori Cult in Africa and beyond. Edinburg.

Lie, G.T., 1996: The Disease that does not Speak its Name. Coping with HIV/AIDS in Northern Tanzania. Bergen.

Loimeier, R., Seesemann , R., 2006: Interfaces of Islam, Identity and Space in the 19th and 20th – Century East Africa. Introduction. In: dies.(eds.): The Global World of the Swahili. Berlin: 1-14.

Loo, van de M.-J, Reinhart, M. (Hg.), 1993: Kinder: Ethnologische Forschungen in fünf Kontinenten. München.

Lovejoy, P.E. (ed.), 1981: The Ideology of Slavery in Africa. Beverly Hills, London.

Lovejoy, P.E., 1983: Transformations in Slavery. A History of Slavery in Africa. Cambridge.

Luckmann, B.,1978: The Small Life-Worlds of Modern Man. In: Luckmann,T. (ed.): Phenomenology and Sociology. Harmondsworth: 275-290.

Luckmann, T., 1992: Theorie des sozialen Handelns. Berlin.

Lugalla, J.L., 1993: Structural Adjustment Policy and Education in Tanzania. In: Gibbon, P. (ed.): Change and Economic Reform in Africa. Uppsala: 184-214.
Lugalla, J.L., Kibassa, C.G. (eds.), 2002: Poverty, AIDS, and Street Children in East Africa. Lewiston, NY.
Lugalla, J.L., Kibassa, C.G., 2003: Urban Life and Street Children´s Health. African Studies Vol. 16. Hamburg.
Luig, U., 1999: Constructing Local Worlds. In: Behrend, H., Luig, U. (eds): Spirit Possession. Modernity and Power in Africa. Madison, Wisc.:142-164.
Luthar, S.S., Chichetti, D., Becker, B., 2000: The Construct of Resilience: A Critical Evaluation and Guidelines for Future Research. Child Development 71: 543-562.
Lutz, C., White, G.M., 1986: The Anthropology of Emotions. Annual Review of Anthropology 15: 405-436.

Madhaven, S., 2004: Fosterage Pattern in the Age of AIDS: Continuity and Change. Social Science and Medicine, 58, 7: 1443-1454.
Makame, V., Ani, C., Grantham-McGregor, S., 2002: Psychological well-being of orphans in Dar es Salaam, Tanzania. Acta Paediatrica 91: 459-465.
Malinowski, B., 1922: Argonauts of the Western Pacific. New York.
Martin, J., 2007: Yakubas neues Leben – Zum Wandel der Kindschaftspraxis bei den ländlichen Fee (Mokolle) in Nordbenin. Africa Spectrum 42, 2: 219-129.
Mauss, M., 1968 (franz. Orig. 1925): Die Gabe. Form und Funktion des Austausches in archaischen Gesellschaften. Frankfurt/M.
Mbilinyi, M., 1989: „I`d have been a man": Politics and the Labour Process in Producing Personal Narratives. In: Barbre, J.W. (ed.): Interpreting women`s lives: feminist theory and personal narratives. Bloomington: 204 - 227.
Mead, M., 1928: Coming of Age in Samoa. A Study of Adolescence and Sex in Primitive Society. New York.
Meier, B., 1993: Doglientiri. Frauengemeinschaften in westafrikanischen Verwandtschaftssystemen, dargestellt am Beispiel der Bulsa in Nordghana. Münster.
Meier, B., 1999: Doglientiri: an institutionalised relationship between women among the Bulsa of northern Ghana. Africa, 69, 1: 87-107.
Meillassoux, C., 1976 (franz. Orig.1975): Die wilden Früchte der Frau. Über häusliche Produktion und kapitalistische Wirtschaft. Frankfurt.
Meursing, K., 1997: A World of Silence. Living with HIV in Matabeland, Zimbabwe. Amsterdam.
Middleton, J., 1992: The World of the Swahili. An African Mercantile Civilization. New Haven.
Mirza, S., Strobel, M.: 1989: Three Swahili Women: Life Stories from Mombasa, Kenya. Bloomington.
Mogensen, H.O., 1997: The Narrative of AIDS among the Tonga of Zambia. Social Science and Medicine, 44, 4: 431-39.

Monasch, R., Boerma, J.T., 2004: Orphanhood and childcare patters in sub-Saharan Africa: an analysis of national surveys from 40 countries. AIDS 18, Suppl. 2: 955-965.
Moran, M., 1992: Civilised servants: child fosterage and training among the Glebo of Liberia. In: Hansen, K. (ed.): African Encounters of Domesticy. New Brunswick: 98-115.

Narayan, D., 1997: Voices of the Poor. Poverty and Social Capital in Tanzania. Washington, D.C.
Nelson, N., 1987: Rural-urban child fostering in Kenya: Migration, kinship ideology, and class. In: Eades, J. (ed.): Migrants, Workers, and the Social Order.London:181-98.
Ngalula, J., Urassa, M., Mwaluko, G., Isango, R., Boerma, T., 2002: Health service and household expenditure during terminal illness due to AIDS in rural Tanzania. Tropical Medicine and International Health 7 (10): 873-877.
Nicholls, C.S., 1971: The Swahili Coast: Politics, Diplomacy, and Trade on the East African Littoral, 1798-1856. London.
Nnko, S., Pool, R., 1997: Sexual Discourses in the Context of AIDS: dominant themes on adolescent sexuality among primary school pupils in Magu District, Tanzania. Health Transition Review, Suppl. to Vol. 7: 85-90.
Notermans, C., 2004a: Sharing home, food, and bed: paths of grandmotherhood in East Cameroon. Africa 74, 1: 6-27.
Notermans, C., 2004b: Fosterage and the politics of marriage and kinship in East Cameroon. In: Bowie, F. (ed.): Cross-Cultural Approaches to Adoption. New York: 48-63.
Ntozi, J.P.M., Mukiza-Gapere, J., 1995: Care for AIDS Orphans in Uganda: findings from focus group discussions. Health Transition Review 5, Suppl.: 245-52.
Ntozi, J.P.M., 1997: Effects of AIDS on children: the problem of orphans in Uganda. Health Transition Review, Suppl. to Vol. 7: 23-40.
Nyambedha, E.O., Wandibba, S., Aagard-Hansen, J., 2001: Policy Implications of the inadequate support systems for orphans in Western Kenya. Health Policy 58: 83-96.
Nyambedha, E.O., Wandibba, S., Aagard-Hansen, J., 2003: Changing Pattern of orphan care due to the HIV epidemic in Western Kenya. Social Science and Medicine 57: 301-311.
Nyerere, J. K., 1966: Ujamaa – the Basis of African Socialism. In: Ders.: Freedom and Uhuru. Dar es Salaam: 162-171.

Omari, C.K., 1995: Decision-making and the household: case studies from Tanzania. In: Creighton, C., Omari, C. K. (eds.): Gender, Family and Household in Tanzania. Aldershot: 203-220.
Ortner, S.B., Whitehead, H., 1981, (eds): Sexual meanings: the cultural construction of gender and sexuality. Cambridge.

Page, H., 1989: Childrearing verus Childbearing. Coresidence of Mother and Child in sub-Saharan Africa. In: Lesthaege, R.J. (ed.):Reproduction and Social Organisation in sub-Sararan Africa, Berkeley: 401-441.

Parkin, D., 1994 (ed.): Continuity and Autonomy in Swahili Communities. London.

Parkin, D., 2001: Escaping Cultures: the Paradox of Cultural Creativity. In: Liep, J. (ed.): Locating Culture and Creativity. London: 133-143.

Polanyi, K., 1944: The Great Transformation. Toronto.

Pouwels, R.L., 1987: Horn and Crescent. Cultural Change and traditional Islam on the East African Coast, 800-1900. Cambridge.

Price, N., 1996: The Changing Value of Children among the Kikuyu of Central Province, Kenya. Africa 66, 3: 411-436.

Prins, A.H. J., 1967 (engl. Orig. 1961): Swahili-Speaking Peoples of Zanzibar and the East African Coast. London.

Radcliffe-Brown, A.R. 1940: On Joking Relationships. Africa, Vol. 13, 3: 195-210.

Radcliffe-Brown, A.R. 1949: A further Note on Joking Relationships. Africa, Vol. 19, 2: 133-140.

Radcliffe-Brown, A.R. 1950: Introduction. In: Radcliffe-Brown, A.R., Forde, D. (eds.): African Systems of kinship and marriage. London: 1-85.

Radstake, M., 2000: Secrecy and Ambiguity. Home Care for People living with HIV/AIDS in Ghana. Leiden.

Rakelmann, G.A., 2005: Prozesse des Einzugs von AIDS in die botswanische Alltagswelt: Von einer allochthonen zu einer einheimischen Krankheit. Curare, 28, 2+3: 153-168.

Randeria, S., 1999: Geteilte Geschichte, verwobene Moderne. In: Rüsen, J., Leitgeb, H., Jegelka, N.(Hg.): Zukunftsentwürfe. Ideen für eine Kultur der Veränderung. Frankfurt: 87-96.

Raum, O.F., 1940: Chaga Childhood. London.

Reynolds, P., 1995: ´Not Known Because Not Looked for` :Ethnographers Listening to the Young in Southern Africa. Ethnos, 60, 3/4:123-145.

Roost Vischer, L., 1997: Mütter zwischen Herd und Markt. Das Verhältnis von Mutterschaft, sozialer Elternschaft und Frauenarbeit bei den Moose (Mossi) in Ouagadougou, Bukina Faso. Basel.

Röttger-Rössler, B., 2002: Emotionen und Kultur. Einige Grundfragen. Zeitschrift für Ethnologie, Jg. 127, Heft 2: 147-162.

Rosny, Eric de, 1998: Heilkunst in Afrika. Mythos, Handwerk und Wissenschaft. Wuppertal.

Roy-Campbell, Z.M., 1991: The Politics of Education in Tanzania: From Colonialism to Liberalization. In: Campbell, H., Stein, H.(eds.): Tanzania and the IMF. The Dynamics of Liberalization. Boulder, Col.: 147-169.

Rugalema, G., 2004: Understanding the African HIV Pandemic: An Appraisal of the Context and Lay Explanation of the HIV/AIDS Pandemic with Examples from Tanzania and Kenya. In: Kalipeni, E., Craddock, S., Oppong, J.R., Ghosh. J. (eds.): HIV& AIDS in Africa. Beyond Epidemiology. London: 190-212.

Rwebangira, M., Liljeström, R. (eds.), 1998: Haraka, Haraka.....Look, before you leap: Youth at the Crossroad of Custom and Modernity. Stockholm.

Rwezaura, B., 1985: Traditional Family Law and Change in Tanzania. Hamburg.

Rwezaura, B., 1994: The Concept of the Child`s Best Interest in the Changing Economic and Social Context of Sub-Saharan Africa. In: Alston, P. (ed.): The Best Interest of the child: reconciling culture and human rights. Oxford: 82-116.

Rwezaura, B., 2000: 'This is not my child`: the task of integrating orphans into the mainstream of society in Tanzania. In: Bainham. A. (ed.): International Survey of Family Law 2001. Bristol: 411-435.

Sahlins, M. D., 1999 (engl. Orig. 1965): Zur Soziologie des primitiven Tauschs. Berliner Journal für Soziologie 9,2: 149-178.

Saleh, M.A., 2004: „Going with the times": Conflicting Swahili Norms and Values today. In: Caplan, P., Topan, F. (eds.): Swahili Modernities. Culture, Politics, and Identity on the East Coast of Africa. Trenton, NY.:145-155.

Schellenberg, J. A.,Victora, C.G., Mushi, A., Savigny, D. de, Schellenberg, D., Mshinda, H., Bryce, J., 2003: Inequalities among the very poor: health care for children in rural southern Tanzania. The Lancet, 361: 561-566.

Scheven, A., 1981: Swahili Proverbs. Washington, D.C.

Schoepf, B.G., 1992: Women at Risk: Case Studies from Zaire. In: Herdt, G., Lindenbaum, S. (eds.): The Time of AIDS. Social Analysis, Theory, and Method: 259-268.

Schütz, A., 2003: Theorie der Lebenswelt, Bd.1. Konstanz.

Schütz, A., Luckmann, T., 1979: Strukturen der Lebenswelt, Bd.1. Frankfurt.

Schütze, F., 1983: Biografieforschung und narratives Interview. Neue Praxis 13, Heft 3: 283-293.

Sekibaha, L.A., 1998: Historical Sites and Antiquities of Pangani District. A Guide for Cultural Tourism. Pangani Cultural Office.

Sengendo, J., Nambi, J., 1997: The psychological effect of orphanhood: a study of orphans in Rakai Distrikt, Uganda. Health Transition Review, Suppl. to Vol.7, 1997: 105-124.

Setel, P.W., 1999: A Plague of Paradoxes. AIDS, Culture and Demography in Northern Tanzania. Chicago.

Shepherd, G., 1987: Rank, gender, and homosexuality: Mombasa as a key to understanding sexual options. In: Caplan, P. (ed.): The cultural construction of sexuality. London: 240-270.

Shostak, M., 2000 (engl. Orig. 1981): Nisa: The Life and Words of a !Kung Woman. Cambridge.

Silverman, P.R., Worden, J.W., 1993: Children`s reactions to the Death of a parent. In: Stroebe, M.S. et al (eds): Handbook of Bereavement. Cambridge: 300-316.

Singhal, A., Howard, S., 2003 (eds.): The Children of Africa Confront AIDS. From Vulnerability to Possibility. Ohio UP, Athens.
Smith, D. E, 1999: Writing the Social. Toronto.
Sontag, S., 1989: AIDS und seine Metaphern. München.
Spittler, G., 2001: Teilnehmende Beobachtung als dichte Teilnahme. Zeitschrift für Ethnologie 126,1:1-25.
Spradley, J.P., 1980: Participant Observation. New York.
Stambach, A., 2000: Lessons from Mount Kilimanjaro. Schooling, Community, and Gender in East Africa. New York.
Steinwachs, L., 2006: Die Herstellung sozialer Sicherheit in Tansania. Prozesse Sozialer Transformation und die Entstehung neuer Handlungsräume. Münster.
Strobel, M. A., 1979: Muslim Women in Mombasa, Kenya, 1890-1975. New Haeven.
Swartz, M., 1991: The Way the World is. Cultural Processes and Social Relations among the Mombasa Swahili. Berkeley.

Talle, A., 2004: Adoption Practices among the pastoral Maasai of East Africa: enacting fertility. In: Bowie, F. (ed.): Cross-Cultural Approaches to Adoption. New York: 64-78.
Tanzanias NGO Report to the Committee of the Rights of the Child, 2001: 17 pp.
Temba, K., de Waal,A., 2002: Implementing the Convention on the Rights of the Child in Africa. In: de Waal, A., Argenti, N.: Young Africa: Realizing the Rights of Children and Youth. Trenton, NY.: 207-232.
Thurnwald, R., 1932: Economics in Primitive Communities. London.
Topan, F., 2006: From Coastal to Global: The Erosion of the Swahili "Paradox". In: Loimeier, R., Seesemann, R. (eds.): The Global World of the Swahili. Berlin: 55-66.
Tumbo-Masabo, Z., Liljeström, R. (eds.), 1994: Chelewa, Chelewa: The Dilemma of Teenage Girls. Uppsala.
Turner, V., 1968: The drums of affliction: A study of religious processes among the Ndembu of Zambia. Oxford.
Thurnwald, R., 1932: Economics of Primitive Communities. London.

UNAIDS, 2002a: AIDS Orphans in Africa.
UNAIDS, 2002b: Children orphaned by AIDS. Frontline response from Eastern and Southern Africa: 36 S.
UNAIDS, 2004a: Epidemiological Factsheet 2004, Republic of Tanzania.
UNAIDS, 2004b: Ancient Remedies, new Diseases. Involving traditional healers in increasing access to AIDS care and prevention in East Africa. Geneva.
UNAIDS, 2006: 2006 AIDS Epidemic Update: www.UNAIDS.org
UNAIDS, 2007: 2007 AIDS Epidemic Update/Sub-Sahara Africa: www.UNAIDS. org
UNICEF, UNAIDS and PEPFAR, 2006: Children Affected by AIDS - Africa`s Orphaned and Vulnerable Generation. New York: 42 pp.

United Nations Convention on the Rights of the Child, 1989:
http://www.ohchr.org/english/law/crc.htm
United Nations/Committee on the Rights of the Child, 2006: Convention of
the Rights of the Child. Concluding observations: United Republic of Tanzania:
16pp.
**URT/ The United Republic of Tanzania, The Law Reform Commission of
Tanzania, 1994:** Report of the Commission on the Law relating to children in
Tanzania. Dar es Salaam: 170pp.
URT/ The United Republic of Tanzania, Ministry of Community Development
Women Affairs and Children, 1996: Child Development Policy. Dar es Salaam:
41pp.
URT/The United Republic of Tanzania, Vice President's Office, 2000: Poverty
Reduction Strategy Paper (PRSP), Dar es Salaam: 53 pp.
URT/The United Republic of Tanzania, Prime Minister's Office, 2001a:
National Policy on HIV/AIDS. Dodoma.
URT/The United Republic of Tanzania, Ministry of Health, 2001b: National
HIV/ AIDS/STI Surveillance Report.
URT/The United Republic of Tanzania, Regional Administration and Local
Government, 2002a: Annual Primary Health Care Report, Pangani Distrikt,
Tanga Region.
URT/The United Republic of Tanzania, Regional Administration and Local
Government, 2002b: Annual Primary Health Care Report, Muheza Distrikt,
Tanga Region.
URT/The United Republic of Tanzania, National Bureau of Statistics, 2003a:
Tanzania Census Report 2002.
URT/ The United Republic of Tanzania, 2003b: Poverty and Human
Development Report 2003. Dar es Salaam: 141 pp.
URT/The United Republic of Tanzania, Vice President's Office, 2004:
Poverty Reduction Strategy Paper (PRSP): Third Progress Report, Dar es
Salaam: 70 pp.
URT/The United Republic of Tanzania, 2005a: National Strategy for Growth
and Reduction of Poverty. Dar es Salaam.
URT/The United Republic of Tanzania, 2005b: Poverty and Human
Development Report 2005: 43 pp.
URT/The United Republic of Tanzania, Tanzania Commission for AIDS, 2008:
Tanzania Progress Report 2008: 48pp.
**Urassa, M., Boerma, J.T., Ng'weshemi, J.Z.L., Isingo, R., Schapink, D.,
Kumogola, Y., 1997:** Orphanhood, child fostering and the AIDS epidemic in
rural Tanzania. In: Health Transition Review 7, Suppl. 2: 141-53.

Van der Geest, S., 2004: Grandparents and Grandchildren in Kwahu, Ghana:
The Performance of Respect. Africa 74,1: 47-61.
Voigt-Graf, C., 1998: Asian Communities in Tanzania: A Journey through past
and present Times. Hamburg.

Wanitzek, U., 2007a: Normative Familienbilder für Afrika: Das UN-Übereinkommen und die Afrikanische Charta über die Rechte des Kindes. Afrika Spectrum 42,2: 275-300.

Wanitzek, U., 2007b: The relevance of state law in the context of international migration: a case study of child adoption in Tanzania. Vortrag auf der Konferenz "Non-State Actors as Standard Setters: The Erosion of the Public-Private Divide", Feb. 2007, Basel: 13 pp.

Watson, G., 1993: Rewriting Culture. In: Fox, R. G. (ed.): Recapturing Anthropology. Santa Fee: 73-92.

Werbner, R., 1991: Tears of the Dead. A Social Biography of an African Family. Edinburg.

Werner, M.H., 2006: Moral. In: Wils, J.-P. , Hübenthal. C. (Hg.): Lexikon der Ethik. Paderborn: 239-248.

Weiss, B., 1993: „Buying Her Grave": Money, Movement and AIDS in North-West Tanzania. Africa 63 (1): 19-35.

Weiss, F., 1995: Kinder erhalten das Wort. Aussagen von Kindern in der Ethnologie. In: Renner, E. (Hg.): Kinderwelten. Weinheim: 133-147.

Whyte, S.R., 1997: Questioning Misfortune. The Pragmatics of Uncertainty in Eastern Uganda.Cambridge.

Whyte, S.R., Alber, E., Geissler, W. P., 2004: Lifetimes intertwined: African grandparents and grandchildren. Africa 74,1: 1-6.

Whyte, S.R., Whyte, M.A., 2004: Children` children: time and relatedness in eastern Uganda. Africa 74,1: 76-94.

Wilk, L., Bacher, J., 1994: Kindliche Lebenswelten. Opladen.

Willis, J., 1992: The Making of a Tribe: Bondei Identities and Histories. Journal of African History, 33: 191-208.

Wolf, A., 2003: AIDS and Kanyera in Malawi: Lokale Rezeption eines Globalen Phänomens. In: Wolf, A., Hörbst, A. (Hg.): Medizin und Globalisierung. Münster: 203-229.

Wolf, A., 2004: Kinderhaushalte als Folge der Aidsepidemie im südlichen Afrika. In: Dilger, H., Wolf, A., Frömming, U., Volker-Saad, K.: Moderne und postkoloniale Transformation. Ethnologische Schrift zum 60.Geburtstag von Ute Luig. Berlin: 177-191.

Worden, J.W., 1996: Children and Grief: when a parent dies. New York.

Worldbank, 1999: Gender, Growth, and Poverty Reduction. Washington, D.C.

Worldbank, 2001: Engendering Development: through gender equality in rights, resources and voice. Washington, D.C.

Worldbank, 2002a: A Sourcebook for Poverty Reduction Strategies. Vol. 1+2, Washington, D.C.

Worldbank, 2002b: Empowerment and Poverty Reduction: a sourcebook. Wash.,D.C.

Worldbank, 2004: Tanzania Country Brief: http://web. worldbank.org

Yamba, B.C., 1997: Cosmologies in Turmoil: Witchfinding and AIDS in Chiawa, Zambia. Africa 67, 2: 200-23.

Yanagisako, S.J., Collier, J.F., 1987: Toward a Unified Analysis of Gender and Kinship. In: Collier, J.F., Yanagisako, S.J. (eds.): Gender and Kinship: Essays toward a unified analysis. Stanford: 14-50.

Zeiher, H.J., 1996: Konkretes Leben, Raum-Zeit und Gesellschaft. Ein handlungsorientierter Ansatz zur Kindheitsforschung. In: Honig, M., Leu, H.R., Nissen, U. (Hg.): Kinder und Kindheit. Soziokulturelle Muster - sozialisationstheoretische Perspektiven. Weinheim: 157-98.

el Zein, A.H.M., 1974: The Sacred Meadows. Northwestern University Press.